编写说明

综合实践活动是国家义务教育和普通高中课程方案规定的必修课程，是从学生真实生活和发展需要出发，以走出校园、走向社会的考察探究研学活动为主要形式，在主题活动中融合了社会服务、设计制作、职业体验和劳动教育等多种体验活动，通过观察、发现、搜集、分析、探究、创作、总结、拓展等培养学生综合素质的跨学科实践性课程。

依据《教育部关于印发〈中小学综合实践活动课程指导纲要〉的通知》《教育部等11部门关于推进中小学生研学旅行的意见》和《中共中央　国务院关于全面加强新时代大中小学劳动教育的意见》等文件精神，我们编写了《考察探究看我来——研学郑州实用手册》，以主题形式展现郑州从古到今翻天覆地的巨大变化，全面展现郑州改革开放以来的古城新颜和卓越成就，不仅是了解郑州、认识郑州的科普通识读本，更是热爱郑州、建设郑州的爱国主义教育素材库，对学校开发特色课程、学生确定研究主题、亲子选择研学路线等都有很好的借鉴和参考价值。

全套丛书由15个分册构成，每个分册一个主题，构成一个学习单元，分别是：古都郑州——建城五千年，古都展新颜；天地之中——郑州的世界名片；中岳嵩山——中国唯一的“五代同堂”地质公园；文化郑州——八千年根脉代代传；非遗郑州——千古遗存焕新颜；红色郑州——缅怀先烈，薪火相传；铁路郑州——天下枢纽再谱新篇；商城郑州——因“商”而立，因“商”而荣；科技郑州——农科创新沃土，高新科技航天；水润郑州——人水从此和谐；生态郑州——古城新韵，和谐发展；大学郑州——从古书院到“双一流”；地标郑州——聆听城市发展之音；传媒郑州——

传媒之声，声达天下；美食郑州——“食”在是“中”。

每个单元由研学资源、研学路线、优秀课例和我的研学我做主等板块组成。研学资源，汇集了相应主题下主要的可行性资源，为考察探究活动自选研学项目提供参考。研学路线，是编者实地考察探路，精心挑选推荐的优质路线。优秀课例，是已实践过的优秀研学课程成果选编，包括小学一年级到高中全学段，展现了该主题考察探究活动后的收获。我的研学我做主，是留有空白的研学手册，供阅读者面对丰富多彩的主题资源套餐，自行选定感兴趣的主餐。

本册《古都郑州——建城五千年，古都展新颜》的编写人员有王涛、赵富海、姬文广、曹淑玲、郑汉波、刘萍、游正漫、程双双、郑意、杨瑞红、刘婕、刘青雯、耿雪聪、刘晓懿、周倩、王华月、张静等。

丛书编著得到了专家学者、社会各界和实践学校的大力支持，在此表示诚挚的感谢。由于编写时间和水平所限，书中难免有不足之处，恳请广大师生在使用过程中及时提出宝贵意见，以利再版勘正。

行，知之始；知，行之将成；知行合一再创新，天马行空任你来。行－知－行综合实践活动，我们一直在路上……

考察探究，看我来！

古都郑州

——建城五千年，古都展新颜

黄河之滨，中原腹地，古都郑州，历史悠悠。郑州，这座年轻又古老的城市，五千年的建城史，上承人文初祖黄帝建都，下启国家中心城市确立。郑州，是中国八大古都之一，漫步郑州，古迹遗址灿若繁星。大河村遗址、黄帝故里、夏都阳城、商城亳都、管国旧都、郑韩故城、鸿沟遗迹、官渡之战……王畿重地，国都旧城，兵家必争之地，历史绵延千载。

寻古郑州，从春秋、战国到秦汉，《诗经》郑风有遗韵、列子韩非百家鸣、春秋首霸郑庄公、古之遗爱郑子产、纪信赴死替刘邦、官渡之战少胜多……这里有历史典故无数，这里留轶闻故事太多，行走古都郑州，空气中到处弥漫着历史的味道。

隋唐宋元至明清，郑州之名始流传。虽因世事变迁，近代郑州已为县，却以铁路枢纽再次为世人瞩目。1928 年撤县为市，开始重新焕发城市活力；1948 年，郑州解放；1954 年，郑州成为河南省会；2016 年，郑州被确定为国家中心城市。短短 80 余年，从小县城发展为国家中心城市，郑州创造了中国乃至世界城市发展史上的奇迹。真可谓，古城展新颜，出彩在中原。

晨曦中的郑东新区　张治涛 拍摄

研学资源

观星台 张治涛拍摄

古都郑州，是国家历史文化名城，更是举世公认的中华文明的发祥地之一，被国家列为重点支持的六大“大遗址”片区之一。郑州不仅是中国八大古都之一，更是世界历史都市联盟成员。世界物质文化遗产“天地之中”历史建筑群，更是证明了自古以来郑州就是文明璀璨之地。从荥阳织机洞人类活动遗址算起，这片厚重的黄土地上，人类活动的历史已有 10 余万年。

莲鹤方壶

悠久的历史留下了丰富的历史遗产。至 2019 年，在全市 7446 平方千米的区域内，现有 2 处世界文化遗产——“天地之中”历史建筑群和中国大运河通济渠郑州段，74 处国家重点文物保护单位，131 处河南省重点文物保护单位，轩辕黄帝故里、商城遗址等不可移动的历史名胜和文化古迹等近万处，还有约 15 万件（套）可移动文物，文物数量和规模居全国城市前列，也是全国为数不多的文物分布密集型城市，这些都为古都研学之旅提供了丰富的资源。

大河村博物馆里的史前房基遗址

1. 郑州远古先民生活的大河村遗址

大河村遗址位于郑州市金水区中州大道与连霍高速交叉口东 800 米，遗址内容非常丰富，包含仰韶文化、龙山文化、夏商时期文化。大河村遗址博物馆陈列的文物主要由考古挖掘所得，其中彩陶双连壶是镇馆之宝。博物馆的设计主题是“星空下的村落”。在博物馆中你会看到仰韶文化房基遗址、千年古村、五彩家园、筑起辉煌、追梦星空、大河长虹等，可以形象地了解郑州远古先民生产、劳动、生活的具体场景，直观感受“郑州人”的前世今生。

大河村博物馆的星空下的村落

2. 人文初祖黄帝的诞生之地

位于河南省郑州市新郑轩辕路北的黄帝故里传说是中华人文始祖黄帝出生和早期居住的地方——轩辕丘的所在地。故黄帝又称轩辕氏，又因为曾在新郑有熊之地建都，黄帝也称为有熊氏。自汉代始，在新郑修建轩辕庙，清康熙年间立“轩辕故里”碑。新郑黄帝故里是中华儿女的祭祖圣地，这里每年的农历三月初三都会举行祭拜先祖黄帝的仪式。

位于新郑的黄帝故里

3. 追思华夏民族起源的炎黄二帝塑像

炎黄二帝塑像位于郑州黄河文化公园，坐落于邙山东端的同盟山上。据考证这里是当年炎帝和黄帝两大部落握手言和、会师结盟的地方。炎黄广场位于塑像前，目前这里已成为凝聚和团结海内外中华儿女、传承华夏文明、促进社会和谐进步的重要场所。炎黄二帝塑像也成为郑州的地标性建筑之一，同时作为河南的标志性元素之一和河南旅游形象宣传片一起曾惊艳亮相美国纽约时代广场。

位于郑州黄河风景名胜区内的炎黄二帝塑像

4. 大禹立夏的最早都城阳城遗址

位于郑州登封的阳城遗址

登封市告成镇的阳城遗址是我国第一个王朝——夏王朝最早的都城遗址。城内出土的一处大型建筑遗址基面上有砖瓦、陶器以及贮水池、节水闸和排水管道等。在城内，一些印有“阳城仓器”“阳城”等文字的陶器皿，是揭开夏文化秘密的一扇大门。

5. 比殷墟更早的郑州商代亳都遗址

在郑州市区内留存的拥有约 3600 年历史的周长约 7000 米的商代最早都城亳都内城的城垣遗址，是见证郑州古都历史、认识商代历史文化的最佳遗迹之一。郑州商城遗址发现于 20 世纪 50 年代，是一座大型商代都城的遗址，由内城、外城（郭城）和外城的护城河构成，现在的考古学家普遍认为这是商代的都城亳都。其中位于郑州市管城回族区东大街与城东路交会处的郑州商城遗址公园，能够让你对郑州商城发现的过程和高大的城墙有直观体验。位于郑州人民路金水路交会处的人民广场，用玻璃保护的商城遗址，夯土层十分清晰，堆叠在其上的还有汉代、唐代、宋代以及现代的建筑痕迹。

人民广场西南约 1000 米，在人民路与商城路交会处有个屹立着一座巨大鼎的公园，这就是以商城文化为特色的商城公园。鼎的原型取自 1974 年在商城墙遗址外杜岭街出土的商代“兽面纹青铜方鼎”，又名郑州鼎。大鼎通体铜铸，重 8 吨，为原鼎的 7 倍。鼎基座及周围地面上有关于商代经济、文化、文字等方面的介绍，是了解郑州商代历史的又一场所。随着商代都城遗址公园的建设，未来漫步商城遗址保护区能充分感受到商代城垣的高大雄伟，感慨郑州先民的创造与智慧。

位于郑州商城公园内的郑州鼎雕塑

位于新郑的郑韩故城遗址

6. 触摸春秋战国历史的郑韩故城

双洎河（古洧水）与黄水河（古溱水）交汇处的郑韩古城遗址，坐落在今新郑市区，平面呈不规则三角形。城内一座南北方向的墙将郑韩故城切割成东西两座城。韩国宫城和宫殿区、缫丝作坊遗址大多集中在西城内，郑国宫庙遗址、祭祀遗址、铸铜遗址，韩国铸铁、制骨、制玉、制陶等多处遗址分布在东城区。河南博物院镇馆之宝莲鹤方壶，就是这里的郑国国君大墓出土的。

7. 见证忠义精神的郑州城隍庙

郑州城隍庙位于郑州市商城路东段路北，供奉着以忠义著称的郑州城隍——替汉高祖刘邦赴死的大将纪信。城隍庙中主要建筑为大门、二门、戏楼、正殿和寝殿。每年农历三月十八的城隍庙庙会上，琳琅满目的民间工艺品、风味小吃都聚集在这里。城隍庙庙会是郑州传统文化庙会的代表之一。

郑州城隍庙大门

郑州文庙藏经楼

8. 文脉始自东汉的郑州文庙

据考证，郑州文庙始建于东汉时期，据史志记载是中国最早的文庙之一，位于现在的郑州市东大街路北，主要建筑有金声玉振坊、棂星门、泮池、大成殿等。

9. 见证以弱胜强的传奇官渡古战场

以弱胜强史册传，官渡之战叹千年，多闻曹袁鏖战事，不临遗址终为憾。郑州中牟县城东北 2.5 千米官渡桥村一带，据说是当年官渡古战场。目前开发的官渡古战场旅游区，值得你去体验。

10. 秦汉敖仓城遗址和隋唐洛口仓遗址证明郑州自古是粮仓

纵观历史，历朝历代的中原地区都以国家粮仓著称。位于今郑州市惠济区古荥镇黄河游览区及桃花峪一代的敖仓城，据文献记载，早在秦朝就已设立。楚汉相争时，这里成为争夺的军事要地，刘邦、项羽的成皋之战，就与此仓相关。汉朝建立后，这里又成为重要的储粮基地；隋朝在当时的洛河、黄河交汇处兴建的洛口仓（今河南省巩义市河洛镇七里铺村），据史料记载，共有窖仓 3000 个之多，储存粮食极为丰富，将大运河由南至北的粮食囤积于此。此地有极强的战略地位，是隋末农民战争中各路大军的必争之地。

而如今，郑州更是打造了一批闻名全国的食品企业，比如思念食品有限公司，三全食品股份有限公司，白象食品股份有限公司，这些品牌的建立，让郑州天下粮仓的地位迈上新的台阶。

11. 列子祠和李诫墓映照出的郑州人文光芒

郑州这块肥沃的土地孕育了中华文明五千年历史长河中无数历史名人，从帝王将相到政治家、思想家、军事家、科学家、文学家、艺术家，再到著名商人、社会名流，从人文始祖黄帝到春秋首霸郑庄公、先秦思想家列子、法家集大成者韩非子以及唐宋著名诗人杜甫、白居易、刘禹锡、李商隐、欧阳修，科学家李诫等，他们或诞育于此，或成名立业于此，或定居于此，或长眠于此，他们的卓越功勋名留千史，是郑州的骄傲，是中国的自豪！

新中国成立后，河南省会迁入郑州，郑州又迎来大发展。交通上，郑州是“中国铁路的心脏”，“米字型高铁枢纽”正在形成，经济迅速发展突破“万亿”，人口突破“千万”，正在与开封、新乡、焦作、许昌四城深度融合，“一核（郑汴港核心引擎区）、四轴（完善京港、陇海、郑焦、开港等主要交通干线和综合交通运输网络）、三带（黄河文化生态带、嵩山—太行山区文化生态带和农区田园文化生态带）、多点（次级城市、新兴增长中心、重点特色小镇等）”的未来郑州大都市区正在崛起。古都郑州、国家中心城市郑州越来越有国际范儿！

研学路线

1. 黄河原始农耕文明探秘

黄河博物馆→大河村遗址博物馆

推荐理由：一方水土养一方人，了解郑州文化必须了解郑州的环境特点。郑州大河村遗址博物馆是郑州市目前唯一以遗址为主题的史前历史博物馆。在这里，我们不仅可以看到几千年前郑州先民建造的房屋遗址，了解中国原始社会的家庭生活。还可以通过各式各样的出土文物，感悟原始时期郑州地区古人类的日常生活、生产。更主要的是我们可以通过实地的考古发掘来感受先民创造的灿烂远古文化。

1. 开放时间：周二至周日 9：00—17:00，周一闭馆；
2. 带好身份证或学生证，参观期间保持安静，爱护环境；
3. 参观过程中不要触摸文物及外部的玻璃保护罩。

2. 我的家乡是王城——郑州商城遗址

商城路商城遗址→紫荆山公园、人民广场→人民路三角公园

推荐理由：郑州被称为“商都”，虽然我们无法见证千年以前王都的恢弘，但是这份荣耀并未离我们远去。它在我们行走的路旁，在我们休闲的公园里，在我们乘凉的绿荫下。通过郑州商城遗址可以深入了解我们所生活城市的历史，培养我们的市民自豪感。

1. 穿着合适的运动鞋，便于行走；
2. 活动过程中听从安排，注意交通安全。

3. 两汉时期的郑州

郑州城隍庙→郑州文庙→中牟官渡遗址

推荐理由：我们虽看不到秦末汉初和东汉末年群雄割据、气吞山河的战争场面，但是在城隍庙中我们可以听纪信替刘邦赴死的传奇故事，在文庙感受自东汉以来约 2000 年的郑州文脉，在官渡遗址话说东汉末年的风云变幻。同时，在城隍庙你能够实地感受郑州民俗，在郑州文庙不仅可以参观郑州历史最久、占地最广、规模最大的古建筑群，更可以“沐浴”儒家思想文化。

1. 开放时间：9:00—17:00；
2. 穿着舒适的运动鞋，方便行走；
3. 开放场所人员繁杂，注意保管好个人物品。

4. 隋唐郑州的研学路线

惠济古桥、惠济渠运河遗迹→李商隐公园→洛口仓遗址

推荐理由：郑州的地理位置得天独厚，在古代就是全国的交通枢纽，人才辈出。隋唐时期郑州处于大运河的中间枢纽，惠济区的古桥和运河遗迹是隋唐南北沟通交流的历史见证，洛口仓遗址直接展示了隋唐农业经济的富庶。透过李商隐，我们能够感受到唐朝时郑州勃勃的文化生机。

1. 研学地点相距较远，注意选择合适的出行方式；
2. 注意安全，做好自我保护。

优秀课例

寻运河遗迹　访惠济古桥

惠济桥

惠济桥，坐落于郑州市惠济区惠济桥村。始建于隋朝，距今已有一千多年的历史。它是一座三孔青石拱桥，曾是荥泽八景之一。2014年6月22日，大运河通济渠郑州段作为中国大运河的一段重要河道，成功入选世界文化遗产名录，而惠济桥作为通济渠郑州段的重要历史见证，彰显出自己独特而神秘的魅力，从而被很多考古学家关注。

“惠济”二字寓意“聚八方之恩泽，平等互惠；揽四海之贤才，和衷共济”。2003年12月25日，经民政部批准，邙山区更名为惠济区，这次更名，应该说很大程度上考虑到当地文化一脉相承的因素。惠济桥的千年历史蕴含着中华文明的发展变迁，更体现了中国灿烂文化的根与魂。

研学路线

惠济区大河路中心小学广场→中国大运河通济渠→惠济古桥→惠济区大河路中心小学

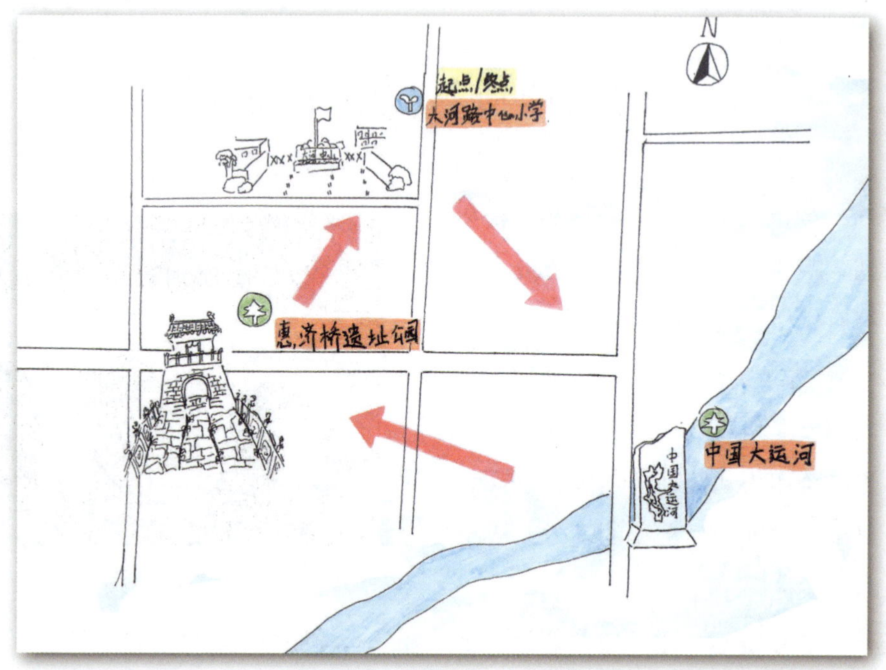

研学目标

1. 引导学生了解惠济古桥及其历史，拓展到桥的文化：桥的古诗、成语、俗语、歌曲、郑州古桥，丰富对桥的认识；

2. 通过观察、寻访、查阅资料、测量、绘画、书法、摄影等，培养学生的观察、分析、探究、合作学习等能力；

3. 通过亲身体验，激发学生对惠济古桥及大运河的热爱之情。

研学准备

1. 成立研学旅行教师团队，研讨并制订出详细的研学方案。

2. 通过各种途径查阅大运河和惠济古桥的相关资料。

3. 积极宣传，成立不同的研学小组，确定主题与分工。

温馨提醒

体育委员持校旗，中队长持中队旗，学生穿运动鞋、带水杯及食物。

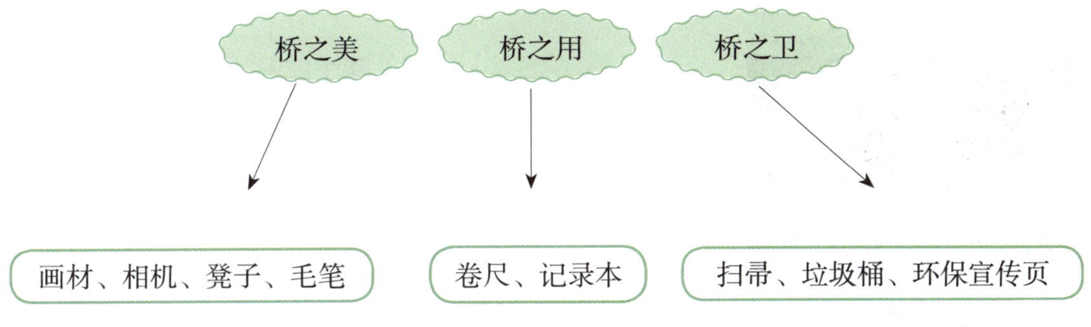

研学过程

桥之源

“彩虹天半落何年，惠济美名处处传”，那历史上的惠济桥到底是什么样的？让我们听村里的老人讲讲吧！

桥之魂

中国遍布着大大小小的桥，古桥更是历史的见证者，让我们一起来领略郑州古桥的魅力吧！请将每座桥与它的名称、简介连起来。

惠济古桥

建于清朝，原为单孔石桥，桥孔为一伏一券式

小京水桥

“荥泽八景”之一，三孔青石拱桥

熊耳河桥

架设于贾鲁河支流上，现淹没于西流湖下

桥之美

走在青石砖桥面上，仿佛回到了过去，那时车水马龙、商铺林立。请你通过绘画、摄影、书法等方式，留存古桥的美。

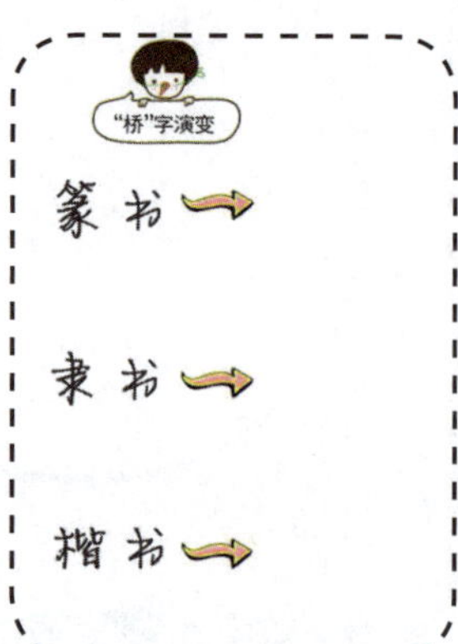

桥之用

1. 测量惠济桥

最美六月，我们迎着阳光，踏上悠长古道，用手中的测量工具，为大家揭开惠济古桥的面纱。

测量记录

桥长：　　桥宽：　　桥高：　　……

2. 制作桥

孩子心中都有一座城，城中都有一座桥，领略了惠济古桥的如今风貌，那就开始动手制作属于自己的那座桥吧！

设计草图	制作材料	制作步骤	成果展示

桥之韵

“碧栏石瓮势若长虹，附居者烟火千家”，我国的文人墨客曾这样称赞惠济古桥。历史上还有哪些赞美桥的诗句、成语、歌曲呢？快来找一找，记录下来吧！

看到这样的惠济古桥，你是不是也想吟诗一首呢？试一试吧！

桥之卫

惠济古桥同中国大运河的名字一起被列入世界遗产名录。保护古桥，我们义不容辞，请把你的做法记录下来！

研学评价

<table>
<tr><th colspan="10">研学旅行评价表</th></tr>
<tr><th rowspan="2">姓名</th><th colspan="5">过程性评价</th><th colspan="2">终结性评价</th><th rowspan="2">评价结果</th><th rowspan="2">等级认证</th></tr>
<tr><th>纪律意识</th><th>学习态度</th><th>团队意识</th><th>文明礼仪</th><th>品德修养</th><th>手册完成</th><th>展示效果</th></tr>
<tr><td></td><td></td><td></td><td></td><td></td><td></td><td></td><td></td><td></td><td></td></tr>
</table>

本次研学旅行采用过程性评价和终结性评价相结合的方式，以星级评价来确定等级。其中过程性评价以学生互评为主，共 5 项内容，每项内容 1 颗星；终结性评价以教师评价为主，“手册完成” 3 颗星，“展示效果” 2 颗星；共计 10 颗星。根据得星个数确定为三个等级，分别为优（9—10 颗星）、良（7—8 颗星）、中（5—6 颗星）。

研学故事

桥之源——探索惠济桥的历史

在探索惠济桥历史时，我们小队走进了惠济桥村，与老爷爷交谈。我们了解到惠济桥周边过去的繁荣，如今桥上还留有深深的车辙印。爷爷说惠济桥传统工艺——手工制品“草编”还曾获得过巴拿马国际工艺博览会金奖呢！草编曾出口日、美、英等国。他还告诉我们惠济桥名字的由来，即“惠济”二字的寓意——聚八方之恩泽，平等互惠；揽四海之贤才，和衷共济。让我们受益匪浅。

桥之美——画古桥、拍古桥、书“桥”字

中国大运河石碑

教师讲解

访惠济古桥老人

桥之用——测量古桥花样多

测量桥长

我们小组负责测量惠济桥的长、宽、高。首先，测桥长，用卷尺接力测量的方式，测得桥长为23.35米。然后测桥宽，我们组的男生就开始想“怪招”，另辟蹊径，他们用劈叉的方式，脚并脚，劈成一排，测得桥宽大约为5米，用尺子一量，还真是5米。接着，测桥高，运用分数，一同学站直，桥高大概占他身高的三分之二，那么桥高应在90厘米左右，见证奇迹的时刻到了，尺子一测，桥高90厘米。带队的周倩老师看到我们的花样测量，称赞我们是数学小明星！

（五年级　孟卓妍）

测量桥宽

严谨记录

桥之韵——小诗人来啦

踏上惠济古桥，看到了古桥上斑驳的石板、凹凸不平的桥面，感受到了古桥的沧桑与历史的厚重，我们小组惊叹不已！同学们找到了许多描写古桥的诗歌。请你也写下一首小诗吧！

桥之卫——保护古桥 向市政谏言

中国大运河通济渠在古代的通航能力惊人，架设于通济渠之上的惠济古桥，周边也曾商铺林立，但随着时代的变迁，昔日的繁荣景象已淹没于黄土之下。今天我们来到惠济古桥，打扫卫生，发放宣传页，向市民呼吁保护古桥，但我觉得这样做还不够。就在网上查找资料，发现中央深改委第九次会议决定将建大运河国家文化公园，原来习爷爷也对大运河遗址很关心很重视啊。我燃起了希望，希望我家乡的惠济桥能重现昔日的繁华。作为一个小学生，虽然能力有限，但我也要鼓起勇气向市政谏言：请疏通通济渠河道，实现通济渠正常的通航能力，让惠济桥下的水流起来、活起来，同时建造一个以惠济桥为中心的古运河非遗公园，让市民多一个休闲娱乐的好去处。希望政府能看到我的提议，坚持保护第一、传承优先的原则，保护大运河，疏通通济渠，彰显中华优秀传统文化的持久影响力。

惠济桥憧憬图

学生清理桥面

研学成果

桥之美思维手绘导图

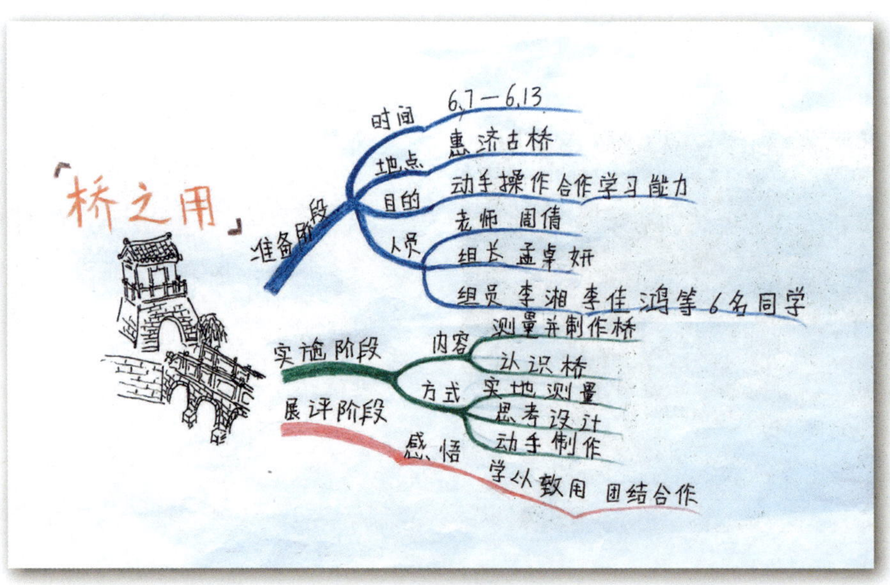

桥之用思维手绘导图

优秀课例

“爱我家乡·漫游郑州”之郑州商城遗址实践活动

“纸上得来终觉浅，绝知此事要躬行”，为增加学生对中国历史的兴趣，让学生将课本知识和实际生活联系起来，更深入了解家乡历史，学校“爱我家乡·漫游郑州”历史社团组织学生到郑州商城遗址进行实践探究学习，追寻历史的奥秘。

了解商城遗址文化

研学路线

郑州商都遗址公园→人民广场商城遗址考古剖面玻璃覆盖区→商城遗址文化公园（三角公园）

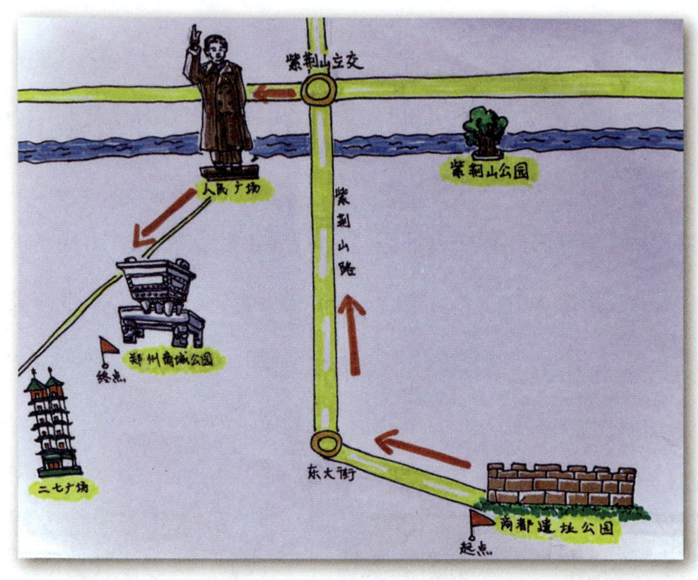

研学目标

1. 结合教材关于中国夏商时期历史的内容，特别是关于商代青铜器等方面的内容，走进郑州商城遗址与商城文化公园（三角公园），完成研学活动的学案。

2. 通过教师引导，在真实的情境中，感受郑州的历史发展脉络，重新认识家乡郑州的变迁。

3. 通过小组合作探究在浸润式、探究式的研学活动中，更好地培育“史料实证、历史解释、家国情怀”等历史学科核心素养，把爱国情、强国志、报国行自觉融入坚持和发展中国特色社会主义事业中去，具备正确的价值观，责任担当、合作学习、问题解决等方面的意识和能力，促进学生的全面发展。

研学准备

1. 查阅商城遗址相关资料。

2. 学生根据研学要求分为小组，合作学习。

3. 制订小队研学方案， 明确分工。

1. 行前家长及学生认真研读安全预案并签字。

2. 全程严格遵守研学纪律及研学场地相关纪律，不擅自离队。

3. 自备饮用水、雨具、可以上网的手机、笔、创可贴。

4. 研学中善于观察、思考，留好图片或视频形式的过程性资料。

研学过程

第一站　郑州商城遗址公园

欢迎同学们来到商城遗址公园，老师问一下有没有同学在城墙的缓坡上滑过草？哈哈，有的吧。那在古城墙的缓坡上滑草的行为值不值得提倡呢？让我们带着这个问题来了解商代城墙，开始第一站的研学之旅吧！

任务一

据了解，郑州商城遗址于 1955 年被发现并开展发掘，1961 年列入全国重点文物保护单位，是先周时期仅次于殷墟的庞大都城遗址。商城自修建以来，经后世历代修筑、沿用至民国，期间几乎没有中断，这在全国城市中极为少见。

商城城墙

通过你对商城遗址的了解，结合学过的夏商周历史，请快速完成下面的单选题，看谁做得又快又好！加油哦！

1. 为加强对文物的保护，继承中华民族优秀的历史文化遗产，促进科学研究工作等，我国制定了《中华人民共和国文物保护法》，市民在古城墙的缓坡上滑草的行为值不值得提倡呢？（　　）

A. 城墙现在没什么用了，可以滑草

B. 城墙遗址是重要文物，不可以滑草

C. 城墙缓坡风景秀美，是休闲娱乐的好去处，可以滑草

D. 城墙虽是文物遗址，但是不在博物馆内，可以任由人们去玩耍

2. 商朝是中国历史上第几个王朝？（　　）

A. 第一个　　B. 第二个

C. 第三个　　D. 第四个

3. 商朝建立的时间是（　　）

A. 约公元前 2070 年　　B. 约公元 1600 年

C. 约公元前 1600 年　　D. 公元前 1046 年

4. 商朝的建立者是（　　）

A. 禹　　B. 启　　C. 汤　　D. 盘庚

5. 商汤灭夏后将都城建立在（　　）

A. 阳城　　B. 亳

C. 殷　　D. 镐京

哇，你好厉害哦！完成了试炼！接下来的表现让我们拭目以待！

第二站　人民广场郑州商城遗址考古剖面

位于人民广场的商城遗址部分，被保存在玻璃罩之下。夯土层十分清晰，堆叠在其上的还有汉代、唐代、宋代以及现代的建筑痕迹。此处遗址，主要保存有部分房址，从玻璃罩往下看，可以清晰看到房址四壁的夯窝、散水等痕迹。想必大家都想一探究竟，我们现在就开启任务二的学习，要一边学习一边完成手册习题哟！

任务二

6. 你在遗址中分别找到了哪几个朝代的夯土层，它们存在于同一地理位置有什么历史价值，请说一下你的看法。

7. 郑州的商城遗址最早被发现在（　　）

A.1972 年杜岭　　B.1950 年二里岗

C.1959 年二里头　　D.1928 年小屯

8. 人民广场的商城城墙遗址展示，主要说明商代早期城垣建筑方式是（　　）

A. 混凝土浇筑　　B. 岩石垒筑

C. 黄土夯筑　　D. 青砖砌墙

9. 郑州的商代都城比安阳殷墟都城修建得晚，你认为这种说法（　　）

A. 对　　B. 错

10. 郑州商代都城被废弃主要是因为（　　）

A. 郑州交通不发达　　B. 国王感觉世界那么大，我想去看看

C. 战乱和环境变化　　D. 国家经济要发展

11. 商代迁都到殷后政治才逐步稳定下来，把都城迁到殷的是（　　）

A. 商　　B. 盘庚　　C. 妇好　　D. 商纣

12. 商朝灭亡时的国王和时间是（　　）

A. 桀，公元前 1046 年　　B. 纣，约公元前 1600 年

C. 幽王，公元前 771 年　　D. 纣，约公元前 1046 年

13. 根据武王伐纣的历史创作的著名神话小说是（　　）

A.《西游记》　　B.《山海经》

C.《封神演义》　　D.《搜神记》

14. 将夏桀、商纣和周厉王三人归为一类的标准是（　　）

A. 亡国之君　　B. 残暴统治　　C. 爱民如子　　D. 勇于改革

15. 下列国王的事迹中，能从正面说明“得民心者得天下”的是（　　）

①桀　②汤　③纣　④周武王

A. ①②　　B. ①③　　C. ②③　　D. ②④

第三站　商城公园

商城公园（三角公园）中屹立的这座大鼎，很多人以为是司（后）母戊鼎，其实不然，这是郑州鼎。当然我们现在看到的是郑州鼎的模型，模型为实际大小的 7 倍。郑州鼎的年代比司母戊鼎还要早呢！让我们一边学习一边完成任务三吧！

任务三

16. 今天社团活动选择三角公园和人民广场，主要是为了结合课本，去实地接触认识郑州历史上的（　　）

A. 夏朝时期　　B. 商朝时期　　C. 周朝时期　　D. 汉朝时期

17. 以下四幅图片分别出自郑州鼎的四面，请各组选择一幅图片并在所选图片后打“√”。

A.（　　）

B.（　　）

C.（　　）

D.（　　）

现在已经分好任务了，在进行下一项任务前请你和小组其他成员一起，在大鼎前交流一下你所知道的信息吧！看谁知道的又多又准确！争做优秀的小小讲解员吧！

可参考下面问题：大鼎发现的时间是哪一年？这个仿制品放大了几倍？从历史角度看，你认为大鼎的发现对郑州意味着什么？

18. 下面请你仔细观察大鼎基座周围的四幅图片，根据对应的主题，完成下面的连线，快试试吧！

A. 

B. 

C. 

D. 

研学故事

我的家乡是千年古城

站在商代城墙下面，仿佛看到了3500多年前商代文明的繁荣，看着商鼎上的饕餮纹和乳钉纹，我感受到了商代的艺术美，出土的青铜器、陶器、原始瓷器、玉器、石器、骨器、象牙器、刁刻字骨等大量文物，仿佛使我穿越到那个时代，看到了商民的生活劳作。厚重的历史文化气息扑面而来，使我感受到了殷商文化的魅力，家乡历史的悠久。

穿越千年时空了解商代文化

金秋时节，在历史社团老师的带领下，我们七年级师生对商城遗址进行了考察学习。古城墙位于管城回族区城南路北到城东路，是商代时期的护城墙。经过3600年的风雨洗礼，它还是那样雄伟。现在城墙已被列入“国家重点保护文物”，而且，市政府也派人加固了城墙，并发掘城墙下未开发的文物。五帝帝舜时期，商人的始祖契帮助禹治水有功而受封于商邑（今河南商丘），就以“商”来称其部落（或部族）。《诗经·商颂·玄鸟》曰：“天命玄鸟，降而生商。”君主仲丁时，商朝的国都开始了频繁的迁移。至盘庚时，又将国都迁至北蒙，改名为“殷”，国都才稳定下来，在此建都长达273年，因此，商朝又被后世称为殷或殷商。《史记·殷本纪》载：“殷契，母曰简狄，有娀氏之女，为帝喾次妃。三人行浴，见玄鸟堕其卵，简狄取吞之，因孕生契。”相传契是简狄吞玄鸟蛋而生，所以，商人便以玄鸟为图腾。

通过这次实践学习了解了商代的历史文化，提高了我们学习历史的兴趣，希望以后的学习中多一些实践活动，让我们在现实场景中学习历史。特别感谢老师给了我们一个有意义的中秋节，感谢学校为我们创造实践学习的机会。

（2018级学生　思雅　云槿　渲恒）

我骄傲，我是郑州人

恰逢中秋，我和同学们一起参加了学校“爱我家乡——漫游郑州”历史社团的研学之旅。在老师的带领下，前往商代遗址和商城公园进行现场学习。说实在的，开始我没有想报名，因为作为一名生在郑州、长在郑州的中学生，我真的没有觉得郑州有啥可看的，更没有觉得郑州有啥厚重的历史，而且中秋和国庆长假，在家里歇着多幸福呀。

学生代表讲解

但是，我的爸爸妈妈希望我参加学校组织的这次历史研学活动，因为他们觉得作为一个郑州人，应该了解自己的家乡历史。另外，进入河南省第二实验中学后，随着老师一次次在课堂上引用郑州的历史作为案例，我对郑州的前世今生开始有了兴趣。而且我的几个好朋友也参加了活动，大家都动员我参加。所以，我最后决定加入研学之旅。回头看来，这是一个正确的决定。

在城东路依然高高耸立的商代城墙下，老师问了我们这样的问题：你们觉得这样的城墙怎么样？我当时瞄了一眼，觉得不就是一个大土堆吗？！实在不咋样。可是随后老师的问题让我陷入了沉思：请同学们想一想，在3500多年前，商代的人靠什么修起了这样的城墙呢？有挖掘机吗？有推土机吗？“是呀，到底靠什么修起了这么高的城墙呢？”我开始感觉到这个土堆的神奇了。随着老师的讲解，我们仔细观察着城墙，历经千年风雨，依然留存至今的商代城墙，用自己的身躯默默诉说着郑州曾经作为商都的辉煌历史，诉说着3000多年前用版筑法分段筑起近7000米长的内城墙的智慧。

在人民广场，老师让我们分组去透过玻璃，仔细观察商代北城内城墙，看看都能看到哪些不同时期的城墙遗址，这些遗址的分布有什么特点。商代、战国、宋代等历代古城墙的夯土遗迹层层相叠，历史课本中考古地层学的知识一下子从抽象变成了现实，再也不会忘了。

最后，我们在商城公园的郑州鼎雕塑下，重温了课本中关于青铜文化、甲骨文等和商代有关的历史，从郑州鼎发现的过程中我感受到了家乡历史的厚重，从鼎的礼器地位中我感受到了郑州商代王城的风范。

更令我骄傲的是，第二天，家里的亲戚从老家来郑州玩儿。爸爸妈妈说，你能带着他们看看郑州的商代遗址吗？看着爸爸妈妈鼓励的眼神，我说行。随后的半天时光里，我带着老家的几个亲戚，沿着我们的研学路线走了一趟。刚开始，我还讲得吭吭哧哧，后来，在他们越来越惊讶的目光里，我也越来越自信，就像一个小老师一样带着他们去了解郑州历史。虽然有个别地方记得不是太清楚，没有讲完整，但是整个旅程结束时，亲戚们都给我鼓掌，说我不愧是郑州人，对郑州历史真了解，让他们长了见识。那一刻，我骄傲，我是郑州人，是一个把郑州历史开始记在心里的郑州人。

（2020届　佳茗）

与郑州鼎合影

研学评价

项目	评价内容	权重	自评	组评	师评
行前	上网站查阅资料进行有效的预习	5			
	准备充分，具备自我管理能力	5			
行中	守时	10			
	积极主动地参与研学活动，并动手记录研学过程	10			
	具备较强的团队合作意识，认真完成每一项任务	10			
	遵守纪律，具备安全意识，没有危害公共安全及危害自身安全的行为发生	10			
行后	检查学案完成率及正确率	40			
	整理研学记录，图文并茂，附至少 3 张考察图片	10			
总分		100			
综评	综合评价分值 = 自评与组评的平均分 + 师评				

我的研学我做主

我想去这里：

我感兴趣的主题是：

理由不容置疑：

和谁一起很重要，吹响集结号！

分工	组长	安全员	纪律员	卫生员	书记员	宣传员
成员						
职责	整体负责 协调规划	安全提醒 全程保障	纪律严明 严宽相济	检查卫生 文明出行	资料记录 汇总整理	资料整合 设计宣传

行前功课要做足，研学攻略计划好！

到此一游我拍拍拍，合影那是必须的！

最好的课堂在路上，且行且记习惯好！

听到的

悟到的

看到的

吃到的

研学微报告

课题名称	
研究背景	
研究目的	
研究方法	
研究内容	
研究结论	
参考资料	

研学评价

研学评价	评价标准	自我评价	组内评价	导师评价
过程性评价	积极参与全程活动	☆☆☆	☆☆☆	☆☆☆
	遵守组内公约，服从小组分工	☆☆☆	☆☆☆	☆☆☆
	无迟到、脱离队伍现象	☆☆☆	☆☆☆	☆☆☆
	注重个人卫生和公共卫生	☆☆☆	☆☆☆	☆☆☆
	资料收集内容翔实，上交及时	☆☆☆	☆☆☆	☆☆☆
结果性评价	研学攻略准备充分无遗漏	☆☆☆	☆☆☆	☆☆☆
	多种方法搜集处理信息恰到好处	☆☆☆	☆☆☆	☆☆☆
	认真完成研学任务和研学手册	☆☆☆	☆☆☆	☆☆☆
	研学有成果，成果有新意	☆☆☆	☆☆☆	☆☆☆

研学感言

研学成果

编写说明

综合实践活动是国家义务教育和普通高中课程方案规定的必修课程，是从学生真实生活和发展需要出发，以走出校园、走向社会的考察探究研学活动为主要形式，在主题活动中融合了社会服务、设计制作、职业体验和劳动教育等多种体验活动，通过观察、发现、搜集、分析、探究、创作、总结、拓展等培养学生综合素质的跨学科实践性课程。

依据《教育部关于印发〈中小学综合实践活动课程指导纲要〉的通知》《教育部等11部门关于推进中小学生研学旅行的意见》和《中共中央 国务院关于全面加强新时代大中小学劳动教育的意见》等文件精神，我们编写了《考察探究看我来——研学郑州实用手册》，以主题形式展现郑州从古到今翻天覆地的巨大变化，全面展现郑州改革开放以来的古城新颜和卓越成就，不仅是了解郑州、认识郑州的科普通识读本，更是热爱郑州、建设郑州的爱国主义教育素材库，对学校开发特色课程、学生确定研究主题、亲子选择研学路线等都有很好的借鉴和参考价值。

全套丛书由15个分册构成，每个分册一个主题，构成一个学习单元，分别是：古都郑州——建城五千年，古都展新颜；天地之中——郑州的世界名片；中岳嵩山——中国唯一的“五代同堂”地质公园；文化郑州——八千年根脉代代传；非遗郑州——千古遗存焕新颜；红色郑州——缅怀先烈，薪火相传；铁路郑州——天下枢纽再谱新篇；商城郑州——因“商”而立，因“商”而荣；科技郑州——农科创新沃土，高新科技航天；水润郑州——人水从此和谐；生态郑州——古城新韵，和谐发展；大学郑州——从古书院到“双一流”；地标郑州——聆听城市发展之音；传媒郑州——

传媒之声，声达天下；美食郑州——“食”在是“中”。

每个单元由研学资源、研学路线、优秀课例和我的研学我做主等板块组成。研学资源，汇集了相应主题下主要的可行性资源，为考察探究活动自选研学项目提供参考。研学路线，是编者实地考察探路，精心挑选推荐的优质路线。优秀课例，是已实践过的优秀研学课程成果选编，包括小学一年级到高中全学段，展现了该主题考察探究活动后的收获。我的研学我做主，是留有空白的研学手册，供阅读者面对丰富多彩的主题资源套餐，自行选定感兴趣的主餐。

本册《美食郑州——“食”在是“中”》的编写人员有曹淑玲，刘丽娟，殷新，刘惠敏，赵建东，张琼，秦倩倩等。

丛书编著得到了专家学者、社会各界和实践学校的大力支持，在此表示诚挚的感谢。由于编写时间和水平所限，书中难免有不足之处，恳请广大师生在使用过程中及时提出宝贵意见，以利再版勘正。

行，知之始；知，行之将成；知行合一再创新，天马行空任你来。行－知－行综合实践活动，我们一直在路上……

考察探究，看我来！

美食郑州

——“食”在是“中”

“中，真中！”广袤的中原大地赋予了郑州人宽广的胸怀和豪爽的性格。一个“中”字掷地有声，很好地表达了认可、肯定和赞扬的含义。

“中，真中！”吃过郑州烩面的食客们都发出了这样的赞叹。郑州号称“烩面之城”，很多郑州人是吃着烩面长大的，他们会如数家珍地告诉你哪家的烩面好吃。出门饺子回家面，烩面还是游子的渴望，离乡回家第一件事就是来碗热气腾腾的烩面。

作为一座时尚的美食之都，郑州餐饮业百花齐放。“中”的不仅有烩面，还有传承百年的老字号美食。醇厚、平和发展千年的豫菜，技法精湛，名菜众多。还有各种美食，一座城就能吃遍大江南北、世界各地，既有饕餮盛宴，也有市井小吃。

唇齿间留下的食物的鲜美，更让我们对脚下的大地深深热爱！以美食的方式认识郑州，开始一场关于美食的研学之旅吧！

食在郑州，“食”在是“中”！

我们出发啦（白春胜摄影）

研学资源

老字号美食永流传

合记烩面、葛记焖饼和蔡记蒸饺，是郑州人耳熟能详的“老三记”；西兰轩菜馆、河南食府和郑州烤鸭总店，是郑州人心中抹不去的记忆；胜利鸡、五顺斋烤鸭、三鲜伊府面是郑州人独有的心头好。

汤鲜面筋美名扬——合记烩面

据说烩面诞生于抗日战争时期，现在已成为老百姓的日常美食。合记较早把烩面做成了品牌，历经半个多世纪的发展，秉持优秀品质，“合记烩面”曾获得“中华名小吃”“中华老字号”等荣誉称号。

合记烩面（刘丽娟摄影）

非遗美食软醇香——葛记焖饼

创业人葛明惠先生早年在清朝王府帮厨，后在郑州创立葛记焖饼馆。高汤焖饼、香软坛子肉，搭配四时蔬菜，坛子肉的香气浸透了饼丝，味道十足。2009 年，葛记焖饼制作工艺入选河南省非物质文化遗产保护名录。

匠心浇筑百年店——蔡记蒸饺

葛记焖饼（刘丽娟摄影）

京都老蔡记（刘丽娟摄影）

蔡老先生早年在清代皇宫里帮厨，后在郑州开设“京都馄饨馆”。寻常的蒸饺被他做到极致——薄薄透亮的皮，微弹紧致的馅，满盈的汤汁。小小的蒸饺传承百年，仍备受喜爱。其传人开设“京都老蔡记”，深受欢迎。2015 年，蔡记蒸饺入选河南非物质文化遗产保护名录，获得“河南省中华老字号”的荣誉称号。

魅力豫菜来品鉴

豫菜是和众家之长，口味适中，具有“中扒”“西水”“南锅”“北面”的特点，传统十大名菜有：鲤鱼焙面、煎扒青鱼头尾、炸紫酥肉、大葱烧海参、牡丹燕菜、扒广肚、汴京烤鸭、炸八块、清汤鲍鱼和葱扒羊肉。郑州市内豫菜品牌店星罗棋布，是人们宴请亲朋、约谈好友的良选佳地。

红烧黄河大鲤鱼

这道菜，色泽红润、形态漂亮、略带酸甜的醇厚香气引得味蕾跃动，让你一口就爱上它。无鱼不成宴，无鲤不成席。鱼，不仅可制成美食，更承载了人们对美好生活的向往。

打卡地：阿五美食、阿庄地道豫菜、鲤鱼门黄河大鲤鱼等。

红烧黄河大鲤鱼（刘丽娟摄影）

汴京烤鸭

汴京烤鸭源于北宋，是中国烤鸭的鼻祖。它采用新郑枣木炭烤，有枣木独有的清香，皮酥肉嫩，酱料咸甜适口，深得食客的青睐。

打卡地：郑州烤鸭总店、五顺斋烤鸭、煜丰汴京烤鸭等。

大葱烧海参

豫菜的传承者们倾力守护这道菜，大葱和海参是绝配，滋补营养的海参软糯弹牙，葱香激发了汤汁的鲜，在口中弥漫经久回味。

打卡地：鲁班张尚品豫菜、可豫酒店等。

大葱烧海参（刘丽娟摄影）

鲤鱼焙面

金色鲤鱼是历代珍品，除了食材本身，甜中透酸的汁水泛着诱人的泡花，给这道菜增添了鲜活灵动。鱼身上的焙面，细如发丝玲珑精致。

打卡地：河南食府、阿庄地道豫菜等。

扒广肚

广肚，“海八珍”之一。这道菜要用鲜美的高汤来调制，广肚饱吸汤汁后，入口绵软浓鲜，与你的舌尖一起舞动。

打卡地：河南食府、萧记三鲜烩面美食城等。

扒广肚（刘丽娟摄影）

四方美食汇郑州

郑州汇集了四面八方的美食，既有汤汤水水的洛阳水席、眼花缭乱的开封小吃、原汁原味的信阳菜，也有清淡略甜的杭帮菜、麻辣巴适的川菜、香辣下饭的湘菜，还有精巧雅致的粤菜和腔调十足的茶餐厅等。多元的饮食文化在这里对接碰撞，南来北往的客人都能在这里找到乡味，美食联结着家乡的记忆，一口熟悉的滋味最是暖心。

原汁原味的信阳菜

信阳人好吃，信阳菜好吃，美味的信阳菜馆在郑州遍地开花。他们取材天然，擅长做河鲜，鱼就成了食材中当之无愧的首席代表，除了清炖南湾鱼头外，还有桶鲜鱼、石锅鱼等。信阳菜强调食物的原汁原味，招牌菜有大蒜焖黄鱼、红焖甲鱼等，美味又滋补。

龙井虾仁（刘丽娟摄影）

眼花缭乱的开封小吃

丰富的品种、悠久的历史奠定了开封小吃的地位，最受欢迎的有灌汤包、花生糕、炒凉粉、杏仁茶、羊肉炕馍、桶子鸡、麻辣花生、双麻火烧、绿豆糕和玫瑰饼等，品种多样各具特色。

优雅时尚的茶餐厅

茶餐厅以其轻松雅致的就餐环境，富有创意的多种美食，成为现代时尚都市人聊天聚会的最佳选择。这里集中西饮食为一体，煲仔饭里的腊肉裹着香鲜可口的秘制酱汁，蟹黄包、虾饺等小吃令人点赞，姜撞奶、西米露等粤式糖水也是广受青睐。

杏仁茶（张琼摄影）

云吞面（张琼摄影）

老郑州的美食街

如果想深入感受郑州，最好的办法是到街巷中走一走，在不起眼的地方也许就藏着一家经过时间考验的宝藏老店，正等着你来发现。

郑州人都知道一：北顺城街

北顺城街位于管城回族区，20 世纪 30 年代，在郑州老城的西城墙和城壕改造的基础上建成，分为南北两部分，其中的北顺城街是有名的美食一条街。五顺斋的烤鸭皮脆肉嫩，口碑很好，门口经常有食客排队等待。海瑜楼的灌汤包是配得上“清真第一笼”的名号的，汤汁鲜美馅料可口，可谓实至名归。胜利鸡开了有 20 多年，烧鸡的卤味浓，细腻软烂，金黄的小笋鸡看起来很有食欲；桶子鸡的外皮脆香、肉质紧致。

五顺斋烤鸭（刘丽娟摄影）

海瑜楼（刘丽娟摄影）

胜利鸡（刘丽娟摄影）

郑州人都知道二：伏牛路

伏牛路位于西郊的老工业区内，路旁浓密的法桐见证着这里的历史变迁。两边食肆林立，岁月沉淀下来的美味让人留恋。我们从最北边开始，一路向南追寻美食的踪迹。

文家胖孩（刘丽娟摄影）

马路东边就是郑州“老三记”之一的葛记焖饼，古色古香的店面装修，大厅里经常是座无虚席。文家胖孩老砂锅，有着老郑州淳朴平实、热闹亲切的烟火味道。除了砂锅，还推荐海鲜炒蛏子、多种口味的小龙虾等。延庆祥炸鸡的香气窜进鼻孔，嫩嫩的鸡肉在舌尖上滑动，咬上一口得用手接着咯嘣作响酥脆的外皮。方秀华周口清真胡辣汤总店已经开了有 30 多年，附近的很多居民从小就是喝着她家的胡辣汤、

延庆祥炸鸡（刘丽娟摄影）

吃着她家的牛肉盒长大的，甚至连大年初一的早上也有人排队，就是为了这一口心头好。

伏牛路和汝河路交叉口的东南角就是汝河小区，北门口的小吃店一字排开，酸辣粉是必吃不可，就上一口肉夹馍，得劲儿！晚上小区里有夜市，老沙家烧烤、麻辣鸡头、小龙虾、烤面筋等非常红火，让东南西北的食客慕名而来。

郑州人都知道三：优胜北路－健康路－优胜南路

这三条街位于金水区，连起来呈“几”字形，附近遍布文化体育单位和大中专院校，人文氛围浓厚。

鸿茂斋涮锅是炭火铜锅涮肉，在郑州已有30年历史了。食客盈门的秘密是严格选材，羊肉新鲜品质好，芝麻酱调料浓香地道。炭火烧得旺旺的，各种食材在沸水中快乐地翻滚，多么美好的时刻，投入地享受这一切就好！

川府小吃店有着27年的历史，地道的担担面酸辣适中，带着淡淡的甜味，让人胃口大开。胖嫂羊肉串是30多年的老摊，羊肉串浇汁后再烤所以特别嫩。黄桥烧饼，窄窄的小门脸显得很低调，也有30多年了，多种口味的烧饼层层脆薄，吃的时候得用手接着掉下的脆皮。

每天晚上，健康路的夜市开始。路两旁的摊档鳞次栉比，各种各样的美食在你眼前渐次展开，周围的一切似乎都在告诉你，还等什么，来尝尝吧！随着人流穿行，快乐恣意生长，这里成为体验郑州夜生活的重要一环。

鸿茂斋涮锅（刘丽娟摄影）

川府小吃店（刘丽娟摄影）

潮汕记（刘丽娟摄影）

研学路线

1. 品味、品读、品景之旅

方中山胡辣汤(顺河路总店)→紫荆山公园→合记烩面(人民路总店)→中原图书大厦→京都老蔡记蒸饺

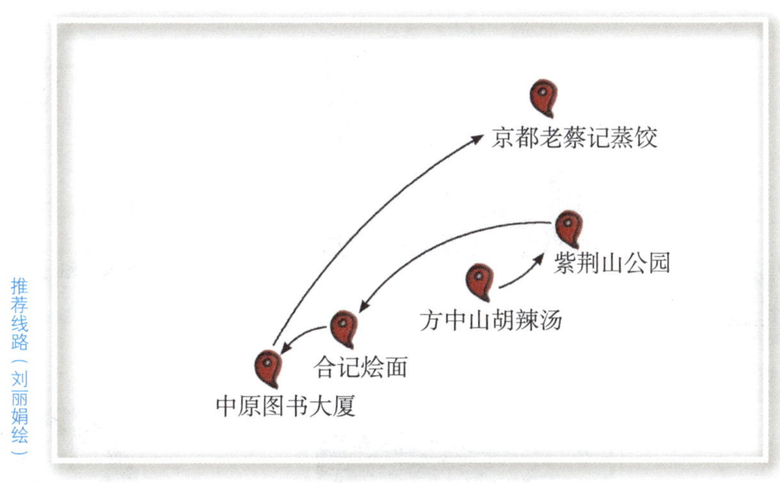

推荐线路（刘丽娟绘）

美育熏陶伴童年

推荐理由　这条线路的亮点是“吃”“玩”“读”完美统一,集“三品”于一线，一天的时间,能品尝美食、饱读美文,还能欣赏美景。在方中山胡辣汤吃完早饭后,步行到附近的紫荆山公园开展活动,午餐相约在合记烩面馆，大快朵颐后到中原图书大厦畅游书海,晚餐去品尝京都老蔡记蒸饺,是不是非常期待？

胡辣汤界的“扛把子”——方中山胡辣汤

不同风味的胡辣汤在郑州都有一席之地,而方中山把胡辣汤做成了品牌,成为一张美食名片。它的特点是汤色橙黄,口感浓郁,麻辣鲜香。胡辣汤偏咸辣,口味清淡的小伙伴可以加入豆腐脑来缓解。

秀色掩今古——紫荆山公园

她是一位“资深美女”，在商代旧城址的基础上建立，公园面积很大，分为东园、西园和南园三部分。湖光山色让人流连忘返，春天百花盛开，夏天荷花、睡莲铺满湖面，秋天满园金黄，冬日白雪皑皑。

在这里，可以凭吊古迹，感受郑州的悠久历史；可以拓展训练,培养坚强的意志品质；

还可以欣赏美景陶冶情操，写生、绘画，记录美好生活。

书香晕染阅享好时光

中原图书大厦是一座现代复合式书店示范点，成立十余年，一直致力于为人们提供更加丰富的阅读生活、更加多元的文化消费，也赋予这座城市更多书香晕染的气质。在这里，我们可以亲近图书，阅读有关饮食文化的书籍；在这里，我们与爱书人相遇，品味写意生活，阅享美好时光。

紫荆山公园（刘丽娟摄影）

品尝烩面（刘丽娟摄影）

方中山胡辣汤店（刘丽娟摄影）

享受阅读（刘丽娟摄影）

品尝蒸饺（张琼摄影）

研学小贴士

1. 此次美食研学旅行时间为一天。

2. 方中山胡辣汤店人均消费约 10 元，合记烩面总店人均消费约 20 元，蔡记蒸饺店人均消费约 20 元，共计约 50 元。

3. 紫荆山公园内有大面积水域，不能独自离队，防止走散或溺水。请自觉爱护花草，保护环境卫生。

4. 中原图书大厦营业时间：早 9:00—晚 9:00。阅读时，请保持安静，爱护书籍。

2. 穿越千年来看你

谷婆婆八宝粥（陇海路店）→郑州博物馆→阿五黄河美食（陇海路店）→郑州奥林匹克体育中心（简称“奥体中心”）→葛记焖饼（伏牛路店）

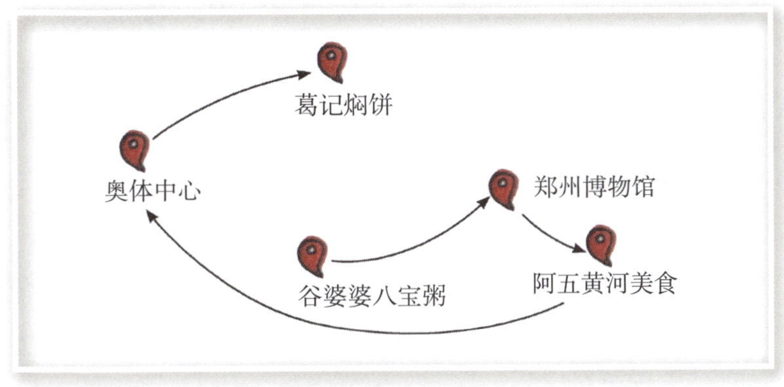

推荐线路（刘丽娟绘）

推荐理由

历史与现代对接，一日穿越千年

这条线路的亮点是“穿越与对接”，一是黄河大鲤鱼和葛记焖饼这两种美食穿越百年相遇，二是历史与现代对接，上午还流连于悠悠千年黄河文明，下午就惊叹于奥体中心的智能化、生态化建设理念，怎能不心潮澎湃，思绪万千呢！

鼎立中原——郑州博物馆

郑州博物馆成立于1957年7月，藏品丰富，文物众多，具有代表性的是商周青铜器和唐宋石刻。展厅由“郑州文明曙光”“郑州古都风采”“古代文化神韵”三大部分八个展厅组成。漫步其中，仿佛穿越千百年与文明对话，受到深厚凝重的历史文化的熏陶，沉浸在美的享受之中，更加热爱郑州这座历史之城、艺术之城。

郑州博物馆（刘丽娟摄影）

谷婆婆八宝粥（刘丽娟摄影）

研学小贴士

1. 此次研学旅行的时间为一天。

2. 谷婆婆八宝粥店人均消费约8元，阿五美食(陇海路店)人均消费约35元，葛记焖饼店人均消费约20元，共计约63元。

3. 郑州博物馆每周二闭馆检修，开放时间为夏季9:00—17:30，冬季9:00—17:00。

4. 奥体中心区域面积很大，要有组织，列队行走，不能单独行动。

软糯营养八宝粥——谷婆婆

店堂里干净整洁，厨房是明档，可以看到大锅里的八宝粥咕嘟咕嘟冒着热气，各种豆类、谷物、花生、红枣等在一起文火慢煮，据说要熬足三个半小时，红亮亮的粥上撒了白芝麻，慢慢地喝一碗很舒服。早餐品种很丰富，除了八宝粥，还有其他粥品，包子和小菜也很好吃，带给你满满的能量。

招牌必点红烧黄河大鲤鱼

阿五主打新派豫菜，红烧黄河大鲤鱼是到店招牌必点菜。肉厚而肥的黄河鲤鱼，最好的吃法还是红烧。尤其在豫菜大师傅的手里，先炸后烧，高汤做底，香菇和冬笋释放出特有的鲜美，能烹制得肉质鲜嫩、筋软缠绵、丝丝入味，鲜香扑鼻，引人食欲。阿五家选用的是生态黄河鲤鱼，每一条鱼都有专属的“身份证”呢!

阿五美食（刘丽娟摄影）

美食郑州在行动

民以食为天，美食已经超出了本身的意义，成为一个地方的名片和人们对家乡的记忆，体验美食成为深度了解城市的一种方式。正因为如此，我们决定立足核心素养，倾力打造适合学生的美食研学旅行课程。

7 个小伙伴组成了一支美食行动先锋队，根据学校周边美食资源丰富的特点，决定开展研学活动，和美食来一次亲密接触。

研学前，我们精心准备、搜集资料、制订计划、合理分工、群策群力、各司其职，充分发挥个人在团队中的作用！研学中，我们互相帮助，体验点点滴滴的美好瞬间，开阔了眼界。在这次美食研学之旅中，我们还品尝了胡辣汤、红烧黄河大鲤鱼和三鲜烩面，欣赏了母亲河的无限风光，学习了悠久的黄河历史文化知识。研学后，我们将认真总结，继续探究美食文化。

研学打卡（刘丽娟摄影）

研学路线

学校门口集合→方中山胡辣汤（电厂路店）吃早餐，出发→参观黄河逸园→在农家乐饭店品尝黄河大鲤鱼→黄河大堤附近做社会服务→萧记三鲜烩面美食城（秦岭路店）吃晚饭

团队公约　团队建设　制订方案　遵守纪律　团结合作

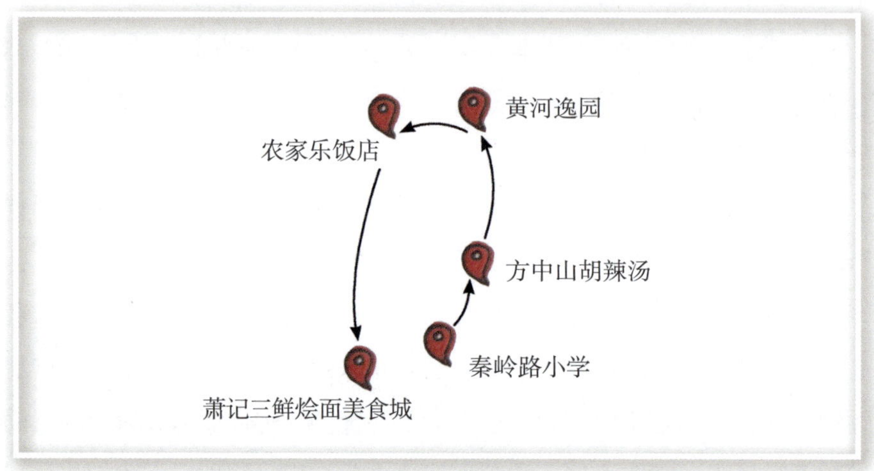

研学线路（刘丽娟绘）

研学目标

1. 通过搜集美食资料，亲身品尝，了解郑州代表性美食的特点和文化，增进热爱家乡和珍惜劳动成果的情感。

2. 通过小组团结合作、分工互助完成整个研学活动，增强探究能力、团队凝聚力和合作能力。

3. 与小伙伴积极分享成果，提高对研学活动的兴趣。

研学准备

1. 郑州的特色美食都有哪些？

2. 方中山胡辣汤受欢迎的秘密是什么？

3. 黄河大鲤鱼的特点是什么？跟鱼有关的民俗文化有哪些？

4. 萧记烩面的特点是什么？怎样才能做一碗好吃的烩面？

我的问题是：____

____

预算研学资金（刘丽娟摄影）

设计研学手册（刘丽娟摄影）

美食打卡第一站

时间	7 点 30 分	地点	方中山胡辣汤（电厂路店）	姓名	
主要活动	品尝胡辣汤、水煎包和葱油饼，采访厨师了解胡辣汤的特点				
研学记录					
感受					

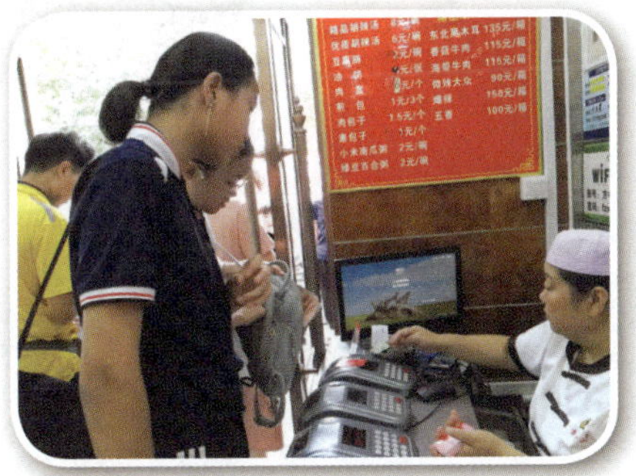

买饭卡（刘丽娟摄影）

好辣呀（刘丽娟摄影）

“空碗”行动（刘丽娟摄影）

我们不怕辣（刘丽娟摄影）

美食打卡第二站

时间	8 点 20 分	地点	黄河逸园	姓名	
主要活动	观察黄河鲤鱼的生长环境，参观园内的盆景				
研学记录					
感受					

欣赏盆景（赵彭真摄影）

包饺子（赵彭真摄影）

烧地锅（刘丽娟摄影）

品尝黄河大鲤鱼（刘丽娟摄影）

美食打卡第三站

时间	11 点 10 分	地点	农家乐饭店	姓名	
主要活动	品尝黄河大鲤鱼，自助包饺子，烧地锅灶				
研学记录					
感受					

美食打卡第四站

时间	2 点 20 分	地点	黄河大堤	姓名	
主要活动	在黄河大堤做环保志愿者服务工作				
研学记录					
感受					

志愿者（刘丽娟摄影）

美食打卡（刘丽娟摄影）

三鲜烩面（刘丽娟摄影）

品尝烩面（刘丽娟摄影）

美食打卡第五站

时间	6 点 15 分	地点	萧记烩面美食城	姓名	
主要活动	品尝萧记三鲜烩面，采访大堂经理，欣赏师傅拉烩面				
研学记录					
感受					

行后课堂

完成研学记录　记录下研学旅行中的收获！

劳动创造美食

离开黄河逸园后，我们来到了黄河大堤附近的一处农家乐，小院里干净整洁。这家店都是包桌套餐，有黄河大鲤鱼，十菜一汤共 340 元，挺实惠的，另外送一荤一素两盆饺子，但是得自己包，自己煮。

自己动手，丰衣足食，开始包饺子。刘老师负责擀皮，刘守轩妈妈负责揉面，其他人都来包饺子，个别小伙伴虽然水平有限，但是虚心好学，也值得表扬。大家叽叽喳喳地很热闹。煮饺子用的是传统地锅，烧劈柴，现在老家也不用了。冯俊翔和刘守轩两个小男子汉自告奋勇烧火，其他人围在旁边帮忙。我把劈柴投进炉灶里喷溅出火花，大家吓得往后退，燃烧时冒出的黑烟熏得冯俊翔睁不开眼睛，看来，烧火也不容易呀！

激动人心的时刻到了，师傅要烹制黄河大鲤鱼。只见他先把鲤鱼炸到两面焦黄；在锅里放入葱姜蒜和各种调料，然后放入鲤鱼炖一会儿。时间到了，打开锅盖的一瞬间，酸甜的香气弥漫四周。端上桌后，我们先请刘老师和家长品尝，然后每人才动筷子。鱼肉鲜嫩，蘸着酸甜的汤汁就更好吃了。第二站的活动，我们体验了原生态的农家之乐，增强了动手能力，锻炼了生活技能。

（六一班　师邈翡）

心满意足地品尝了三鲜烩面，我和组长采访了负责大堂管理的萧经理。她给我们讲起萧记烩面的历史和特色，又带领我们参观厨房。厨房干净整洁，盛满鲜汤的大锅冒着热气，每一个环节都颇为讲究，我们心里默默为厨师的辛苦付出点赞！萧经理还请一位师傅为我们表演了拉烩面的绝活，只见一片小小的面胚在他的手里逐渐变长、变细，上下舞动翻飞，行云流水一般，看得我们眼花缭乱。萧经理说他们的烩面里面除了加点盐以外，没有任何添加剂，筋道好吃全凭和面的技术。

看来，萧记烩面不愧为中原名吃，能受到大家的欢迎，靠的是真材实料和精湛的制作技艺。

（六一班　夏冉彤）

填写研学微报告　你解决了什么问题，有哪些有价值的发现和思考？

课题名称	方中山胡辣汤受欢迎的秘密		
姓名	美食探路小分队	时间	2019.6
研究目的	了解方中山胡辣汤的制作方法和饭店经营特色		
研究方法	实地体验，查阅资料		
研究内容	品尝店内胡辣汤和其他食物；采访厨师和食客		
研究结论	店里干净明亮，基本上没有空位置了。胡辣汤端上来了，飘着香气，汤色橙黄。我们以前都没喝过，一口下去，好辣呀，说不出来是辣椒还是胡椒的辣。这时经理走过来，看到我们这一桌都是小学生，就好心免费送了一碗豆腐脑，建议我们掺着吃。这真出乎大家的意料，为这种贴心的服务点赞！他还建议配上招牌葱油饼，泡在汤里更好吃。按照计划，我和组长来到后厨进行采访。虽然厨师很忙，但还是耐心地回答了我们的问题，接着我们又采访了部分食客。 通过此次活动，我们找到了方中山胡辣汤生意好的原因：①食材好，采用骨头和牛肉熬煮的高汤制作，牛肉当天采购，特别新鲜，手洗的面筋非常劲道。制作讲究，货真价实。②服务热情，态度真诚。③环境整洁卫生好。 建议：胡辣汤口味偏辣，建议少放些辣椒。		

研学评价　为自己和伙伴们点亮小星星，为活动画上圆满的句号！

评价项目	评价细则	自评	互评
	☆☆☆		
了解美食	了解郑州美食文化，学习美食做法，尝试制作		
能力提升	能通过采访调查、实地考察、网络搜索等方法收集资料、整理信息		
参与态度	能主动组织并参与活动，积极实践，展示自己的能力		
这次活动，通过自我评价我得到了_____颗☆，同学评价我得到_____颗☆			
教师评价			
家长评价			
研学感受			

成果展示会

我们的作品（刘丽娟摄影）

专家点评

“美食郑州在行动”研学活动集参观、体验、探究于一体，在研学活动中孩子们接触更为广阔的生活，能够很好地获得直接的感知、乐趣和技能，帮助他们了解郑州美食的特点，感受中原饮食文化的博大精深，传承优秀文化，发展核心素养，成功践行了“读万卷书，行万里路”的教育理念和人文精神。

家长感言

插上飞翔的翅膀

六一班家长　夏冉彤爸爸

我很荣幸也很快乐能和孩子们一起参与这次研学旅行活动，看着他们在活动获得成长与进步，感到非常欣慰。

我自认为很了解孩子，一直觉得她是个内向羞涩的姑娘。这次活动中她自告奋勇当上了组长兼小会计。起初我还有些担心，没想到孩子干得有模有样，研学前她和小伙伴认真做攻略，计划每一笔开销；研学过程中大胆自信地组织活动，认真负责的样子真让我刮目相看。我支持孩子走出教室和家庭，多参加类似的研学活动，就像小鸟初展翅膀，将会飞得更高更远。

优秀课例

郑州烩面，中！

河南人爱吃面，大概与地理环境有关。河南是农业大省，沃野千里，是粮食主产区，小麦是主要农作物。

勤劳智慧的河南人创造了各种各样的面食，烩面是其中之一。先是老字号合记羊肉烩面独领风骚，后有萧记三鲜烩面异军突起，快速发展，成为郑州餐饮的城市名片。一碗烩面在手，吃完酣畅淋漓。

郑州烩面，中！（殷新绘）

郑州烩面，我们来啦（殷新摄影）

研学路线

郑州市中原区阳光小学操场，集合出发→碧沙岗公园→四厂烩面馆→二七商圈百年德化街→萧记三鲜烩面美食城

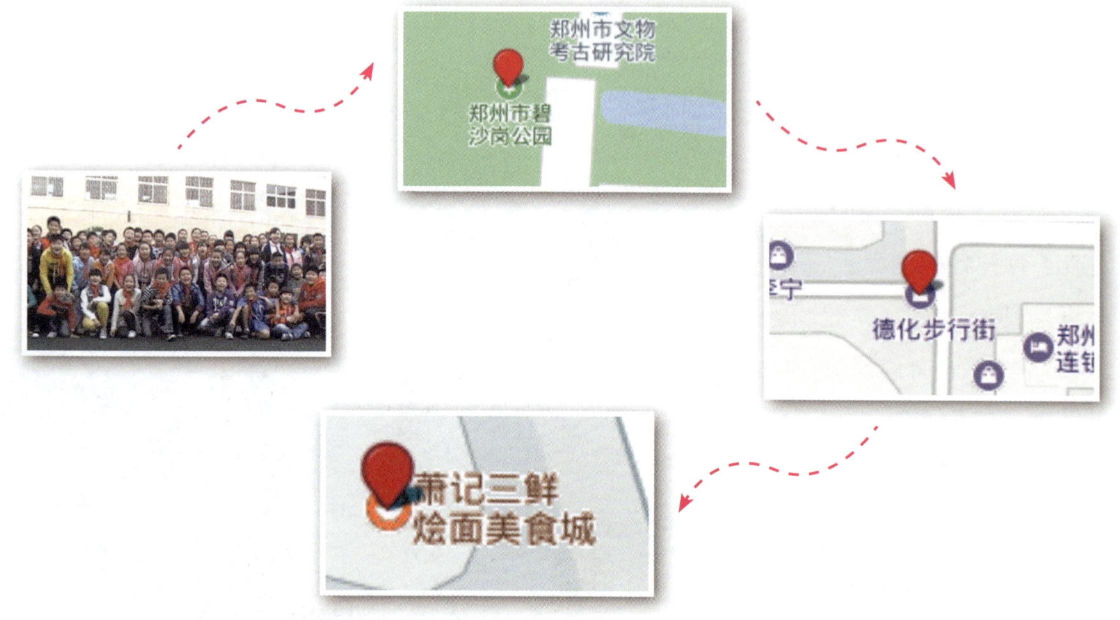

研学计划

阶段	内容	时间安排	备注
准备阶段	确立子课题，成立活动小组，制订活动计划	一周	
实施阶段	各小组根据计划展开活动，老师有针对性地进行指导	一周	
总结阶段	各小组汇总资料，形成研究报告	一周	
展示、评价阶段	各小组以不同形式展示活动成果，进行多元评价	一周	

研学目标

1. 通过参与实践活动，学习调查采访、问卷分析等方法，了解烩面。

2. 在活动开展的过程中，进一步提高学生借助网络、图书馆等共享资源收集、处理信息的能力。

3. 在对特色饮食的了解过程中，增强团队合作意识，感受郑州人的智慧，体会作为郑州人的自豪感。

研学准备

课时一：召开启动会议，确定子课题。学生在教师的带领下明确活动开展的注意事项，在研讨子课题的过程中，教师依据学生的身心特点、发展需要，从研究可行性、研究价值等方面进行指导，确立以下三个子课题：烩面的历史与制作、烩面的演变过程、郑州人的烩面情结。

课时二：分组分工，制订活动计划。学生分为三个小组：旋风小组（烩面的历史与制作）、发现小组（烩面的演变过程）、泡泡糖小组（郑州人的烩面情结）。各小组在组长的带领下围绕子课题制订翔实的活动计划。

研学过程

旋风小组

发现小组

泡泡糖小组

研学小组（殷新摄影）

访面馆→面之法→面之源→烩面情

早上，从学校出发，到达爱国主义教育基地——碧沙岗公园。了解“碧沙岗”3 个字的来历，参观汉白玉石碑，进一步了解碧沙岗公园的历史沿革。

碧沙岗公园（殷新摄影）

烩面（殷新摄影）

市内的大街小巷都可以看到烩面馆，既有远近闻名的老店、名店，也有别具风味的新店、小店。中午，我们来到碧沙岗附近的四厂烩面馆，品尝了鼎鼎有名的烩面。以图片形式记录下美味的烩面吧！记录你所看到的烩面制作的过程，并设计出精美的手抄报！

按照不同的配料和口味，烩面可分为传统烩面、三鲜烩面、滋补烩面等。下午，火车站附近，大家分组行动，分别到图书馆和不同的烩面馆去探寻烩面的演变过程，并将收集到的资料记录下来！

下午四点钟各组按分工分别在萧记三鲜烩面美食城和合记烩面馆集合，参观了烩面馆的后厨，再次了解烩面的做法和营养价值，最后品尝烩面。

说起烩面，郑州人对它有一种特殊的情结。今天我们走访了烩面馆，让我们来夸一夸郑州烩面吧！

成果展示

周一，我们聆听了旋风小组的成果汇报。“烩面轰炸”来了，旋风小组去品尝了四厂烩面。做好的烩面香味四溢，刚一端上桌，他们迫不及待地吃起来。豆皮、粉条、木耳这些普通的配料组合在一起，竟如此美味。品尝了烩面，旋风小组又对烩面的制作方法进行了探究：骨汤下面，捞出来后，碗里加入肉和青菜。满满的一大碗，很实惠。面好吃，汤也很有营养。同时，他们还了解了关于烩面的传说，并把传说讲给大家听。

周三，我们聆听了发现小组的成果汇报。走访火车站附近，发现小组在德化街对烩面的演变进行了实地调查。他们发现：①烩面分为高端烩面和低端烩面；②烩面与海底捞火锅结合，推出主食烩面，并在店里现场进行拉烩面表演；③新疆大盘鸡里面也加入了拌烩面；④烩面结合现代的生活方式推出了快餐烩面。

成果展示(殷新摄影)

成果展示(殷新摄影)

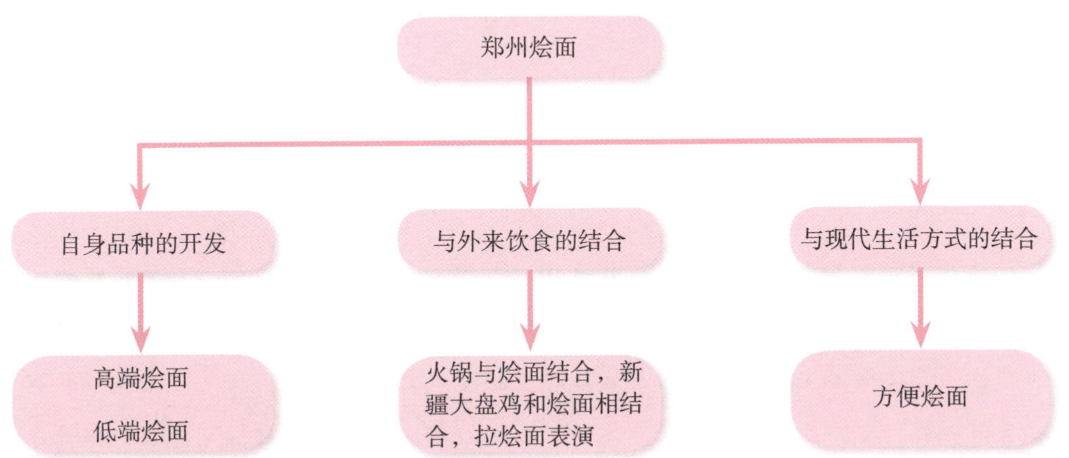

周五，我们聆听了泡泡糖小组的成果汇报。泡泡糖小组发现郑州人对烩面情有独钟，从外地回郑州的人都会先吃上一碗热腾腾的烩面。在走访和调查之后，同学们编写了歌谣，以豫剧演唱的形式来表达郑州人特有“烩面情结”。

成果展示(殷新摄影)

拉烩面
拉拉拉，
拉烩面，
抖一抖，
拽一拽，
放锅煮，
煮出一碗美味来。

吃烩面
烩面烩面真叫鲜，
吃了一碗又一碗。
小猫看见眯眯笑，
口水流到天际边。

烩面歌
烩面宽，烩面长。
烩面劲道不易烂。
拉烩面，品烩面。
郑州特色耀河南，耀河南。

夸烩面
烩面油汪汪。
汤鲜面更棒。
一口一口吃，
千万小心烫。
郑州烩面顶呱呱，
色香味全人人夸，
男女老少皆喜欢，
烩面店铺遍地开，
名片效应春风来，
四海宾朋来品尝，
竖起拇指真不赖。

烩面歌谣

“郑州烩面，中！”研学旅行评价表（五星制）

小组	过程性评价					终结性评价		评价结果
	纪律	学习态度	团队意识	文明礼仪	品德修养	作业完成	展示效果	
旋风小组								☆☆☆☆☆
发现小组								☆☆☆☆☆
泡泡糖小组								☆☆☆☆☆

展示过程中以激发学生探索兴趣、提升探究能力为评价的出发点，采取动态的多元评价，重视过程性评价。

专家点评

本次课程获全国综合实践活动优质课一等奖，课程采用模块化、层次化设计，切合当地资源实际，贴合学生的学段要求，内容丰富、重点突出、结构合理、形式多样、可行性强，使得学生可以在体验与实践中直接受到教育，具有较好的可实施性和可拓展性。另外，学生亲历了知识产生与形成的过程，增强了合作探究意识，提升了收集处理资料的能力，普及了相关的人文知识，潜移默化中增强了热爱家乡的情感，课程目标有效达成！

研学感言

我的研学我做主

我想去这里：

我感兴趣的主题是：

理由不容置疑：

和谁一起很重要，吹响集结号！

分工	组长	安全员	纪律员	卫生员	书记员	宣传员
成员						
职责	整体负责 协调规划	安全提醒 全程保障	纪律严明 严宽相济	检查卫生 文明出行	资料记录 汇总整理	资料整合 设计宣传

行前功课要做足，研学攻略计划好！

到此一游我拍拍拍，合影那是必须的！

最好的课堂在路上，且行且记习惯好！

听到的

悟到的

看到的

吃到的

研学微报告

研究主题	
研究背景	
研究目的	
研究方法	
研究内容	
研究结论	
参考资料	

研学评价

研学评价	评价标准	自我评价	组内评价	导师评价
过程性评价	积极参与全程活动	☆☆☆	☆☆☆	☆☆☆
	遵守组内公约，服从小组分工	☆☆☆	☆☆☆	☆☆☆
	无迟到、脱离队伍现象	☆☆☆	☆☆☆	☆☆☆
	注重个人卫生和公共卫生	☆☆☆	☆☆☆	☆☆☆
	资料收集内容翔实，上交及时	☆☆☆	☆☆☆	☆☆☆
结果性评价	研学攻略准备充分无遗漏	☆☆☆	☆☆☆	☆☆☆
	多种方法搜集处理信息恰到好处	☆☆☆	☆☆☆	☆☆☆
	认真完成研学任务和研学手册	☆☆☆	☆☆☆	☆☆☆
	研学有成果，成果有新意	☆☆☆	☆☆☆	☆☆☆

研学感悟

研学成果

编写说明

综合实践活动是国家义务教育和普通高中课程方案规定的必修课程，是从学生真实生活和发展需要出发，以走出校园、走向社会的考察探究研学活动为主要形式，在主题活动中融合了社会服务、设计制作、职业体验和劳动教育等多种体验活动，通过观察、发现、搜集、分析、探究、创作、总结、拓展等培养学生综合素质的跨学科实践性课程。

依据《教育部关于印发〈中小学综合实践活动课程指导纲要〉的通知》《教育部等11部门关于推进中小学生研学旅行的意见》和《中共中央　国务院关于全面加强新时代大中小学劳动教育的意见》等文件精神，我们编写了《考察探究看我来——研学郑州实用手册》，以主题形式展现郑州从古到今翻天覆地的巨大变化，全面展现郑州改革开放以来的古城新颜和卓越成就，不仅是了解郑州、认识郑州的科普通识读本，更是热爱郑州、建设郑州的爱国主义教育素材库，对学校开发特色课程、学生确定研究主题、亲子选择研学路线等都有很好的借鉴和参考价值。

全套丛书由15个分册构成，每个分册一个主题，构成一个学习单元，分别是：古都郑州——建城五千年，古都展新颜；天地之中——郑州的世界名片；中岳嵩山——中国唯一的“五代同堂”地质公园；文化郑州——八千年根脉代代传；非遗郑州——千古遗存焕新颜；红色郑州——缅怀先烈，薪火相传；铁路郑州——天下枢纽再谱新篇；商城郑州——因“商”而立，因“商”而荣；科技郑州——农科创新沃土，高新科技航天；水润郑州——人水从此和谐；生态郑州——古城新韵，和谐发展；大学郑州——从古书院到“双一流”；地标郑州——聆听城市发展之音；传媒郑州——

传媒之声，声达天下；美食郑州——“食”在是“中”。

每个单元由研学资源、研学路线、优秀课例和我的研学我做主等板块组成。研学资源，汇集了相应主题下主要的可行性资源，为考察探究活动自选研学项目提供参考。研学路线，是编者实地考察探路，精心挑选推荐的优质路线。优秀课例，是已实践过的优秀研学课程成果选编，包括小学一年级到高中全学段，展现了该主题考察探究活动后的收获。我的研学我做主，是留有空白的研学手册，供阅读者面对丰富多彩的主题资源套餐，自行选定感兴趣的主餐。

本册《传媒郑州——传媒之声，声达天下》的编写人员有严月华，曹淑玲，刘爽凝，郭春燕，刘燕芳，赵建东等。

丛书编著得到了专家学者、社会各界和实践学校的大力支持，在此表示诚挚的感谢。由于编写时间和水平所限，书中难免有不足之处，恳请广大师生在使用过程中及时提出宝贵意见，以利再版勘正。

行，知之始；知，行之将成；知行合一再创新，天马行空任你来。行－知－行综合实践活动，我们一直在路上……

考察探究，看我来！

传媒郑州

——传媒之声，声达天下

传媒，简言之，就是传播媒介。古有烽火传军情的迅达，也有鱼传尺素的玄妙。邸报，中国古代报纸的通称，是朝廷传知朝政和臣僚了解政情的工具，起于唐代繁华鼎盛的长安，兴于北宋商贾云集的中原。

郑州，“少年老城”，是中原大地上的一颗璀璨明珠。她穿越历史长河，笑对风云变幻，用福塔之光向世界发出追古寻今的邀约。生逢乱世的河南人民广播电台为黎明之前的郑汴地区默默立下功勋，与共和国同龄的《河南日报》《郑州日报》奏响党报的强音。当“大象台”的美誉声播五湖，《梨园春》《武林风》等栏目已名扬四海。当《今夜不寂寞》了悟郑州夜空最深沉的陪伴，《亲子课堂》睿智谱写家庭教育爱的箴言。当新媒体应运而生，中原网砥砺前行。“出好书，济天下”，中原出版传媒集团携手旗下出版界翘楚款款而来。

为了让世界了解郑州，让郑州走向世界，郑州媒体人秉持理想信念，聚焦传媒之声，必将声传天下。

研学资源

文化传承历史，信息构建未来

一部人类文明发展史，在某种意义上，可以说是人类使用传播媒介的历史。媒介发展可分为三个阶段。

一、印刷媒介：沿袭传统，一目了然

1. 河南日报报业集团

河南日报报业集团，旗下有创刊于 1949 年 6 月 1 日的《河南日报》。作为中共河南省委机关报，《河南日报》是河南省最具权威性、指导性的报纸。毛泽东主席曾为该报亲笔题写报头。

2. 中国中原出版产业园

中国中原出版产业园，隶属于中原出版传媒集团，以“出好书、济天下”为目标，让“出版 +”搭建知识的桥梁，浸润生命的色彩。

3. 尚書房海汇中心店

为了让市民在舒适的环境中亲近图书、爱上阅读，2018 年 11 月，尚書房海汇中心店拔地而起。一座新的文化综合体展示这座城市的文化品位和形象。

二、电子媒介：承前启后，视听盛宴

1. 中原福塔

中原福塔，位于河南省郑州市航海东路与机场高速交会处，又名河南广播电视塔，是河南广电直属企业。该塔高 388 米，是已建成的世界最高的全钢结构电视塔。中原福塔为郑州市区及周边农村提供高质量的广播电视节目，对构建和谐中原，丰富群众精神文化生活提供高质量的广播电视节目服务。

2. 河南广播电视台

河南广播电视台卫星频道（简称“河南卫视”）精心打造出《梨园春》《武林风》《华豫之门》《汉字英雄》《成语英雄》等名牌栏目，在国内传播广且好评如潮。

该台立足中原大地，以宣传中华文明为己任，始终追求与中原文化相称的博大境界，锐意创造与时代脉搏相契合的文化盛宴，密切关注并真实记录河南前进的点滴历程。

3. 郑州现代传媒中心

郑州现代传媒中心位于凯旋路、渠南路、临湖路和文博大道的合围处，东临西流湖和

南水北调干渠。设计理念为“天圆地方、天动地静、河岳中原、石中玉玦”。包括报业大厦和广电中心（广播电台和电视台）。

郑州现代传媒中心，是城市文化设施的一部分，给这座城市带来全方位、多功能、立体化的媒体传播体验，这里将成为新媒体融合示范区，打造郑州乃至中西部地区标志性的“文化创意产业中心”。

三、新媒介：推陈出新，感官未来

1. 中原网

中原网，汇集《郑州日报》《郑州晚报》丰富的新闻采编资源和信息服务经验，立足郑州，辐射中原，面向全国，优势得天独厚。

2.《中原地铁报》

《中原地铁报》由郑州报业集团主管，郑州晚报社与郑州轨道交通有限公司联合打造，2013 年 12 月 28 日试刊发行。该报的面世，填补了郑州报业市场竞争的空白点，是郑州地铁唯一专属免费读物。

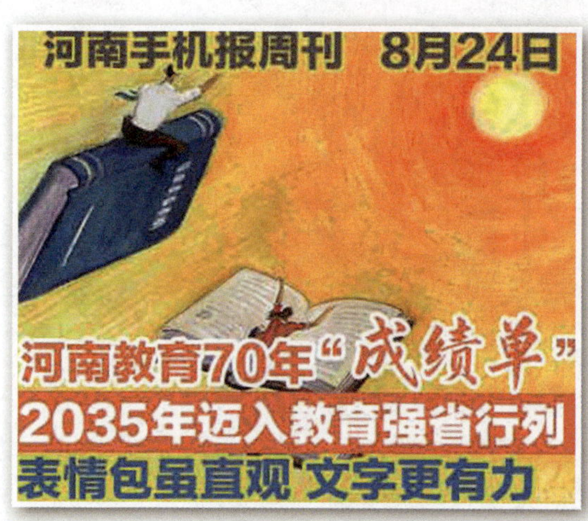

研学路线

1. 河南报业大厦小记者职业体验之旅

河南日报报业集团融媒中心→《河南日报》报史馆→大河書局

推荐理由

河南日报报业集团融媒中心，我们称之为“中央厨房”，这里真正实现了新闻信息一次采集、多种生成、多元传播。2019 年，时值《河南日报》创刊 70 周年纪念，由于和新中国同龄，《河南日报》融媒中心精心制作了报史专题纪录片，生动、详尽地将昨日重现，场面震撼，唤起观者的同理心，生发对家乡的自豪感。

河南日报报史馆，早在 2013 年 11 月被中共河南省委宣传部授予“河南省爱国主义教育示范基地”。史料资源丰富，对外接待参观时，配备兼职讲解员，徜徉其中，感受河南之变。

在大河書局，用一杯现磨咖啡的时间，可以翻书、可以写文，相视一笑，不必多言，用来回味，畅想未来。

研学小贴士

1. 参观需要提前预约，只接待 15~20 人的团队，其中，因为融媒中心的工作内容具有严格的保密性，需要在指定区域进行参观，同时需要遵时守约。

2. 参观《河南日报》报史馆需要提前致电预约，由于讲解员都是兼职的，需要跟工作人员进行协调沟通。

2. **中国河南出版产业园最美出版之旅**

参观出版主题走廊→了解出版社职责→体验植物敲拓染和雕版印刷→自编书→校对→新书发布会

推荐理由

来河南科学技术出版社参加“小出版家”研学活动，你将感受到浓烈的文化气息和艺术氛围！

满满当当的 4 个小时，孩子们眼没停，手没歇，心没乱，真真切切地体验了一把出版人的辛劳。尤其在做拓染时，一个个拿着木槌，拼尽全力敲打粘在白手绢上的花草，只愿把天然的色泽花样染上。一边敲打，一边给自己加油，敲打声、加油声交织着孩子们的欢笑声，那一刻，笑声是爽朗的，笑容是会心的。

研学小贴士

1. 本次活动需要提前预约，接受团体活动，需在指定区域进行参观。另还有印刷厂、新华书店等研学资源。

2. 途中交通费、午餐自行解决。

3. 如果小区有鹅卵石，可以找鸡蛋大小的带 1~2 个。

3. 郑州报业集团、尚書房文明采风之旅

推荐理由

欣赏郑州报业集团历史文化走廊，在高端访谈直播间体验当主播，再到新闻发布厅观看一场由咕咚视频制作的关于郑州融媒的专题纪录片。

位于海汇中心二楼的尚書房，是东区一家复合式书店，拥有书籍、文创产品、餐吧，定期召开文化主题沙龙活动。如果有幸赶上，没准儿还有大显身手的机会，被不经意间的共鸣，唤起对生活的热爱。

研学小贴士

郑州报业集团位于河南文化产业大厦八楼，属于报业集团工作人员临时办公地点，郑州现代传媒中心交付使用之后将迁往新址。可接待少量人数的团体参观，不接待个人，参观之前需申请。

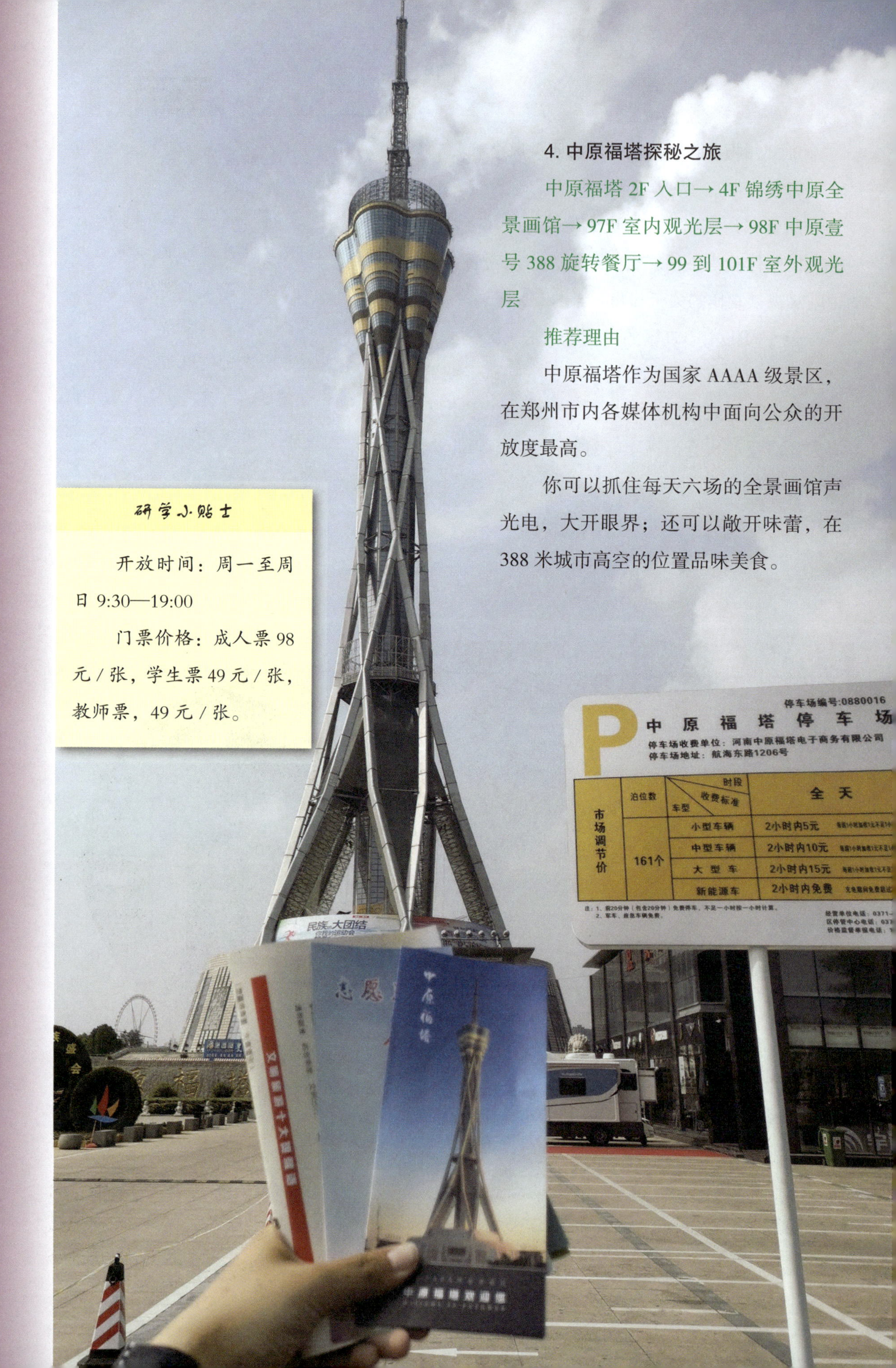

4. 中原福塔探秘之旅

中原福塔 2F 入口→ 4F 锦绣中原全景画馆→ 97F 室内观光层→ 98F 中原壹号 388 旋转餐厅→ 99 到 101F 室外观光层

推荐理由

中原福塔作为国家 AAAA 级景区，在郑州市内各媒体机构中面向公众的开放度最高。

你可以抓住每天六场的全景画馆声光电，大开眼界；还可以敞开味蕾，在 388 米城市高空的位置品味美食。

研学小贴士

开放时间：周一至周日 9:30—19:00

门票价格：成人票 98 元 / 张，学生票 49 元 / 张，教师票，49 元 / 张。

5. 河南电视台 8 号演播厅，明星制造之旅

文化走廊→主演播厅→部分功能室→体验节目录制

推荐理由

河南电视台 8 号演播厅拥有完善的配套设施，是河南电视台唯一对社会公众开放并承接社会公共活动的演播厅。《武林风》的忠实观众、《梨园春》的资深戏迷，但凡河南电视台组织大型的晚会，你都有机会来这里大饱眼福。如果有幸赶上节目的录制或者直播，现场体验一把当出境观众的乐趣，也是一种独特的体验。

研学小贴士

河南电视台 8 号演播厅面向公众的开放程度较高，如果需要参观，需联系专门的接待负责人，场馆通常都在关闭的状态。因此，最好拿到节目录制或直播的入场券，以观众身份体验节目录制的过程。

优秀课例

小记者，大行动

河南日报报业集团成立于2000年7月28日，是以《河南日报》为旗帜和核心组建的现代化传媒集团，是河南省最大的传媒集团之一。其总部位于郑州市农业路28号的河南报业大厦。

集团深入学习贯彻习近平总书记在党的新闻舆论工作座谈会上的重要讲话精神，坚持党报姓党、党报集团姓党，积极拓展媒体平台，传播力、引导力、影响力、公信力不断提高。

研学路线

学校→融媒中心→报史馆→大河書局→学校

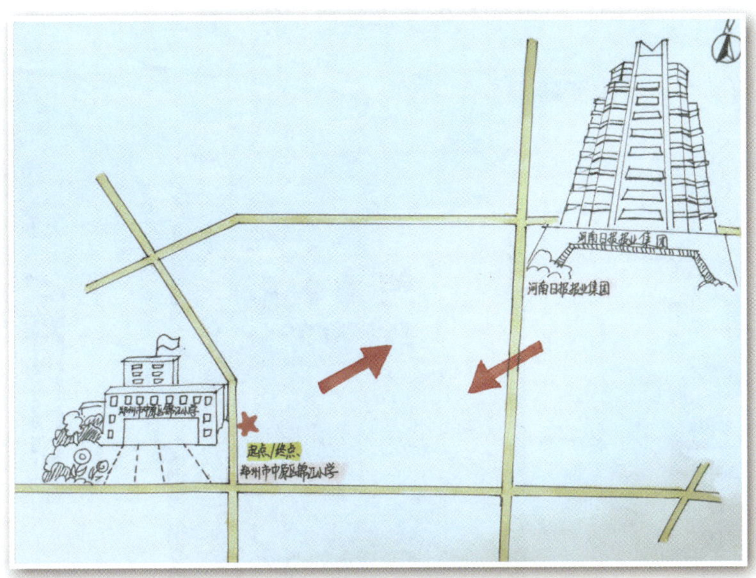

研学目录

1. 了解报纸的版面印刷结构，及记者发现、采写、评价新闻的过程。

2. 通过参观报史馆，亲身感受传统纸媒的发展、家乡的变迁。

3. 掌握访谈的步骤，一句话新闻的写作及评价的要素、技能。

研学小贴士

1. 研学时间：7:30—17:30

2. 团队公约：组建小队，遵守纪律，互学善思，文明研学。

3. 课程链接：记者，通讯社、报刊、广播电台、电视台等采访新闻和写通讯报道的专职人员，被称为“无冕之王”。新闻，一是指报社、通讯社、广播电台、电视台等报道的消息，二也泛指社会上最近发生的事情。新闻的特点有三，即真实性、时效性和准确性。因此，一名合格的记者务必做到：第一，敏锐地去发现事实；第二，忠实地去报道事实；第三，当好党和人民的耳目喉舌。铁肩担道义，妙手著文章。强化版面意识，也是成为一名优秀记者的重要前提。以此配合好编辑的工作。

研学手册

小记者，大行动

1. “中央厨房”，看报变研报

上午 8:30，我们一起走进“中央厨房”，揭秘一份报纸的诞生。

请认真听老师讲解报纸版面的印刷构成，然后填写正确答案的序号。

①报头　②报尾　③报眼　④报眉　⑤中缝

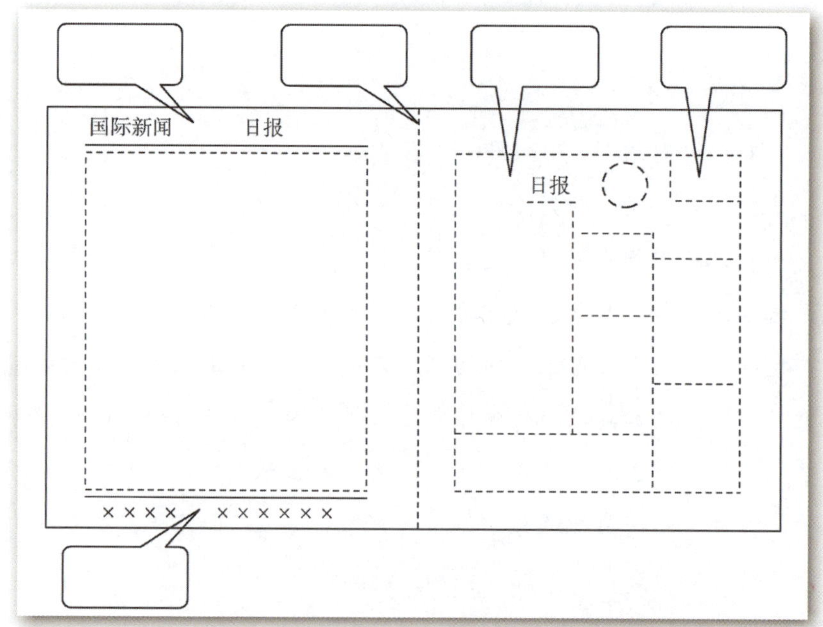

恭喜你！初步具备了一名优秀小记者的版面意识。

2. 报史馆，旧闻变新闻

★请仔细回顾《河南日报》的历史。

上午10点，我们参观了位于报业大厦4楼的河南日报报史馆。我知道《河南日报》创刊于______年______月______日，我对其中的__________印象很深，因为____。

★请你如实填写参观报史馆的所见所闻，按照下列要求筛选信息。

何人(who)：__________ 何事(what)：__________

何时(when)：__________ 何地(where)：__________

何故(why)：__________

★结合上一题筛选出的信息，用不超过20字的语言整合成一则一句话新闻。

____

★请用准确的语言来评价一下你写的一句话新闻。

我写的一句话新闻，优点是____________，不足是____________。

3. 大河書局，写事变写实

我们在今天的研学旅行中，认识了几位资深媒体人。如果让我选择其中一位作为采访对象，我会选择__________，因为______________________________。

★坚持内心的感受，真实、准确地填写下面的人物采访记录表。

人物采访记录表

<table>
<tr><td>采访编号</td><td></td><td>采访记者</td><td></td><td>采访地点</td><td></td></tr>
<tr><td>采访日期</td><td></td><td>采访时间</td><td></td><td>采访主题</td><td></td></tr>
<tr><td colspan="6">采访对象基本情况：</td></tr>
<tr><td>姓 名</td><td></td><td>性 别</td><td></td><td>籍 贯</td><td></td></tr>
<tr><td>年 龄</td><td></td><td>职 业</td><td></td><td>联系电话</td><td></td></tr>
<tr><td colspan="6">补充说明：</td></tr>
<tr><td colspan="6">采访内容：

主题：

拟采访事宜：

备注：

受访者签名：
日期：</td></tr>
<tr><td colspan="6">访谈结果（体会）：</td></tr>
</table>

第一轮 写一写：

我能够结合刚才填写的采访记录表，真实、准确地写出一则不超过20字的一句话新闻。

____

评一评：

我认为________小组的________同学写的一句话新闻较好。

我的理由是________________

____

第二轮 写一写：

我能够结合刚才填写的采访记录表，真实、准确地再次写出一则不超过20字的一句话新闻。

____

评一评：

我认为________小组的________同学写的一句话新闻较好。

我的理由是________________

____

经历了两轮“写一写”和“评一评”，相信你一定有所收获！

研学故事

“中央厨房”寻宝

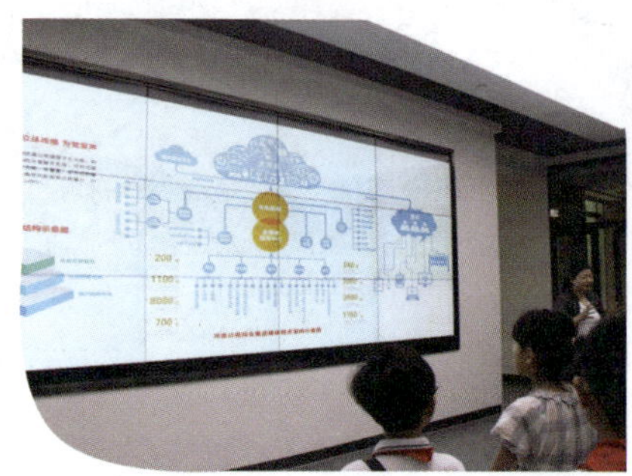
这就是神秘的河南日报报业集团“中央厨房”

和蔼可亲的张老师准时等候我们

这就是《河南日报》

听张老师讲编辑部的故事

我们听得入了迷……

张老师教我们认识报纸版面

报史馆里新闻多

跟着美丽的管老师的步伐

来到《河南日报》报史馆

这个大物件是什么？我要尝试一下

我在采访报纸人郭书臣伯伯

哇！这是二十世纪编辑报纸的电脑！

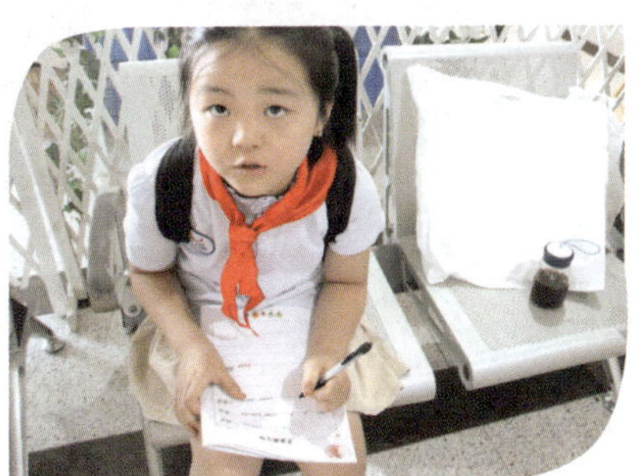

我在《研学报告手册》上写下感受。

优秀课例

走进中原出版，圆梦“小出版家”

看中原出版，读中华文化，推文化传播，担内容之责。“走进中原出版，圆梦小出版家”，观出版大厦，游知识长廊，感受新时代中原出版新成就。

通过一本书的诞生，了解出版政策，体验出版全流程，思考未来出版模式，弘扬主旋律，传播正能量。凝心聚力，守正创新，推动河南出版更加出彩。

以“出好书，济天下”为目标，引导中小学生做“知识的发现者、梦想的编辑者、文化的传播者”，展现独具一格的出版精神。

通过“我是小编校”“中国印刷术”“新书发布”等主题课程突出特色，通过了解、观察、体验、探索、思考等环节，落实核心素养。在研学旅行的实践中，一起感受一本书的诞生和推广，了解中原出版传媒的整体风貌。

研学路线

中原区锦江小学→中原出版传媒集团大厦和产业园→出版社（河南科学技术出版社、大象出版社、海燕出版社）→河南科学技术出版社手工产业基地的两只老虎手工馆→四大发明之印刷术雕版印刷活动体验→了解编辑出版知识→创作我的第一本书→新书发布会，分享交流研学收获

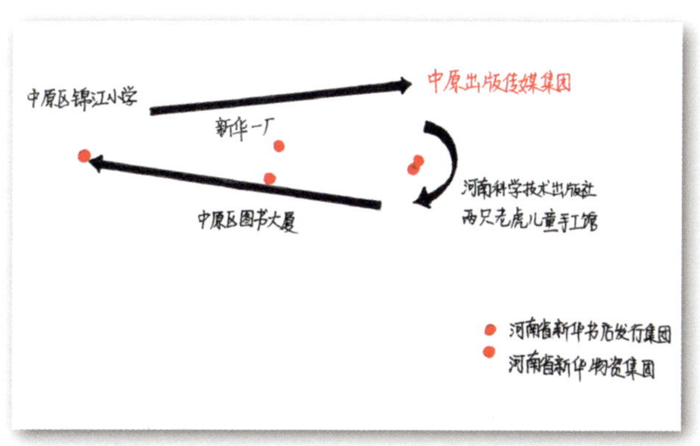

研学目录

1. 走进中原出版传媒集团，了解出版基本要素，学习书籍设计全流程、装订形式、新书发布会等，探索一本书的诞生过程，熟悉职业特点。

2. 参观河南科学技术出版社的两只老虎手工馆，体验雕版印刷术，了解中国印刷术的文明历史，增强文化自信和民族自豪感。

研学小贴士

1. 研学时间：7:30–17:30

2. 团队公约：组建小队，遵守纪律，互学善思，尊敬岗位，文明研学。

3. 地址：郑州市金水区金水东路 39 号，电话：0371–65788857。

4. 交通线路：地铁 1 号线农业南路站 B 口出站，步行 348 米（约 5 分钟）。

5. 课程链接：书是人类进步的阶梯。出版物凝结着人类的思想和智慧，集聚了社会活动的经验与成果，反映了社会生活的各个侧面。先秦时期就有版牍制度，著于竹帛谓之书；汉代在印刷术发明后，有了图书贸易和槐市等；唐代在印刷术发明后开始出现雕版、上版……“出版创造价值，价值引领产业，产业滋养教育”，河南出版将继续为中华文明的形成和发展发挥积极作用。

研学手册

出版知识小课堂

1. 出版基本要素的选择

行走书香源地，漫步书园小亭，感受中原出版，思考并查阅出版行业特点。

通过查找资料，你所了解的构成出版活动的三个基本要素：_____、_____、_____。

A. 编辑　　B. 复制　　C. 发行　　D. 约稿　　E. 粘贴

2. 出版流程的排序

万物皆有序，术业有专攻，各行都有自己的流程。正确的出版流程，能快速并有效地实现作品的出版。根据看到的河南科学技术出版社的几个关键部门，查询资料，根据出版的环节进行排序。

①编辑加工　②印刷　③校对　④发行　⑤审稿　⑥组稿　⑦选题策划

____

3. 装帧设计元素的识别

根据你所观察的一本书，了解书籍设计的元素有多少？请将下面图片与对应的书籍设计元素名称连起来。

封面　书脊　环衬　扉页　版权页　目录　正文　封底

4. 装订方式辨一辨

观察图书的装订形式，辨别不同的装订艺术，一般图书装订分精装、骑马订、胶订、穿线订、活页等，经过观察识图区分不同的装订艺术，并填入括号内。

（　　）　（　　）　（　　）　（　　）　（　　）

创作“我的第一本书”

根据出版的流程和书籍设计元素，设计并构思“我的第一本书”，选定主题，进行角色体验，设计并完成书籍框架，记录你做书的过程和思路。

新书发布会

为你的新书，策划一场精彩的新书发布会吧！用简明的语言为你的新书卖点写个宣传稿！

探秘印刷术

造纸术和印刷术深刻地影响了中国文明乃至世界文明的发展。查询关于雕版印刷和活字印刷发明的历史、背景及工艺特点，加深对“工匠精神”的了解。通过查询资料和现场体验，对比两种印刷术的特点，在表格内填写相应的内容或画“√”。

特点内容	雕版印刷	活字印刷
对应图片信息		
发明时间		
哪项技术能进行拆版和拼版		
哪项技术更经济、省时、方便、效率高		
了解的其他特征		

描绘印刷工艺

一幅幅形态各异，寓意吉祥的“门神”图，一幅幅篆、草、行、楷等书法作品，一块块承载新时代“核心价值观”的雕刻版，通过古色古香的雕版印刷技术得到淋漓尽致地展现。根据体验过程，描绘你所了解的印刷术工艺流程，手抄报、绘画等形式不限。

体验敲拓染

天地间万千植物，颜色、形态各异。花开、草枯时刻在变化，能将植物最美状态保留下来的方式很多，植物敲拓染就是其中一种。请以出版产业园区书园为主体，探寻植物色彩的秘密，萃取花草精华，用拓印的方法，制作自己的敲拓染作品！

我的研学微报告

根据研学中的探究学习，选定研究课题完成研学报告，可附页。

课题名称			
姓名		时间	
研究背景			
研究目的			
研究方法			
研究内容			
研究结论			
参考资料			

研学故事

开启研学之旅

研学前知识了解

游出版产业园区

出版社的作者资源

聆听出版小课堂

尝试雕版印刷，新作即将诞生

合作创作“我的第一本书”

分工合理协作

新书发布会

研学成果

植物敲拓染作品

雕版印刷作品

自编书展厅

研学手册

研学感悟

迫不及待地在规定时间来到中原出版产业园，首先在河南科学技术出版社刘老师的带领下参观了出版编辑大楼，接下来来到“两只老虎研学实践营”，在这里完成了植物敲拓染和雕版印刷的研学内容。印象最深的是，了解植物敲拓染的方法。敲拓染作品，我“敲”了好久……原来还有这种记录植物色彩的方法，通过造型摆放，学习对称美，敲拓染还可以敲打出音乐节奏呢，太欢乐了！（二年级　梁智博）

通过研学中的学习，我们创作了“我的第一本书”，了解出版行业编辑的发稿标准“齐、清、定”，了解图书的设计元素及其所包含的内容。通过简单的流程学习，了解书籍出版的主要环节，进而知道了出版行业的特点和所需要的技能。根据设定的主题，与小贝分工合作，我负责封面，小贝负责书籍内容。封面要有书名、作者、出版社，封底要放置书号、条码、图书定价等信息。我们完成了自己人生中的第一本书。

第一次进行新书发布会，小贝负责介绍图书的内容，我负责介绍封面和图书定价，“记得扫二维码关注我们的新书，前两名购买者只需要再加 5 元就可以送一本哦！”结束了紧张的发布会，我终于知道了出一本书的过程有多难！以后我会爱护好每一本书！（三年级　范欣悦）

研学过程中，学习体验了“雕版印刷”的工艺过程，了解雕版印刷和活字印刷的区别，并体验雕版印刷工艺流程，见到了石板、木板、塑胶板等不同雕版形式，原来木板年画是这样做出来的呀！（二年级　耿子越）

今天，我参加了雕版印刷体验，学到了很多，知道了一本书的问世过程，一本书至少需要两三个月才能出版出来，中间经过很多环节，是多么不容易啊！通过这次活动，我会更加爱惜书本。（二年级　耿子涵）

研学小贴士

中原出版传媒集团，秉持“出好书，济天下”的出版精神，从社会出发，为社会服务。出版社、印刷厂、新华书店等单位拥有丰富的资源，“小出版家”研学活动设置多样，学习过程充满趣味，在职业体验中还注重学科融合，让学生从职业到学业，把课内课外学习内容相结合，很好地落实了研学教育活动。

我的研学我做主

我想去这里：

我感兴趣的主题是：

理由不容置疑：

和谁一起很重要，吹响集结号！

分工	组长	安全员	纪律员	卫生员	书记员	宣传员
成员						
职责	整体负责 协调规划	安全提醒 全程保障	纪律严明 严宽相济	检查卫生 文明出行	资料记录 汇总整理	资料整合 设计宣传

行前功课要做足，研学攻略计划好！

到此一游我拍拍拍，合影那是必须的！

最好的课堂在路上，且行且记习惯好！

听到的

悟到的

看到的

吃到的

研学微报告

研究主题	
研究背景	
研究目的	
研究方法	
研究内容	
研究结论	
参考资料	

研学评价

研学评价	评价标准	自我评价	组内评价	导师评价
过程性评价	积极参与全程活动	☆☆☆	☆☆☆	☆☆☆
	遵守组内公约，服从小组分工	☆☆☆	☆☆☆	☆☆☆
	无迟到、脱离队伍现象	☆☆☆	☆☆☆	☆☆☆
	注重个人卫生和公共卫生	☆☆☆	☆☆☆	☆☆☆
	资料收集内容翔实，上交及时	☆☆☆	☆☆☆	☆☆☆
结果性评价	研学攻略准备充分无遗漏	☆☆☆	☆☆☆	☆☆☆
	多种方法搜集处理信息恰到好处	☆☆☆	☆☆☆	☆☆☆
	认真完成研学任务和研学手册	☆☆☆	☆☆☆	☆☆☆
	研学有成果，成果有新意	☆☆☆	☆☆☆	☆☆☆

研学感悟

研学成果

（可将成果写在纸上贴在此处哦）

编写说明

综合实践活动是国家义务教育和普通高中课程方案规定的必修课程，是从学生真实生活和发展需要出发，以走出校园、走向社会的考察探究研学活动为主要形式，在主题活动中融合了社会服务、设计制作、职业体验和劳动教育等多种体验活动，通过观察、发现、搜集、分析、探究、创作、总结、拓展等培养学生综合素质的跨学科实践性课程。

依据《教育部关于印发〈中小学综合实践活动课程指导纲要〉的通知》《教育部等11部门关于推进中小学生研学旅行的意见》和《中共中央 国务院关于全面加强新时代大中小学劳动教育的意见》等文件精神，我们编写了《考察探究看我来——研学郑州实用手册》，以主题形式展现郑州从古到今翻天覆地的巨大变化，全面展现郑州改革开放以来的古城新颜和卓越成就，不仅是了解郑州、认识郑州的科普通识读本，更是热爱郑州、建设郑州的爱国主义教育素材库，对学校开发特色课程、学生确定研究主题、亲子选择研学路线等都有很好的借鉴和参考价值。

全套丛书由15个分册构成，每个分册一个主题，构成一个学习单元，分别是：古都郑州——建城五千年，古都展新颜；天地之中——郑州的世界名片；中岳嵩山——中国唯一的"五代同堂"地质公园；文化郑州——八千年根脉代代传；非遗郑州——千古遗存焕新颜；红色郑州——缅怀先烈，薪火相传；铁路郑州——天下枢纽再谱新篇；商城郑州——因"商"而立，因"商"而荣；科技郑州——农科创新沃土，高新科技航天；水润郑州——人水从此和谐；生态郑州——古城新韵，和谐发展；大学郑州——从古书院到"双一流"；地标郑州——聆听城市发展之音；传媒郑州——

传媒之声，声达天下；美食郑州——“食”在是“中”。

每个单元由研学资源、研学路线、优秀课例和我的研学我做主等板块组成。研学资源，汇集了相应主题下主要的可行性资源，为考察探究活动自选研学项目提供参考。研学路线，是编者实地考察探路，精心挑选推荐的优质路线。优秀课例，是已实践过的优秀研学课程成果选编，包括小学一年级到高中全学段，展现了该主题考察探究活动后的收获。我的研学我做主，是留有空白的研学手册，供阅读者面对丰富多彩的主题资源套餐，自行选定感兴趣的主餐。

本册《地标郑州——聆听城市发展之音》的编写人员有曹淑玲、杨燕方、阎永华、赵建东、赵慧、贺建伟、郭淑红、范伟伟、范卉、李政伟、陈桂杰、朱明超、李静、阴治皓、宋颖颖等。

丛书编著得到了专家学者、社会各界和实践学校的大力支持，在此表示诚挚的感谢。由于编写时间和水平所限，书中难免有不足之处，恳请广大师生在使用过程中及时提出宝贵意见，以利再版勘正。

行，知之始；知，行之将成；知行合一再创新，天马行空任你来。行－知－行综合实践活动，我们一直在路上……

考察探究，看我来！

地标郑州

——聆听城市发展之音

地标是指地面上的显著标志。许多城市都有极具代表性的地标，它们见证着城市的历史变迁，见证着城市的高速发展，体现着城市的经济、文化、生活，传递着城市的精神。

郑州，古称商都，今谓绿城，是全国的交通枢纽，又是新时代背景下正在崛起的国家中心城市。古往今来，沧海桑田，城市翻天覆地的发展也体现在地标中。建筑地标、文化地标、生活地标、生态地标，从厚重历史到时尚潮流，从国际中心到市井生活，各种各样的城市地标不仅丰富了人们的物质生活和精神文化生活，也吸引着来自国内外的各界人士。

让我们一起走进郑州地标，感受这个城市的厚重历史与飞速发展吧！

研学资源

走进建筑地标——感悟建筑艺术之韵

二七纪念塔

位于郑州市二七广场，是为纪念京汉铁路工人大罢工，发扬“二七”革命传统而修建的纪念性建筑物。二七纪念塔平面呈两个五角形并联，是一座建筑独特的仿古联体双塔。塔高63米，共14层（包括地下室）。其中塔基座为3层，塔身10层，塔身每层均有飞檐挑角、绿色琉璃瓦盖顶、白墙红漆方形格窗；塔顶建有钟楼，有大钟六面，钟楼顶端矗立着旗杆，上置红色五角星一枚；塔底有地下室，并向西北方开有地下通道。历经风雨，二七纪念塔至今仍是人们了解那段红色岁月的最好见证。

二七纪念塔（摄影：匡丹）

郑州城隍庙

郑州城隍庙

建造于明朝洪武年间，建筑面积约4000平方米，东西宽30米，南北长130米，坐北朝南。红砖绿瓦，雕梁画栋，卷棚出厦，飞檐四出，古色古香，别有一番韵味，是郑州市绝无仅有的明清建筑精品。

中原福塔

又叫河南广播电视塔，建成于2009年10月，由同济大学建筑设计研究院设计，曾获中国土木工程詹天佑奖。总高度为388米，是目前世界上已建成的最高的全钢结构塔，又是集广播电视发射、旅游观光、名画展览等多功能于一身的商业艺术文化中心。无论是建筑工艺，还是美学元素都是独具匠心。

中原福塔（摄影：朱萍）

郑州国际会展中心

有会议中心和展览中心，是集会议、展览、文娱活动、招待会、餐饮和旅游观光为一体的大型展览设施。自建成以来承接了众多具有重要影响的展览和会议，为郑州的经济腾飞立下汗马功劳。

河南艺术中心

设计灵感来源于河南出土文物乐器陶埙、石排箫和贾湖骨笛，艺术墙的设计源自黄河波涛翻卷的浪花。艺术中心由大剧院、小剧场、音乐厅、美术馆、艺术馆五个单体建筑组成，加上艺术墙，犹如振翅欲飞的蝴蝶。

河南艺术中心（摄影：匡丹）

绿地中心千玺广场

设计灵感来源于古老的“嵩岳寺塔”。夜色下，通体黄色，宛如一根“大玉米”，于是大家都亲切地称之为“大玉米”。这根大玉米可不简单，楼高280米，共60层，是“中原第一高楼”。

郑州会展宾馆（摄影：匡丹）

郑州国际会展中心、河南艺术中心、绿地中心千玺广场三个建筑构成了郑州CBD国际会展中心建筑群。

郑州市民公共文化服务区

由郑州奥林匹克体育中心（简称奥体中心）、文博艺术中心、市民活动中心、现代传媒中心四大建筑构成。郑州奥体中心第一次亮灯，就呈现出“金色大地，鼎力中原”的恢弘场景，照亮了郑州夜空。奥体中心也是全国第十一届少数民族传统体育运动会的主场地。郑州市民公共文化服务区是郑州乃至河南的又一张新名片。

郑州奥体中心（摄影：岳科铎）

走进文化地标——传承历史文化之粹

河南博物院

河南博物院建筑群取“九鼎定中原”之寓意，体现中原文化的源远流长、博大精深。2009 年入选首批中央、地方共建国家级博物馆 。河南博物院现有藏品丰富，大多数为珍贵文物，其中以青铜器、玉石器、陶瓷器、石刻造像等最具特色，是见证和展示华夏文明起源形成与发展脉络的文化艺术殿堂 。每逢假期，博物院还会推出部分课程，培养小小讲解员，将优秀传统文化润物无声地融进在新一代中国人血脉之中。

河南博物院（摄影：匡丹）

郑州科学技术馆

它是郑州市人民政府兴建的综合性自然科学技术博物馆，于 2000 年 4 月 29 日向市民开放，建筑面积约 8426 平方米，常设场区 4 层、13 个展区、333 多套展品，免费向市民开放。科学技术馆设有科普大篷车、科普报告会、魅力科学课堂等活动。为了方便市民参观，还推出了网络参观项目，包括趣味动漫、操作演示和有奖竞答等。带着孩子徜徉在科技的海洋，在他们的心里种下一颗科学的种子，让他们在这样的熏陶下茁壮成长为未来的国之栋梁。

郑州图书馆

郑州图书馆

成立于 1953 年。现有新馆位于郑州市郑东新区客文一街 10 号，是一所集文献典藏、信息交流、学术研究、文化创意、教育培训、文化休闲等功能为一体的综合性现代化大型文化场馆。新馆占地 76.383 亩，总建筑面积 72450 平方米，为地下一层，地上五层，规划总藏书量 240 万册（件），设计阅览座席 3000 个，设计日均接待读者量 6000 人次。自 1999 年以来，连续五次被评为“国家一级图书馆”。作为郑州城市新的文化地标，在满足和丰富公众公共文化需求中发挥了积极的作用。

走进生态地标——亲近和美自然之闲

郑州市绿博园

郑州绿博园是第二届中国绿化博览会的主会场。2012 年成功创建国家 AAAA 级旅游景区。园区总面积 196 公顷，展园 99 个，呈现了海内外先进的园林设计理念和建园风格精华，集纳了世间园林智慧。植被丰富，风光秀丽，绿树成荫，飞瀑流泉。绿博园景色宜人，活动也丰富多样，已成为人们生态休闲的好去处。

（摄影：史国强）

生态地标还有郑州园博园、郑东新区湿地公园、郑州西流湖生态公园、郑州雕塑公园等。这些生态园林就像珍珠散落在市民生活的房前屋后，四季皆美，老少皆宜，代表了郑州的生活、文化和自然环境。

走进生活地标——品味市井街市之妙

遍布在郑州各处的特色街道，也是郑州人生活中不可缺少的一部分，这些街道见证了郑州历史的变迁，见证了郑州的发展，见证了郑州人的生活变化。

商城路

郑州商城遗址是目前我国保存规模最大、年代最早的城墙，距今约有 3600 年的历史。

商城路

东大街

东大街历史悠久，据说最早可上溯到殷商时期。东大街的古迹、文物遗址较多，商城遗址是全国重点文物保护单位。路北有郑州文庙，还有子产祠园、开元寺、舍利塔等遗址，无论是在考古还是在建筑历史文化等方面都有较高的价值。

在郑州除了这样的老街，还有老街上的新面貌，如淮南街上的“平说经典”、碧云路上的诗路小街……都在传递着传统文化的魅力，让经典和传统走进家家户户的茶余饭后，走进老老少少的心田。

碧云路（摄影：梁红杰）

淮南街

研学路线

线路一：走进建筑地标，感受建筑艺术的魅力

二七纪念塔→德化步行街→中原福塔

推荐理由：二七纪念塔和中原福塔都以特别的高度优势，成为当时当之无愧的地标建筑，它们都见证着郑州人自强不息、坚韧不拔的品格。德化步行街更是与郑州人的生活息息相关。以敬畏之心看待艺术与文明，让我们一起走进这些地标建筑，聆听它们的故事，感受它们的魅力。

线路二：畅游城市街道，感受现代新城古老韵律的生命力

商城路→东大街→管城街→代书胡同→金水路→平安大道

推荐理由：这些独具历史特色的街道，折射的是我们千年文明的积淀；这些充满时代气息的长街，洋溢的是我们中原人民奋发图强的自信；这些氤氲着文化芬芳的深巷，涌现的是我们现代新城古老而蓬勃的生命力！一起研学，必有生动而充盈的收获。

推荐线路三：漫步生态公园，与自然和谐共处

郑州雕塑公园→郑州西流湖生态公园→淮南街→郑州图书馆→郑州国际会展中心

推荐理由：漫步生态公园，寻求人与自然的和谐共处。徜徉美丽街道，感受历史遗留下的古韵悠长，顺便和小伙伴们在老街上寻得一些老味道，欣赏建筑之美，感受求知之美。郑州这座城市越来越呈现出人与自然、人与社会、人与自我的完美结合。

优秀课例

zǒu jìn èr qī tǎ
走进二七塔

xué ér shí xí zhī
学而时习之，
bù yì yuè hū
不亦乐乎？
zǒu jìn zhèngzhōu dì biāo
走进郑州地标，
gǎn wù chéng shì nèi hán
感悟城市内涵。
tàn fǎng èr qī gāo tǎ
探访二七高塔，
chuánchénghóng sè jī yīn
传承红色基因。
xún zhǎo shēn biān de hóng sè jì yì
寻找身边的红色记忆，
xué xí xīn shí dài de èr qī jīng shén
学习新时代的“二七精神”。

dì biāo èr qī tǎ jiù xiàng zhōngyuán dà dì de shǎn liàng míng zhū
地标二七塔就像中原大地的闪亮明珠，
dé huà jiē de fán huá sù shuō zhe bǎi nián de xīng wàng
德化街的繁华诉说着百年的兴旺。
hóng sè jì yì xīn huǒ xiāng chuánmiáo huì měi hǎo mèngxiǎng
红色记忆薪火相传描绘美好梦想，
shāng mào qiáng qū gēng yún guó jì shāng dōu xīn de xī wàng
商贸强区耕耘国际商都新的希望。

研学目标

1. 通过小组合作，选择合适的路线，乘车前往二七纪念塔，学会科学合理的安排出行路线。

2. 通过参观二七纪念馆，了解红色历史、二七商圈的发展和郑州的城市变迁。

3. 对郑州标志性建筑二七纪念塔有更全面的认识，能够画二七纪念塔和制作二七纪念塔模型。

研学内容

1. 小组合作科学规划往返路线。

2. 参观郑州二七纪念塔，了解二七区名称的由来。

3. 参观二七纪念塔周围商场，感受郑州的发展变化。

研学行程

上午	8：00—9：00	小组合作，按规划好的出行路线，前往二七纪念塔。
	9：10—11：00	进入二七纪念塔参观、学习。
	11：00—11：30	与二七纪念塔合影留念。
中午	11：30—13：00	由导师带队，分组用餐。
	13：00—13：30	全体休息。
下午	13：30—15：30	了解二七纪念塔周边文化。
	15：30—17：00	以小组为单位，填写研学手册。
	17：10	小组合作研究路线，开始返程。

我们出发了

dào lù qiān wàn tiáo， ān quán dì yī tiáo， tiáo tiáo dà lù tōng gāo tǎ。 xiǎo huǒ bàn men， hǎo hǎo yán jiū yí xià zěn me ān quán dào dá ba。

道路千万条，安全第一条，条条大路通高塔。小伙伴们，好好研究一下怎么安全到达吧。

研究公交路线　查看公交路线　买到地铁卡了　刷卡出站

chū xíng fāng shì 出行方式：________　xiàn lù 线路：________

chū fā zhàn 出发站：________　zhuǎn chéng zhàn 转乘站：________

dào dá zhàn 到达站：________

高大的二七纪念塔

gāo gāo de èr qī jì niàn tǎ wài miàn shì shí me yàng zi？ xiǎo huǒ bàn men， rú guǒ zǐ xì guān chá， nǐ huì fā xiàn hěn duō mì mì yōu。

高高的二七纪念塔外面是什么样子？小伙伴们，如果仔细观察，你会发现很多秘密哟。

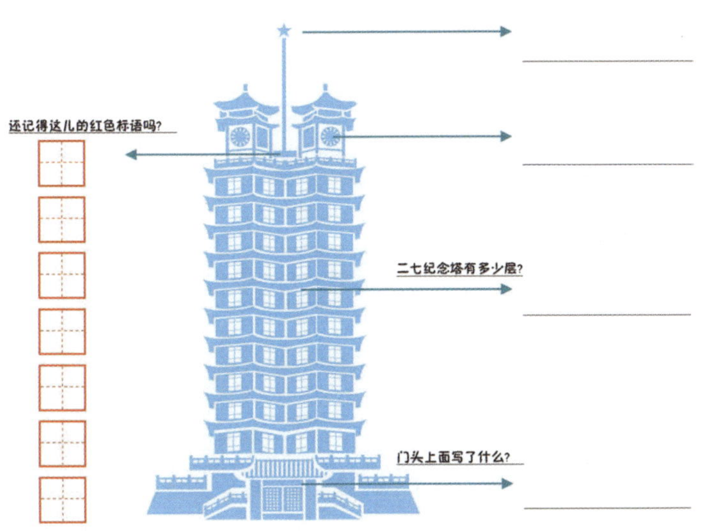

参观二七纪念塔

走进二七纪念塔

qǐng xiě xià nǐ zuì gǎn xìng qù de shì qíng
请写下你最感兴趣的事情：

____

____

那个重大历史事件

rén wù
人物：__________
shí jiān
时间：__________

shì jiàn
事件：______________________________

____

____

____

____

____

研学小问题

jīng hàn tiě lù gōng rén wèi shí me yào bà gōng
1. 京汉铁路工人为什么要罢工？______________________________

èr qī qū de míngchēng shì zěn me lái de
2. 二七区的名称是怎么来的？______________________________

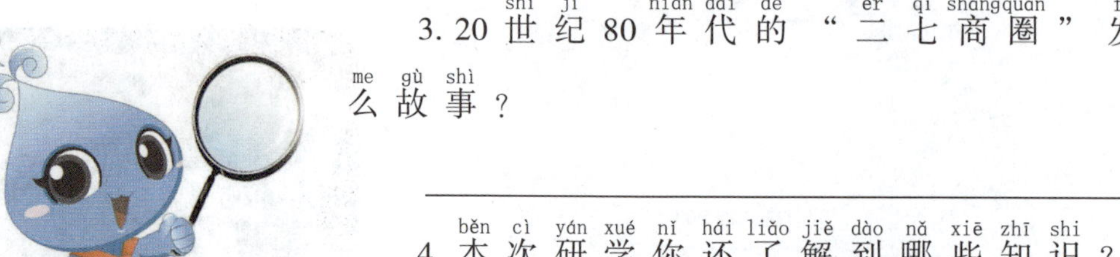

shì jì nián dài de èr qī shāngquān fā shēng le shí me gù shì
3. 20世纪80年代的“二七商圈”发生了什么故事？

____

běn cì yán xué nǐ hái liǎo jiě dào nǎ xiē zhī shi
4. 本次研学你还了解到哪些知识？

____

研学微报告

研学主题			
团队成员		时间	
研学目标			
研学方法			
研学内容			
研学收获			
参考资料			
我对自己说：			
伙伴对我说：			
导师对我说：			

研学评价

项目	评价内容	自我评价	同学评价	导师评价
自我管理	参观时，专心倾听，仔细观察	☆☆☆	☆☆☆	☆☆☆
	爱护公共财物，做文明参观者	☆☆☆	☆☆☆	☆☆☆
	遵守行程要求，不随意离队	☆☆☆	☆☆☆	☆☆☆
实践活动	认真对待小组分工	☆☆☆	☆☆☆	☆☆☆
	自主选择恰当的活动方式	☆☆☆	☆☆☆	☆☆☆
协作精神	小组成员团结协作，合理分工，乐于分享	☆☆☆	☆☆☆	☆☆☆
	关心同学，发挥优势，合作互补	☆☆☆	☆☆☆	☆☆☆
	主动承担组内工作，不推脱，有责任心	☆☆☆	☆☆☆	☆☆☆

我与二七塔合个影

我与二七纪念塔的合影

二七纪念塔合影

研学故事

xīn niàn èr qī jì niàn tǎ

心念二七纪念塔

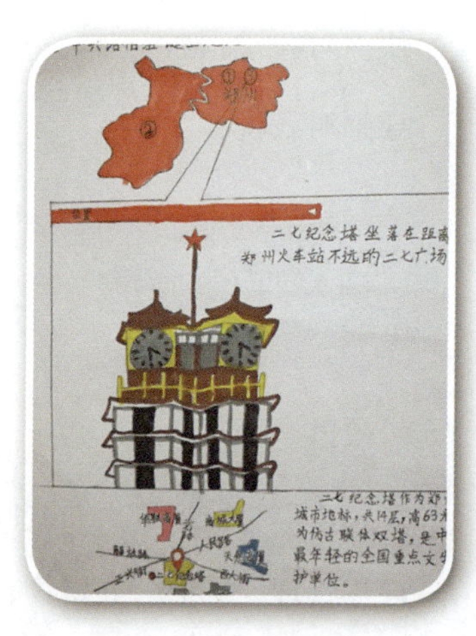

以前我只知道二七纪念塔是郑州的标志性建筑。更多地了解二七纪念塔是从王阿姨(yí)给我们上的第一节“出彩二七”课开始的。王阿姨是大学路分局的优秀民警(jǐng)，她的这节课让班上的小不点们对二七区有了新的认识。虽然她介绍的二七纪念塔的内容并不多，但我的心里已经悄悄生发了要去看看二七纪念塔的小念头。

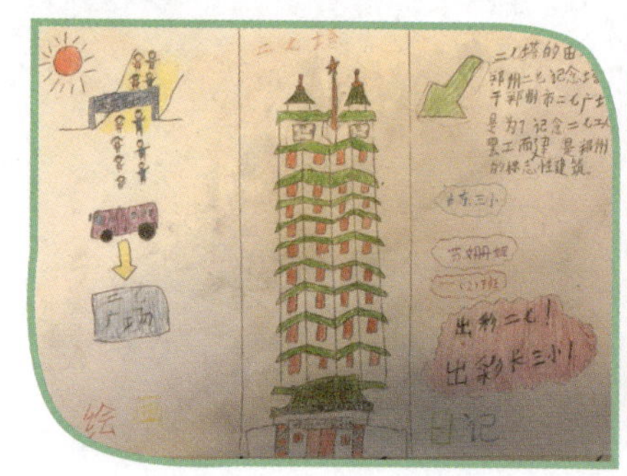

研学绘画日记

第二周，范老师指导我们查找(chá zhǎo)二七纪念塔的相关历史资料(zī liào)，我被那些美丽的图片深深吸引，真想立刻插上翅膀(chā shàng chì bǎng)飞到二七广场，一探二七纪念塔的究竟。

投币乘坐快速公交

公交车上给老爷爷让座

登塔展视野

dēng tǎ zhǎn shì yě

一出地铁口，二七纪念塔就屹(yì)然在眼前了，心里有些激动，列队来到二七塔前。讲解员阿姨先为我们讲述了二七纪念塔的历史，当讲到林祥谦等人在大罢工中英勇就义时，有好几个同学都在偷偷抹(mǒ)眼泪。

走进二七塔

在二七塔的顶楼，讲解员阿姨还给我们介绍了二七广场上的一个个“石墩(dūn)子”，不认真观察还真发现不了呢。讲解员阿姨介绍广场上的每个石墩子都代表着京汉铁路上的一个大站，原来是这样呀！参观过后，我们在导师的带领下，分组讨论并认认真真地填写了手册。

qiǎo shǒu huì zhì èr qī tǎ
巧手绘制二七塔

通过这次研学活动，我不但对二七塔有了更深地了解，深深喜欢上了“出彩二七”这门课程，还对革命烈士产生了由衷的敬意。

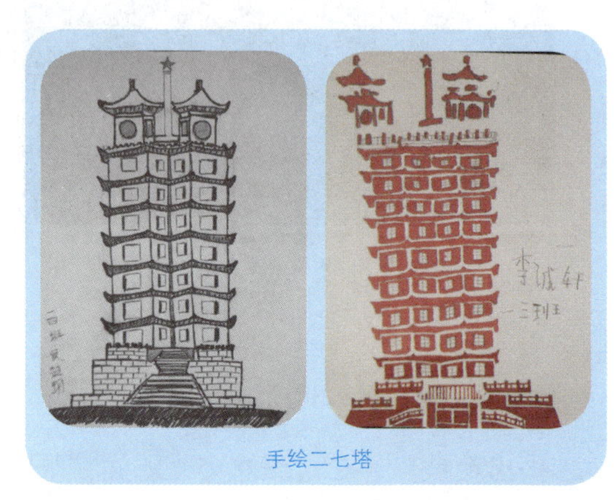

手绘二七塔

在范老师的指导下，我们都画出了心目中的二七纪念塔。瞧，同学们都争先恐后地展示自己的绘画作品呢！

学校还邀请了设计院的王院长给我们上了一节有趣的设计课。课后我们又和家长一起动手制作了二七塔的模型。一开始，我想剪长方形的边框，却怎么都剪不好，妈妈告诉我，可以先比着尺子，把想剪的东西画下来，我耐心地画啊剪啊……终于做出了心目中的二七纪念塔模型。在模型展示课上，我大胆地讲了自己制作模型的过程，得到了老师和同学们的热烈掌声，心里别提多高兴啦！

二七塔模型

展示交流二七塔模型

优秀课例

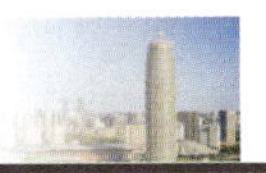

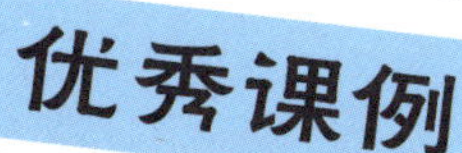

品味古今建筑之美

研学郑州，知行合一，发现古建筑，感知今生活。同学们，请从建筑摄影、分组合作、地标考察、地标绘画、地标模型制作、设计创想等方面，发现郑州地标的建筑美。

一路行走，一路学习，一路收获，一路成长，用实践丰富知识，用脚步了解艺术，用青春添彩生活。让我们一起走进郑州地标建筑，开启美好的研学之旅吧！

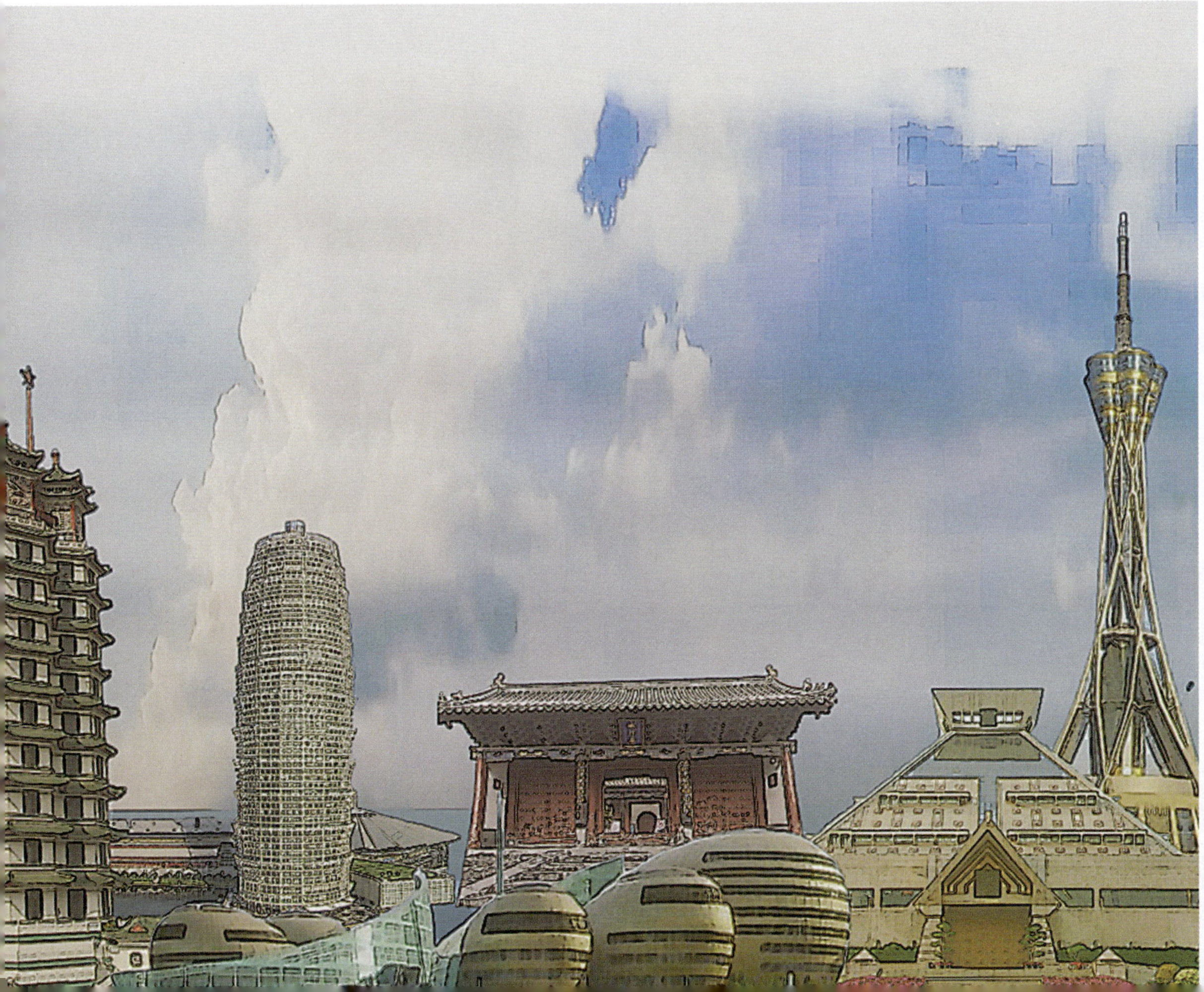

研学路线

郑州市第六十九中学→河南艺术中心→中原福塔→郑州城隍庙→二七纪念塔

研学目标

1. 通过研学，了解郑州地标建筑的建造年代、功用、由来、文化故事等历史知识，了解地标建筑的设计理念、造型艺术、装饰图案、材质等美术知识。

2. 通过对比中原福塔与河南艺术中心，体会现代建筑的造型与功能。通过对比郑州城隍庙与河南艺术中心，体会古代地标建筑与现代地标建筑的区别。通过对比二七纪念塔和中原福塔，体会中国传统建筑与现代建筑的寓意区别。画出地标建筑作品，制作地标模型，设计创作旅游产品等系列作品。

3. 在活动中激发热爱郑州、热爱生活的情感，感受团队的力量。

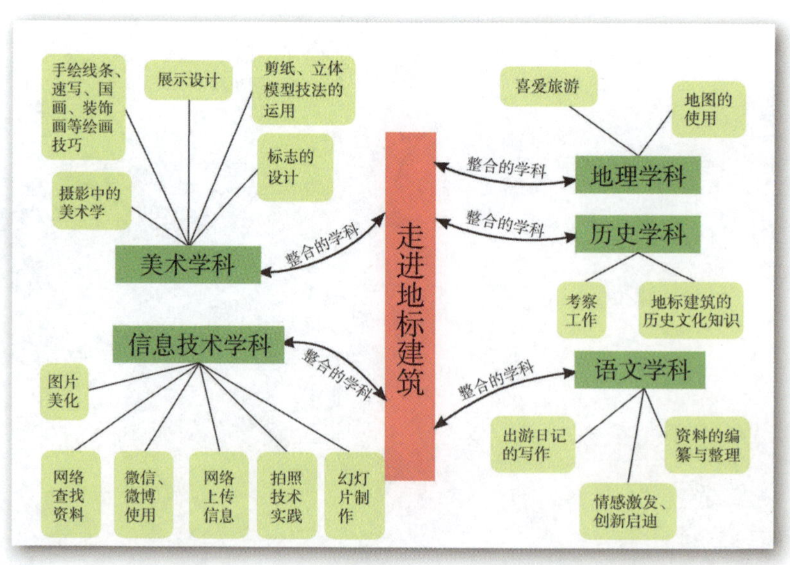

研学知识涉及学科

校园内摄影实践

探讨摄影构图

师生交流

研学过程

研学前的准备（半天，4 学时）

(1) 最美地标我知道：通过上网了解相关知识，欣赏图片，初步领略郑州地标建筑的美。

(2) 我用镜头看世界：接触摄影，在校园内练习摄影，为研学时拍摄建筑照片做准备。

(3) 美丽郑州我来了：进行地标考察前的准备工作，分小组分配研学任务，给小组起名字等。

师生讨论小组分工

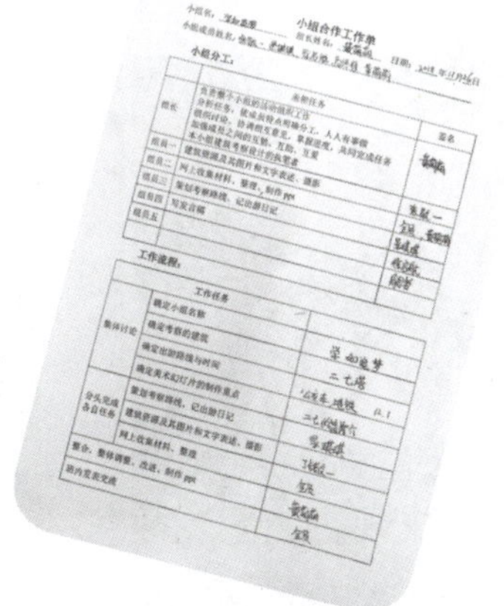

小组合作工作单

小组分工：

	具体任务	签名
组长		
组员一		
组员二		
组员三		
组员四		
组员五		

工作流程：

	工作任务	
集体讨论	确定小组名称	
	确定考察的建筑	
	确定出游路线与时间	
	确定美术幻灯片的制作重点	
分头完成各自任务	策划考察路线，记出游日记	
	建筑资源及其图片和文字表述，摄影	
	网上收集材料，整理	
整合，整体调整，改进，制作 ppt		
班内发表交流		

研学中（1天，8学时）

研学活动安排

> **研学小贴士**
> 6~8人为一组，组长明确小组研学的任务与分工。外出时一切行动听指挥，不允许单独行动，有事一定要向组长请假。

时间安排		研学安排	研学活动内容
早上	7:00	学校门口集合，乘坐大巴出发	1. 拍摄地标建筑摄影作品。 2. 参观地标建筑，了解地标建筑的历史与功能。 3. 完成考察任务单，分析建筑结构、色彩搭配等艺术知识。 4. 记录考察日记。 5. 收集资料为研学后的展示交流与设计制作做准备
上午	8:00—10:00	河南艺术中心	
	10:30—11:50	中原福塔	
中午	12:00—12:40	午餐	
下午	13:10—14:50	郑州城隍庙	
	15:20—17:00	二七纪念塔	
	17:00	各小组集合，人数清点完毕，乘大巴车返回。路上老师提出研学考察后的相关要求，为研学后课程做准备	

以小组为单位到福塔附近的饭店就餐，就餐时注意餐饮卫生，文明就餐，就餐后尽快到指定地点集合。

在中原福塔研学

在河南艺术中心研学

研学后（2 天，12 课时）

（1）眼中的郑州地标：分小组整理图片资料，撰写发言稿；制作幻灯片。分小组在班级进行交流展示。

小组课堂展示研学成果

小组展示藏头诗

建筑均为琉璃瓦覆盖，卷棚出厦，飞檐四出，造型精致，沿中轴线依次排列，层次分明，布局合理，结构紧凑。

学生分析城隍庙建筑特点

整个建筑红砖绿瓦，雕梁画栋，既凝重端庄，又古朴典雅，是郑州市绝无仅有的明清建筑精品。

学生总结中式建筑特点

（2）画笔下的郑州地标：用绘画技法表现地标建筑。

中原福塔水粉画　　河南艺术中心速写　　二七纪念塔装饰画

（3）指尖上的郑州地标——剪纸与微模型：用剪纸技法、立体模型技法创作地标艺术作品。

河南艺术中心剪纸

中原福塔剪纸

河南艺术中心立体模型

（4）笔尖上的郑州地标——研学日记、感悟：用文字抒发对地标建筑的认识与情感。

研学感悟

“郑东新区的河南艺术中心，它像古老的乐器，但它有年轻的心。”

“我喜欢郑州，它是一座古代与现代建筑相结合的城市。一走进城隍庙就听见了唢呐声，看见了泥咕咕，闻到了花糕的香味，仿佛回到了小时候，眼前浮现出一家人赶庙会的情境。”

“我喜欢二七纪念塔，它是郑州的名片，是郑州革命历史的象征。”

研学日记

藏头诗
《走进地标》
走马来赴难，
进风夜未寒。
地绝天邀然，
标名资上善。
城郭望依然，
隍能充观燕。
庙似酒归难，
站君先息战。

创作的藏头诗

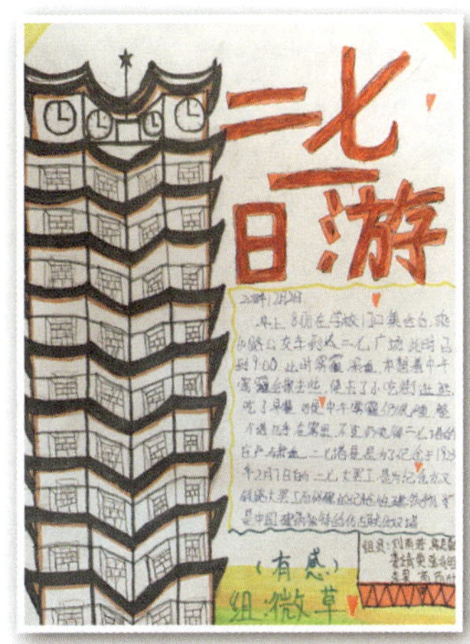

研学日记

（5）我是设计师：为研学小组设计旅行标志。

城隍庙小组标志

中原福塔小组标志

河南艺术中心小组标志

（6）我是一日导游：为参观的地标建筑设计一日游路线和文创产品。

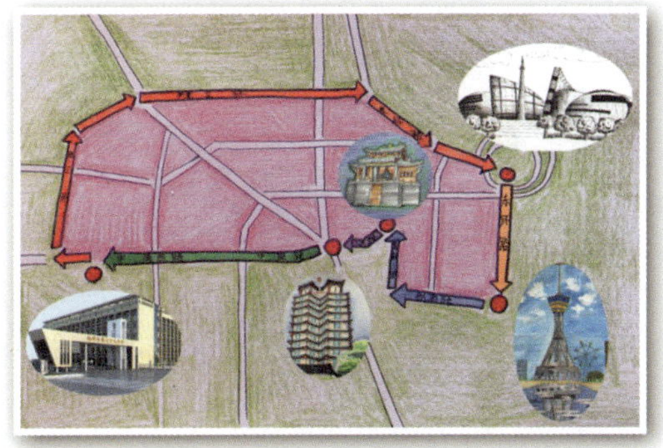

设计研学线路图

绘制备忘录

（7）我是郑州好市民：探讨如何保护地标建筑、如何进行环保宣传，制作手抄报。

文明出游倡议书

为了营造文明、和谐的旅游环境，是每位游客的责任，也关系到每个人的切身利益。做文明游客是我们大家的义务，请您遵守以下公约：

1. 维护环境卫生。不随地吐痰和口香糖，不乱扔废弃物，不在禁烟场所吸烟。

2. 遵守公共秩序。不喧哗吵闹，排队遵守秩序，不

拥道。

3. 保护生态环境。不踩踏绿地，不摘折花木和果实。

4. 保护文物古迹。不在文物古迹上涂刻，不攀爬触

物，拍照摄像遵守规定。

5. 爱惜公共设施。不损坏公用设施，不贪占小便宜，

约用水用电。

6. 讲究以礼待人。衣着整洁得体，不在公共场所袒

膊；礼让老幼病残，礼让女士；不讲粗话。

……每位游客，请您做好以上几点，我们共同营造良好

宽文明环境。

文明出行倡议书　　地标建筑手抄报　　郑州地标手抄报

研学评价

研学平台	学校：		班级：	小组：	
展示方式	各项作业	小组汇报		班级论坛	
研学评价	评价内容	自评	组评	师评	等级
过程性评价	①研学纪律				
	②研学日记完成情况				
	③研学任务单完成情况				
	④小组展示你参与的情况				
结果性评价	⑤地标摄影作业完成情况				
	⑥地标绘画作业完成情况				
	⑦地标模型作业完成情况				

郑州地标建筑研学课程采用五星评定，最后根据自评、小组评、老师为每个学生完成等级认定，最高等级为五颗星。

研学总结

郑州地标建筑研学活动是在走进地标建筑的基础之上，进行写作、绘画、制作、设计等方面的再创作。涵盖了美术、历史、地理、信息技术等方面的综合性素养。通过研学，大家将书本上的知识与生活实践相结合，让大家同时学会爱生活、爱学习、爱郑州、保护文物、爱护环境，培养核心素养。

我的研学我做主

我想去这里：

我感兴趣的主题：

理由不容置疑：

和谁一起很重要，吹响集结号！

分工	组 长	安全员	纪律员	卫生员	书记员	宣传员
成员						
职责	整体负责 协调规划	安全提醒 全程保障	纪律严明 严宽相济	检查卫生 文明出行	资料记录 汇总整理	资料整合 设计宣传

行前功课要做足，研学攻略计划好！

到此一游找拍拍拍，合影那是必须的！

最好的课堂在路上，且行且记习惯好！

听到的

悟到的

看到的

吃到的

研学微报告

研究主题	
研究背景	
研究目的	
研究方法	
研究内容	
研究结论	
参考资料	

研学评价

研学评价	评价标准	自我评价	组内评价	导师评价
过程性评价	积极参与全程活动	☆☆☆	☆☆☆	☆☆☆
	遵守组内公约，服从小组分工	☆☆☆	☆☆☆	☆☆☆
	无迟到、脱离队伍现象	☆☆☆	☆☆☆	☆☆☆
	注重个人卫生和公共卫生	☆☆☆	☆☆☆	☆☆☆
	资料收集内容翔实，上交及时	☆☆☆	☆☆☆	☆☆☆
结果性评价	研学攻略准备充分无遗漏	☆☆☆	☆☆☆	☆☆☆
	多种方法搜集处理信息恰到好处	☆☆☆	☆☆☆	☆☆☆
	认真完成研学任务和研学手册	☆☆☆	☆☆☆	☆☆☆
	研学有成果，成果有新意	☆☆☆	☆☆☆	☆☆☆

研学感悟

研学成果

编写说明

综合实践活动是国家义务教育和普通高中课程方案规定的必修课程，是从学生真实生活和发展需要出发，以走出校园、走向社会的考察探究研学活动为主要形式，在主题活动中融合了社会服务、设计制作、职业体验和劳动教育等多种体验活动，通过观察、发现、搜集、分析、探究、创作、总结、拓展等培养学生综合素质的跨学科实践性课程。

依据《教育部关于印发〈中小学综合实践活动课程指导纲要〉的通知》《教育部等 11 部门关于推进中小学生研学旅行的意见》和《中共中央　国务院关于全面加强新时代大中小学劳动教育的意见》等文件精神，我们编写了《考察探究看我来——研学郑州实用手册》，以主题形式展现郑州从古到今翻天覆地的巨大变化，全面展现郑州改革开放以来的古城新颜和卓越成就，不仅是了解郑州、认识郑州的科普通识读本，更是热爱郑州、建设郑州的爱国主义教育素材库，对学校开发特色课程、学生确定研究主题、亲子选择研学路线等都有很好的借鉴和参考价值。

全套丛书由 15 个分册构成，每个分册一个主题，构成一个学习单元，分别是：古都郑州——建城五千年，古都展新颜；天地之中——郑州的世界名片；中岳嵩山——中国唯一的“五代同堂”地质公园；文化郑州——八千年根脉代代传；非遗郑州——千古遗存焕新颜；红色郑州——缅怀先烈，薪火相传；铁路郑州——天下枢纽再谱新篇；商城郑州——因“商”而立，因“商”而荣；科技郑州——农科创新沃土，高新科技航天；水润郑州——人水从此和谐；生态郑州——古城新韵，和谐发展；大学郑州——从古书院到“双一流”；地标郑州——聆听城市发展之音；传媒郑州——

传媒之声，声达天下；美食郑州——“食”在是“中”。

每个单元由研学资源、研学路线、优秀课例和我的研学我做主等板块组成。研学资源，汇集了相应主题下主要的可行性资源，为考察探究活动自选研学项目提供参考。研学路线，是编者实地考察探路，精心挑选推荐的优质路线。优秀课例，是已实践过的优秀研学课程成果选编，包括小学一年级到高中全学段，展现了该主题考察探究活动后的收获。我的研学我做主，是留有空白的研学手册，供阅读者面对丰富多彩的主题资源套餐，自行选定感兴趣的主餐。

本册《大学郑州——从古书院到“双一流”》的编写人员有朱萍、曹淑玲、董赵庆、董钧钧、苏书琴、赵建东、秦科军、张秀娟。

丛书编著得到了专家学者、社会各界和实践学校的大力支持，在此表示诚挚的感谢。由于编写时间和水平所限，书中难免有不足之处，恳请广大师生在使用过程中及时提出宝贵意见，以利再版勘正。

行，知之始；知，行之将成；知行合一再创新，天马行空任你来。行－知－行综合实践活动，我们一直在路上……

考察探究，看我来！

大学郑州

——从古书院到“双一流”

“大学之道，在明明德，在亲民，在止于至善。”

古人多选山林名胜之地建立书院，或藏书或讲学或应举，书院是中国古代的一种学校类型，也是我国传统的教育机构。现代意义的大学，注重培养研究型学者和研习应用科学的专业人才，许多学校传承至今成为历史底蕴深厚的百年名校。经过多次调整与合并，“211”“985”及“优势学科创新平台”等项目在2015年被统一纳入“双一流”建设。

社会发展需要更多优秀人才的坚实支撑。郑州现有四个规模不等的大学城，除郑州大学（“211工程”重点建设高校、“双一流”建设高校）外，百年名校河南大学（“双一流”建设高校）也在郑州建设了新校区。

徜徉在大学校园，体味着沧桑历史和厚重人文，同时还能感受到蓬勃的青春气息和严谨的学术氛围。通过对相关院系专业的了解，展望未来，规划美好明天。还有那些隐藏在其中的博物馆、展览馆、体验馆等，更会让你收获满满。

河南大学大礼堂

研学资源

一、嵩阳书院——世遗中的古学府

嵩阳书院，国家 4A 级景区，世界文化遗产天地之中历史建筑群组成部分。始建于北魏孝文帝太和年间，是中国古代四大书院之一。北宋程颢、程颐曾在这里讲学，司马光的《资治通鉴》有一部分就是在这里完成的。

嵩阳书院山峦环绕、环境清幽，有长流的小溪和参天的松柏，乾隆皇帝曾留下诗句“书院嵩阳景最清，石幢犹记故宫铭”。

嵩阳书院

汉封将军柏

二、书院街——近代教育里程碑

明崇祯十年，当时的知州鲁世任创办了郑州第一座高等学府——天中书院（后亦称“中天书院”）。自此周边县乡的学子纷纷来此求学，学生多时达千余人。五年后知州鲁世任率民兵抵御李自成，战败而死。此后，书院逐渐没落。清乾隆十九年（1754），东里书院创建；清光绪八年（1882），新任郑州知州将东里书院迁至天中书院原址，重修房屋，恢复了天中书院原来的规模。也就是从这时起，街名也改为书院街。

清光绪年间，东里书院改为郑州官立中学堂，办学还是在书院街的天中书院原址上。这一举动，开创了郑州现代中学教育的先河，具有里程碑的意义。此后，学校几度更名，郑县县立中学、郑州市初级中学、私立明新中学、郑州市高级中学、郑州第八初级中学、郑州市第三中学、郑州市第十中学、郑州市信息技术学校……我们熟悉的郑州市第一中学也是从扩大的郑州市高级中学迁出并发展起来的。

三、河南大学——百年名校的大学之道

校训：明德新民　止于至善

河南大学是国家省部共建高校，“双一流”建设高校，百年名校。

河南大学主要有开封明伦校区、金明校区和郑州龙子湖校区等三个校区。其中明伦校区近代建筑群是国家重点文物保护单位。1942 年改为国立河南大学，是当时实力雄厚、享誉国内外的国立大学之一。新中国成立后，经院系调整，除去部分并入武汉大学、中南财经政法大学等高校外，还衍生出河南医科大学、河南农业大学、河南政法干部管理学院等众多院校。折枝为林，生生不息。河南大学以独特的方式为河南、中南地区乃至全国的高等教育做出了特殊的无可替代的贡献。

河南大学开设文学、历史学、哲学、经济学、管理学、法学、理学、工学、医学、农学、教育学、艺术学等 12 个学科门类、98 个本科专业，其中国家重点、国家地方联合、教育部重点实验室 12 个。

四、郑州大学——和合有为创一流

校训：求是担当

郑州大学是“省部共建高校”，国家“211 工程”重点建设高校，国家“双一流”建设高校。

现在的郑州大学是 2000 年由原郑

州大学、郑州工业大学、河南医科大学合并组建的。

学校开设哲学、经济学、法学、教育学、文学、历史学、理学、工学、农学、医学、管理学、艺术学 12 大学科门类。各学科门类均衡发展，其中临床医学、材料科学与工程、化学 3 个一流建设学科，凝聚态物理、材料加工工程、中国古代史、有机化学、化学工艺、病理学与病理生理学 6 个国家重点（培育）学科。

五、信息工程大学——亮剑出击卫家国

信息工程大学由原解放军测绘学院、解放军信息工程学院、解放军电子技术学院、解放军外国语学院四所优秀高校组成。

校训：求是　创新　奉献

学校建有理、工、军、文、管交叉融合的学科专业体系，测绘科学与技术、密码学国内领先，是全军唯一的国家网络安全人才培养基地，全国七个网络安全人才培养基地之一。学校学术气氛活跃，科研实力雄厚，成果丰硕，是军事信息领域科研创新的基地。在“太湖之光”巨型高速计算机研制、“中国天眼”FAST 超级射电望远镜建设、载人航天、探月计划、量子信息、北斗导航、国家高速信息示范网等重大专项工程中做出了突出贡献。

六、河南农业大学——扎根沃土，厚生丰民

校训：明德自强　求是力行

河南农业大学，省部共建高校。学校源于1902年创办的河南大学堂，院系调整时独立建制，更名为河南农学院，1984年更名为河南农业大学。学校下设农、工、理、经、管、法、文、医、教、艺10大学科门类、20个学院、79个本科专业。学校建有7个国际和国家研究平台，70个省部级研究平台。

七、黄河科技学院——民办高校争翘楚

校训：厚德博学　砺志图强

黄河科技学院，创办于1984年。1994年成为经国家教委批准的第一所实施专科学历教育的民办高校，2000年成为教育部批准的第一所实施本科学历教育的民办高校，2004年取得学士学位授予权。

学校设有工、理、文、医、管理、经济、法、教育、艺术等9大学科门类、68个本科专业和35个专科专业。

校内还建有中国民办教育博物馆和智慧教育体验馆、智慧医疗体验馆。

研学路线

一、嵩山古迹，习礼之旅

【我的足迹】嵩阳书院→嵩山步道→太室山峻极峰

【推荐理由】

走进嵩阳书院，谒见道统祠，绕行泮池，参观藏书楼、御碑亭、将军柏、名人碑刻等景观，了解儒家文化和古代政治、经济、宗教、文化等领域的相关常识，感受尊师重教的传统氛围。

沿嵩阳书院东侧步道行至太室山景区，太室山最高的峻极峰是历代皇帝的封禅之地，宋代范仲淹也曾留下“不来峻极游，何能小天下”的诗句。不畏旅途艰辛，定览风光无限！

拜师

登上峻极峰

二、高新大学城，科技探秘之旅

【我的足迹】信息工程大学→雕塑《成功之路》→河南工业大学→郑州大学→郑州创客空间

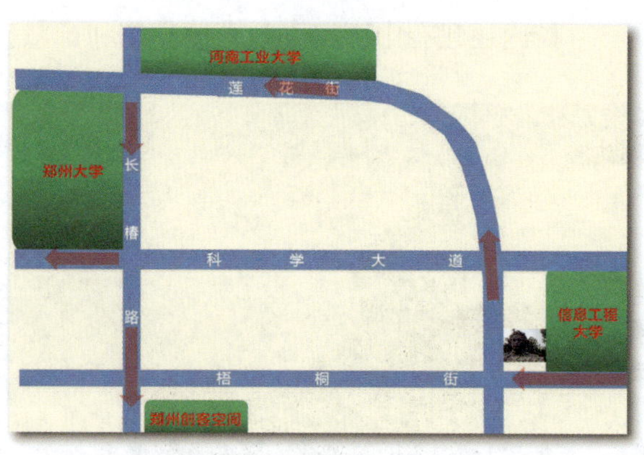

【推荐理由】

沿科学大道向东，来到信息工程大学，因为是军事管制区，不对外开放，连拍照都是禁止的，但一定要了解这所重点军事院校，提高信息安全意识，学好本领，立志保家卫国。

科学大道与瑞达路东北方向有一座爱因斯坦《成功之路》雕塑，寓意为振奋科技创新精神，科技进步未来。爱因斯坦说“成功＝X + Y + Z”，即，成功 = 艰苦的工作 + 正确

的方法＋少说废话。

根据规划，现代化的中国粮食博物馆将会伫立在河南工业大学莲湖一侧。粮食文化博大精深，粮食对国计民生和社会发展有特殊作用。研学小组可以走进河南工业大学图书馆内的中国粮食预博馆，参观天地精华、谷脉流长、舌尖风光、枝蔓同根、文明之舟和五洲粮缘等展区。立国兴邦，无粮则殇。饥荒虽已离我们远去，但粮食安全的意识不可放松，节粮爱粮的思想要世代永传……

进入郑州大学，去校史馆探求学校的前世今生，了解不同院系的专业设置，欣赏其建筑风格，寻觅那些重量级的实验中心和基地，图书馆里书籍浩如烟海，元和广场钟楼傲然挺立，泊月长廊边垂柳依依，校园百花争奇斗艳……对了，药学院中还有一个标本馆，可

郑州大学行政楼

郑大校史馆

药学院

郑大建筑

粮食博物馆预博馆

大学科技园

郑州创客空间

我在郑创造机车

以感受中医的魅力。

走进河南省国家大学科技园内的郑州创客空间，近距离接触电子电路、焊接、3D 建模、数字化造物、开源硬件、创意电子、交互设计等科技活动，体验设计与制作的过程，做个小创客。

三、龙子湖高校园区，逐梦未来之旅

【我的足迹】郑州航空工业管理学院→河南职业技术学院→河南牧业经济学院→湖心岛→河南农业大学→河南中医药大学→华北水利水电大学

【推荐理由】

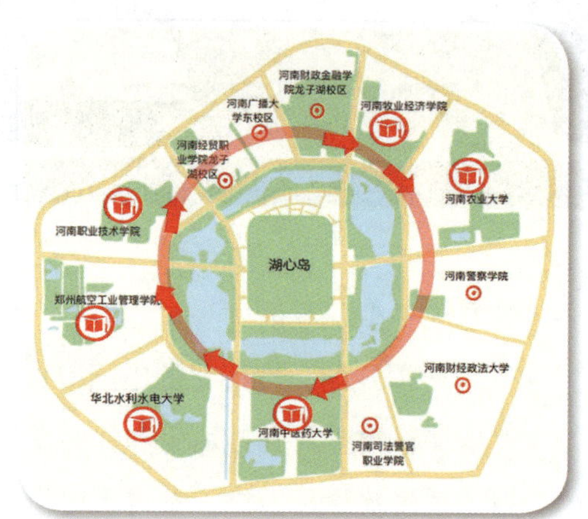

“龙子湖”，取“望子成龙”之意。15 所高等院校依水而建，组成龙子湖高校园区。无围墙、课程互听，院校之间资源共享，合作共赢。走林荫大道，看水城交融，赏天人和谐的自然理趣。

郑州航空工业管理学院是河南省人民政府与中国民用航空局共建高校，具有鲜明航空特色。河南职业技术学院以促进就业为导向，是国家高技能人才培养示范基地。华北水利水电大学是水利部与河南省共建学校，以水利电力为特色，多学科协调发展。

了解不同学校的特色与差异，规划人生目标，放飞理想，逐梦未来。

四、龙湖高教区，职业体验之旅

【我的足迹】中原工学院→郑州升达经贸管理学院→河南机电职业学院

【推荐理由】

龙湖高教区（郑州南大学城）位于郑州航空港区，这里分布着许多职业技术高校。如中原工学院是培养纺织专业技术人才的摇篮，它承载着老一代郑州人的回忆和新时代专业技术人才的梦想。郑州升达经贸管理学院以会计系和国贸系为特色。河南机电职业学院为国家建设培养出了一大批具有工匠精神和实践技能的复合型人才。

走进学校了解不同专业的特点和就业方向，可以更好地确定理想和奋斗目标。

郑州升达经贸管理学院

思源会馆

综合实训大楼

孝道长廊

中原工学院

体育馆

校史馆

湿地公园

河南机电职业学院

机床博物馆

校园一景

实训基地

五、中医药学，传承之旅

【我的足迹】河南中医药大学→河南省洛阳正骨医院郑州院区

【推荐理由】

河南中医药大学是全国建校较早的高等中医药院校之一。学校馆藏大量的中医古籍文献，建有河南中医药博物馆、河南中药植物园、人体科学馆、中医源文化展厅、医德馆以及中原文化、中医药文化、药企文化展厅，可以在这里了解中医、探索中医药文化。

河南省洛阳正骨医院源于孟津县平乐村郭氏家族，形成于清朝嘉庆年间。“平乐郭氏正骨法”是国家级非物质文化遗产代表性项目。郑州院区为中小学生提供的课程和体验有：手卫生培训、轮椅和拐杖的使用、了解奇妙的骨骼、进行脊柱侧弯检测、中医正骨特色体验、正骨特色制剂揭秘等，可以帮助学生养成清洁好习惯，培养孝敬老人的优秀传统，提高陪护病人的能力，通过正确的骨健康指导及脊柱弯度筛查，提高预防、正规治疗意识，为生长发育护航，同时近距离接触中药，体会中医药的神奇，加深对中医文化的了解。

研学小贴士

（1）研学旅行徒步活动较多，建议穿着舒适的运动鞋。

（2）进入大学校园研学，需提前与相关学校及院系沟通，预约参观时间和讲解服务。

（3）郑州创客空间免费参观，如需体验请咨询相关耗材费用。

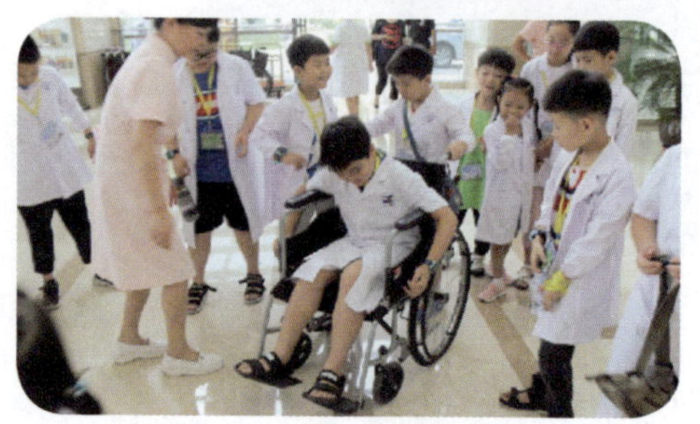

优秀课例

小小中药郎

在中国灿若繁星的文化长河中，中医药学是中华民族智慧的结晶，凝聚着深邃的哲学智慧和几千年的健康养生理念。河南由于特殊的地理位置和生态环境，中药材资源丰富，种植历史悠久。在省会郑州，坐落着全国知名的中医药院校——河南省中医药大学，中医药文化在一代代莘莘学子的刻苦钻研中，不断发扬光大。

医圣张仲景

"小小中药郎"研学课程在学校、家庭、社会三方的共同支持下，帮助学生了解中医药学，感受中医药文化的神奇与魅力，是集观察、实践、学习、研究于一体的研学课程。访问大学，认识中药材，了解中医药文化的起源和发展；参观医院，了解药材的存储、使用和加工过程；参观制药厂，了解现代制药技术。

研学旅行，知行合一，既培养了学生健康生活的理念，又提高了学生的实践能力、生活能力、思维能力及解决问题的能力。激发了学生对郑州的热爱，强化了学生的民族自信心和自豪感。

"小小中药郎"研学小组

研学路线

河南中医药大学→郑州市中医院→太龙药业

研学目标

1. 参观河南中医药大学，了解中药，领略中药文化的博大精深。

2. 参观郑州市中医院，了解常见中药的药用功效、药品分类和储藏，以及中药煎制、浓缩的方法，感受中药就在我们身边。

3. 参观太龙药业，了解成品药剂的炮制、灌装、上市的全过程，感受先进的现代制药技术。

4. 校内综合实践课，利用生活中的常见药材尝试制作药膳、药饮、手工制品，利用种植箱，体验种植中药的过程，并学会写观察日记，提高综合能力。

研学计划

研学安排	活动时间	研学主题
行前课堂	校历第四周周四下午	了解中药文化的起源
行走的课堂	校历第五周周四下午	走进河南中医药大学
	校历第六周周四下午	走进郑州市中医院
	校历第七周周四下午	走进太龙药业
行后课堂	校历第八周周四下午	中药种植
	校历第九周周四下午	荞麦壳枕头手工制作
	校历第十周周四下午	中药香囊制作
	校历第十一周周四下午	草木染手工制作
	校历第十二周周四下午	研学项目展示

行前课堂

【研学任务】

1. 品尝两道药膳，观察记录药膳的原材料，并了解它们的主要功效。

药膳名称	原材料	主要功效

2. 说一说，写一写，你知道的中药材。

3. 讲一讲《神农尝百草》的故事。

行走的课堂

第一站：河南中医药大学

【我的足迹】

学校南大门→医圣张仲景雕塑像→百草园（中药植物园）→综合教学楼→中医药博物馆→天一湖

【研学任务】

1. 小知识，大智慧。

张仲景是河南南阳人，被人们尊称为 __________。

2. 博物馆里的秘密。

(1) 中药植物标本常用的制作方法有 ____________(至少列出两种)。

(2) 右图的铜人是用于研究 ________，这种治疗方法具有中国特色，效果非常神奇。

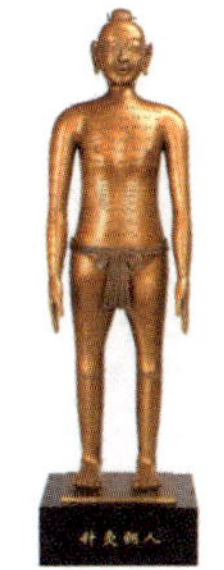

(3) 观察并记录常见中药的来源。

常见中药的来源	
来源于植物	
来源于动物	
来源于矿物	

3. 中药植物园里大发现。

记录你在中药植物园里看到的中药植物，查询资料，认识并记录它们的特征。

中药植物记录表			
植物名称	主要功效	药用部位	生长周期
连翘	清热解毒	果实	一年

【研学评价】

评价方式	研学出行纪律	参与活动积极性	研学成果展示
自我评价	☆☆☆	☆☆☆	☆☆☆
同学评价	☆☆☆	☆☆☆	☆☆☆
老师评价	☆☆☆	☆☆☆	☆☆☆

第二站　郑州市中医院

【研学路线】

中医院草药房→中药展示长廊→中医院西药房→中医院煎药房

【研学任务】

1. 在中医院领取中草药的地方叫____________。

2. 记录自己最新认识的中药名称以及它们的主要功效。

中医院里我认识的中药	
中药名称	主要功效

3. 请用序号标出在西药房取药的基本流程

候诊区等待	缴费	叫号系统呼号	取药	排号机刷卡取号
(　　)	(　　)	(　　)	(　　)	(　　)

【研学评价】

评价方式	研学出行纪律	参与活动积极性	研学成果展示
自我评价	☆☆☆	☆☆☆	☆☆☆
同学评价	☆☆☆	☆☆☆	☆☆☆
老师评价	☆☆☆	☆☆☆	☆☆☆

第三站　太龙药业

【研学路线】

太龙药业文化长廊→太龙药业煎药房→太龙药业成品灌装生产车间

【研学任务】

1. 记录太龙药业的特色产品，并罗列出这些产品的主要成分及功效。

太龙药业的特色药品			
药品名称	主要成分	主要功效	适用人群

2. 观察药品包装盒，获取药品的重要信息，并说明该信息的重要性。

药品信息		重要性
药品名称		
功能主治		
有 效 期		

【研学评价】

评价方式	研学出行纪律	参与活动积极性	研学成果展示
自我评价	☆ ☆ ☆	☆ ☆ ☆	☆ ☆ ☆
同学评价	☆ ☆ ☆	☆ ☆ ☆	☆ ☆ ☆
老师评价	☆ ☆ ☆	☆ ☆ ☆	☆ ☆ ☆

行后课堂

种植中药

大家认识了常见中药的种子，如：板蓝根、蒲公英、薄荷、艾草、田七等，了解了它们的种植方法及药用价值，选出自己想要种植的中药种子，播种、浇水、写上标牌，并写好观察日记。

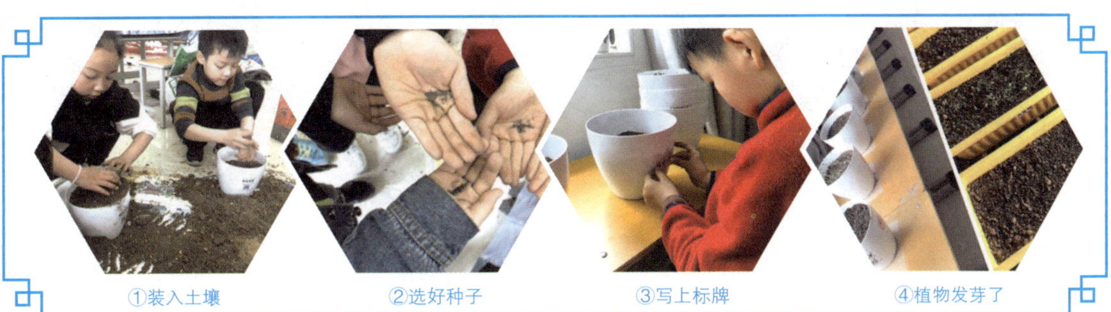

①装入土壤　②选好种子　③写上标牌　④植物发芽了

制作荞麦枕头

通过查阅资料，学生了解荞麦枕有安神助眠的功效。在家长的帮助下，自己采购荞麦壳和做枕头的布料，和家长共同完成药枕的制作。

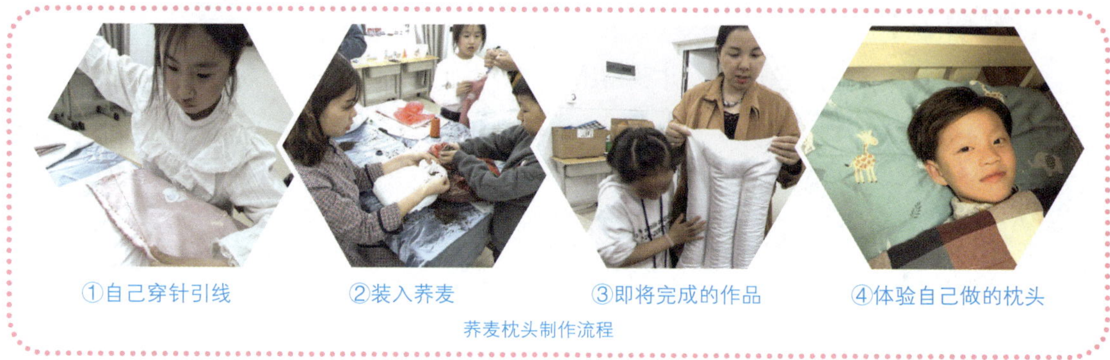

①自己穿针引线　②装入荞麦　③即将完成的作品　④体验自己做的枕头

荞麦枕头制作流程

制作中药香囊

在传统节日——端午节到来之际，了解端午节的来历，聆听屈原的故事，在家长和老师的帮助下了解香囊的功效，准备制作香囊的材料，动手制作香囊。

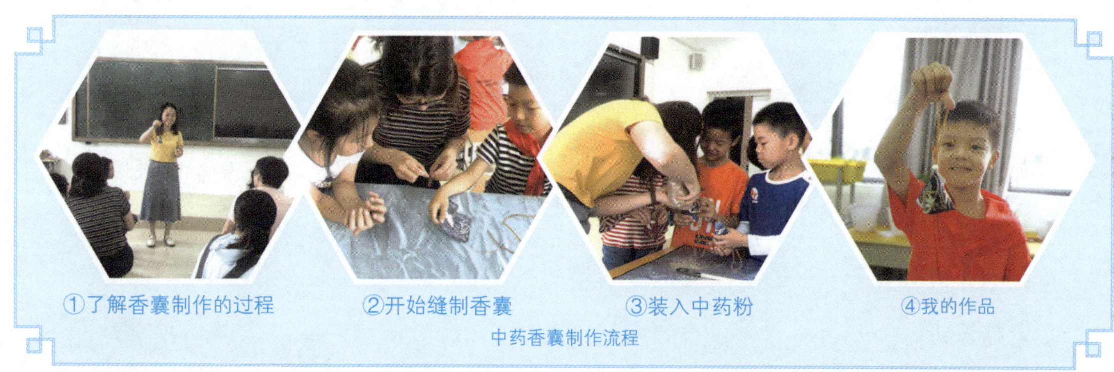

①了解香囊制作的过程　②开始缝制香囊　③装入中药粉　④我的作品

中药香囊制作流程

制作草木染工艺品

在老师的帮助下，学生尝试草木染（纯中药）的扎染工艺，这些用纯天然植物药材渲染的布可以制作手帕、桌布、版画等工艺品。

①制作草木染的原材料　②学习扎布块　③观看煮色过程　④我们的作品

草木染制作流程

研学展示汇报

“小小中药郎”向全校师生进行汇报和展示，介绍研学过程中的所见所闻和收获，展示研学主要成果并教其他同学如何制作中药凉茶（酸梅汤）。

①观看制作酸梅汤的视频　②分享研学收获　③我们的研学日记　④我们的研学日记

研学掠影

优秀课例

陪你看世界——走进郑州大学

中原文化，泽厚万物。郑州大学，合和有为，笃信仁厚、慎思勤勉，在新的历史起点上，向一流大学的目标砥砺前进。

陪你看世界，走进郑州大学。全面了解郑大师生的学习生活面貌，进一步感受郑州大学校风、校貌、学风、学纪。在研学中了解郑州大学的历史、院系、学科、专业等情况，结合自身兴趣，明晰学业志向。

“纸上得来终觉浅，绝知此事要躬行”，参观郑州创客空间，了解并体验项目设计与制作流程，做中学，游中研，不但开阔了视野，培养了创新精神、合作精神和实践能力，更磨砺了意志，发展了综合素养。

研学路线

校史馆→药学院报告厅→药材标本馆→图书馆→校园采风（分组活动并午餐）→郑州创客空间

研学任务

1. 参观郑州大学校史馆、图书馆，聆听专家报告，了解郑州大学的历史和文化。

2. 参观药学院标本馆，认识常见中药，学习制作草药的标本。

3. 郑大校园采风，采访郑大师生，深入了解郑州大学院系、学科、专业，寻找自己的兴趣点。

4. 参观郑州创客空间，了解并体验项目设计与制作流程。

研学准备

1. 行前培训，发放研学手册，介绍研学内容，强调纪律和安全。

①行前培训

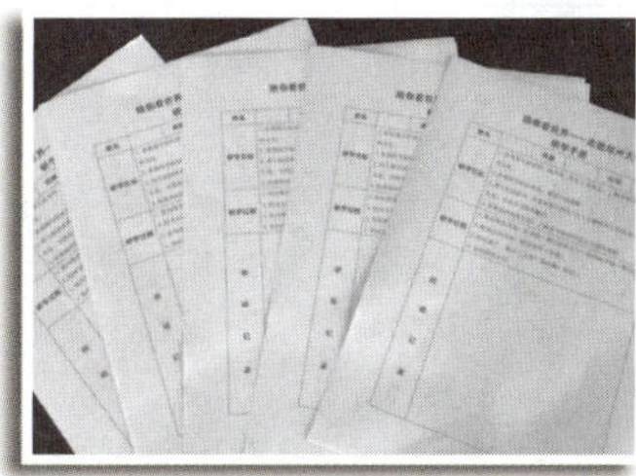

②发放研学手册

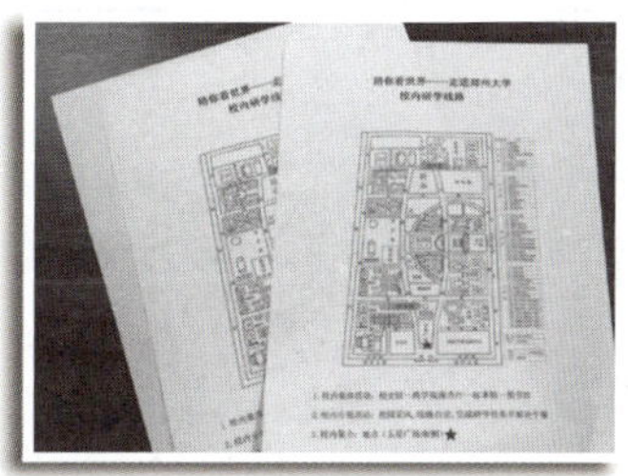

③发放校内研学线路

2. 小组建设，明确分工、制订公约，规划校内采风线路。

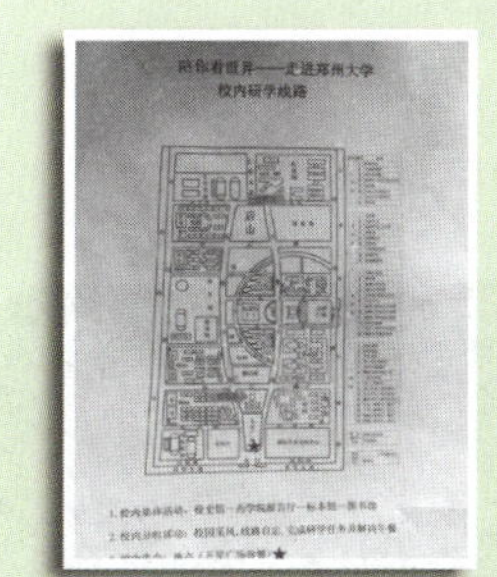

①手绘校内研学线路

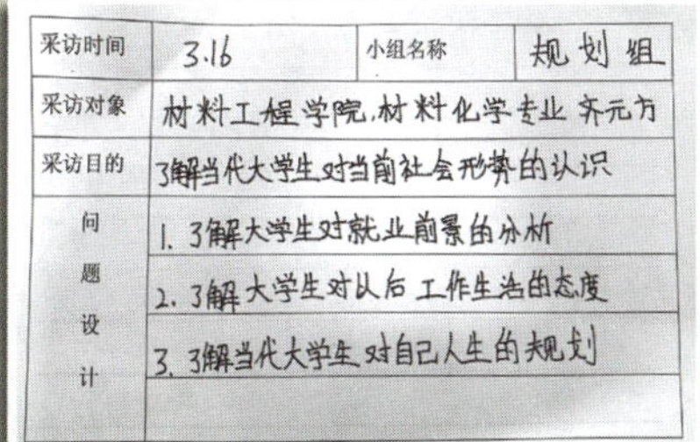

采访时间	3.16	小组名称	规划组
采访对象	材料工程学院，材料化学专业 齐元方		
采访目的	了解当代大学生对当前社会形势的认识		
问题设计	1. 了解大学生对就业前景的分析		
	2. 了解大学生对以后工作生活的态度		
	3. 了解当代大学生对自己人生的规划		

②拟定采访提纲

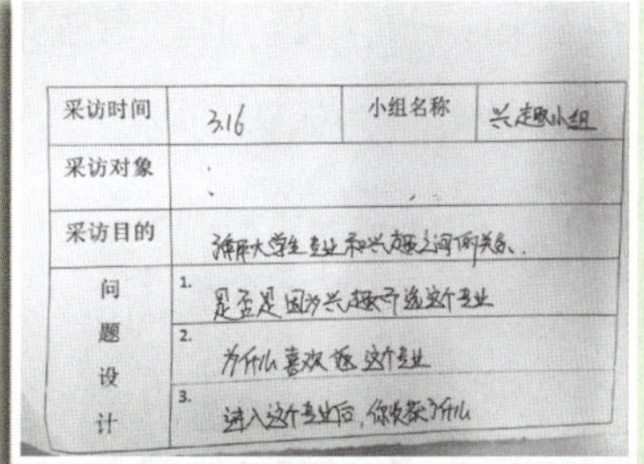

采访时间	3.16	小组名称	兴趣小组
采访对象			
采访目的	了解大学生专业和兴趣之间的关系。		
问题设计	1. 是否是因为兴趣而选这个专业		
	2. 为什么喜欢选这个专业		
	3. 进入这个专业后，你收获了什么		

③拟定采访提纲

3. 合作学习，收集相关资料，确定采访对象，拟定采访提纲。

研学过程

一、品郑大文化

校史馆带有时间轴的回廊记载了郑州大学的发展历程，珍贵的照片与实物展示了郑州大学的前世今生。图书馆内感受书香，同时也看到了许多智能数字化设施。聆听专家报告，帮助我们更全面地了解郑大的历史、现在和将来。

校史馆　郑大图书馆　聆听报告

二楼阅览室　阅览室入口　电子阅览室

二、悟中药精妙

药学院标本馆以标本实物展示为主，结合展板、图片、视频等多种形式进行药用植物及中药知识的普及。通过参观了解标本制作的方法与过程，观察标本，与药材零距离接触，阅读旁白资料，认识药材，熟知药性，描摹外形，明晰价值，感受中医中药的精妙。

生物标本

水浸标本

学生做记录

三、校园采风

郑州大学历史厚重，校园景色优美，具有浓郁的人文气息。学生分组活动，在校园内寻找美景，并根据采访提纲进行采访。分工合作，拍照、记录、整理，完成采访任务。在采风过程中，学生提高了交流表达能力，掌握了访谈的基本技能。

小组出发

基础医学院

校园美景

东门集合

化学学院

郑大第一高度

收获满满

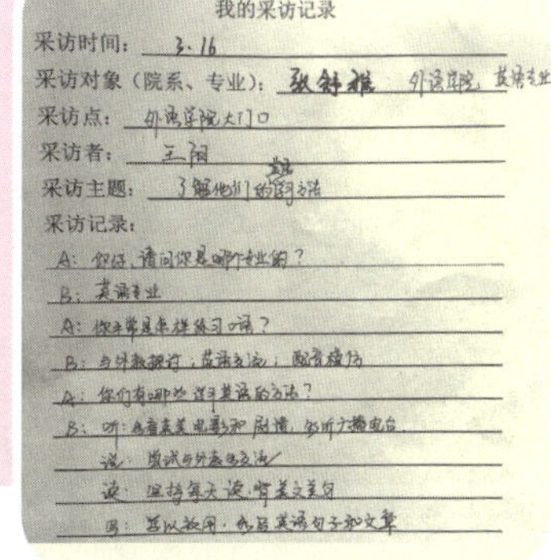
我的采访记录

采访时间：3.16

采访对象（院系、专业）：张舒雅 外语学院，英语专业

采访点：外语学院大门口

采访者：王阳

采访主题：了解他们的学习方法

采访记录：

A：你好，请问你是哪个专业的？

B：英语专业

A：你平常是怎样练习口语？

B：与外教探讨；英语交流；配音模仿

A：你们有哪些学习英语的方法？

B：听：看原声英美电影和剧情，多听广播电台

说：尝试与外教交流

读：坚持每天读背美文美句

写：学以致用，多写英语句子和文章

采访记录

四、体验创客活动

郑州创客空间是郑州市中小学创客教育的基地，也是学生动手操作的平台。在这次研学活动中，学生初步了解了创客并体验创客活动——制作智能灯。激发了学生的创新思维，提高了动手操作能力。

郑州创客空间

教师讲解

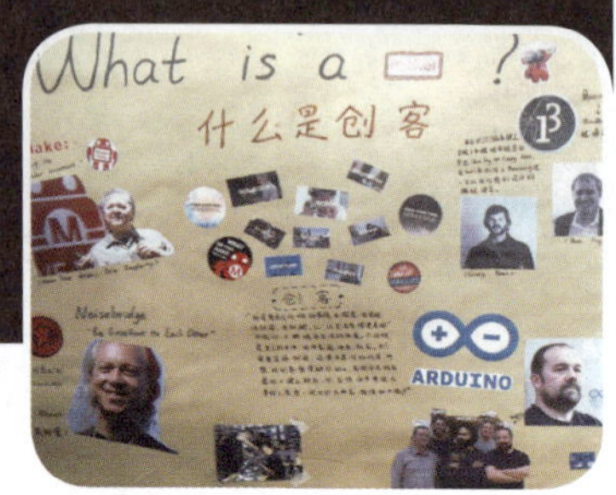

了解创客

流程介绍

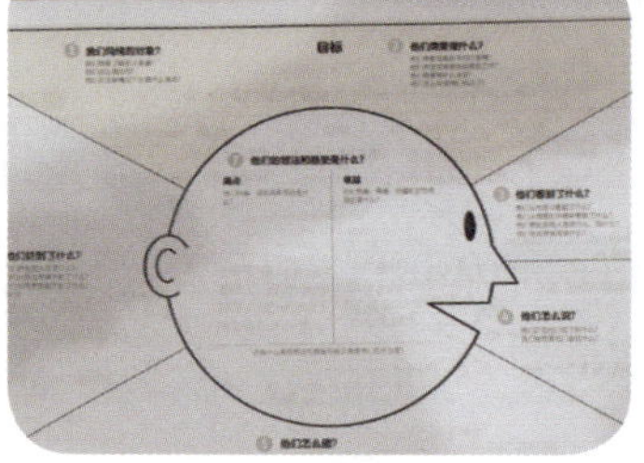
寻找项目

编写程序

制作中

制作中

作品展示

研学评价

评价项目	具体内容	自我评价	组内评价
研学过程	①积极参与全程活动	☆☆☆	☆☆☆
	②服从小组安排，积极分工合作	☆☆☆	☆☆☆
	③遵守时间安排	☆☆☆	☆☆☆
	④注重个人卫生和公共卫生	☆☆☆	☆☆☆
	⑤个人资料内容充实，上交及时	☆☆☆	☆☆☆
合作学习	①认真完成研学的前期准备	☆☆☆	☆☆☆
	②会用多种方法搜集处理信息	☆☆☆	☆☆☆
	③认真倾听同学的观点和意见	☆☆☆	☆☆☆
成果展示	①能认真细致地完成研学手册	☆☆☆	☆☆☆
	②成果有新意	☆☆☆	☆☆☆

研学成果

1. 完成手册。

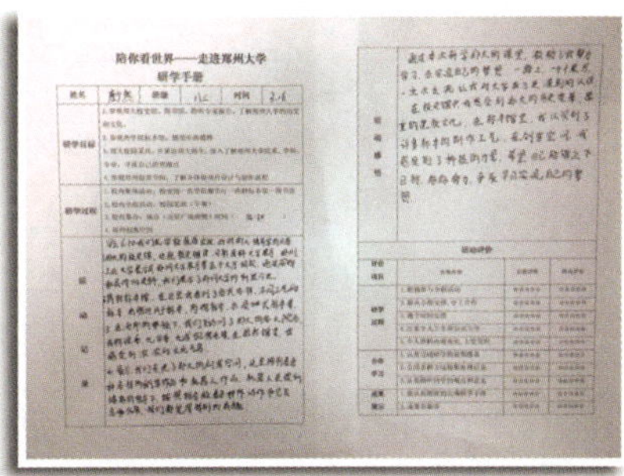

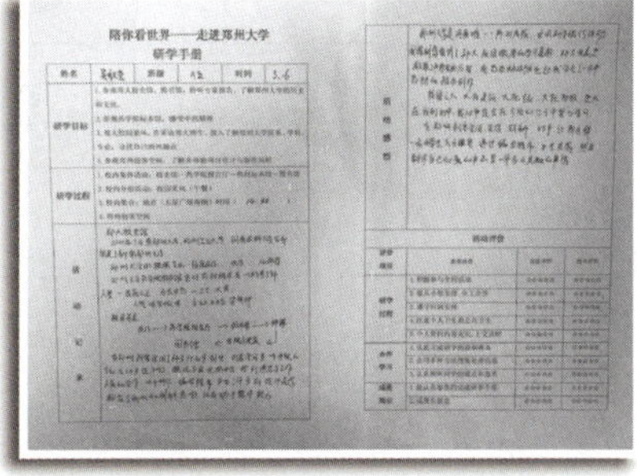

2. 记录感悟。

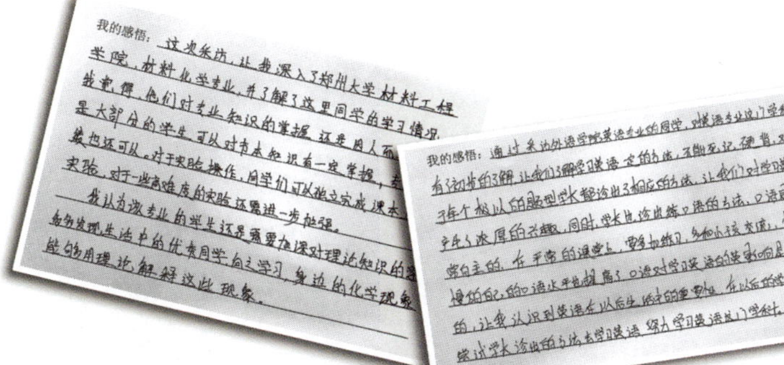

我的研学我做主

我想去这里：

我感兴趣的主题是：

理由不容置疑：

和谁一起很重要，吹响集结号！

分工	组长	安全员	纪律员	卫生员	书记员	宣传员
成员						
职责	整体负责 协调规划	安全提醒 全程保障	纪律严明 严宽相济	检查卫生 文明出行	资料记录 汇总整理	资料整合 设计宣传

行前功课要做足，研学攻略计划好！

到此一游我拍拍拍，合影那是必须的！

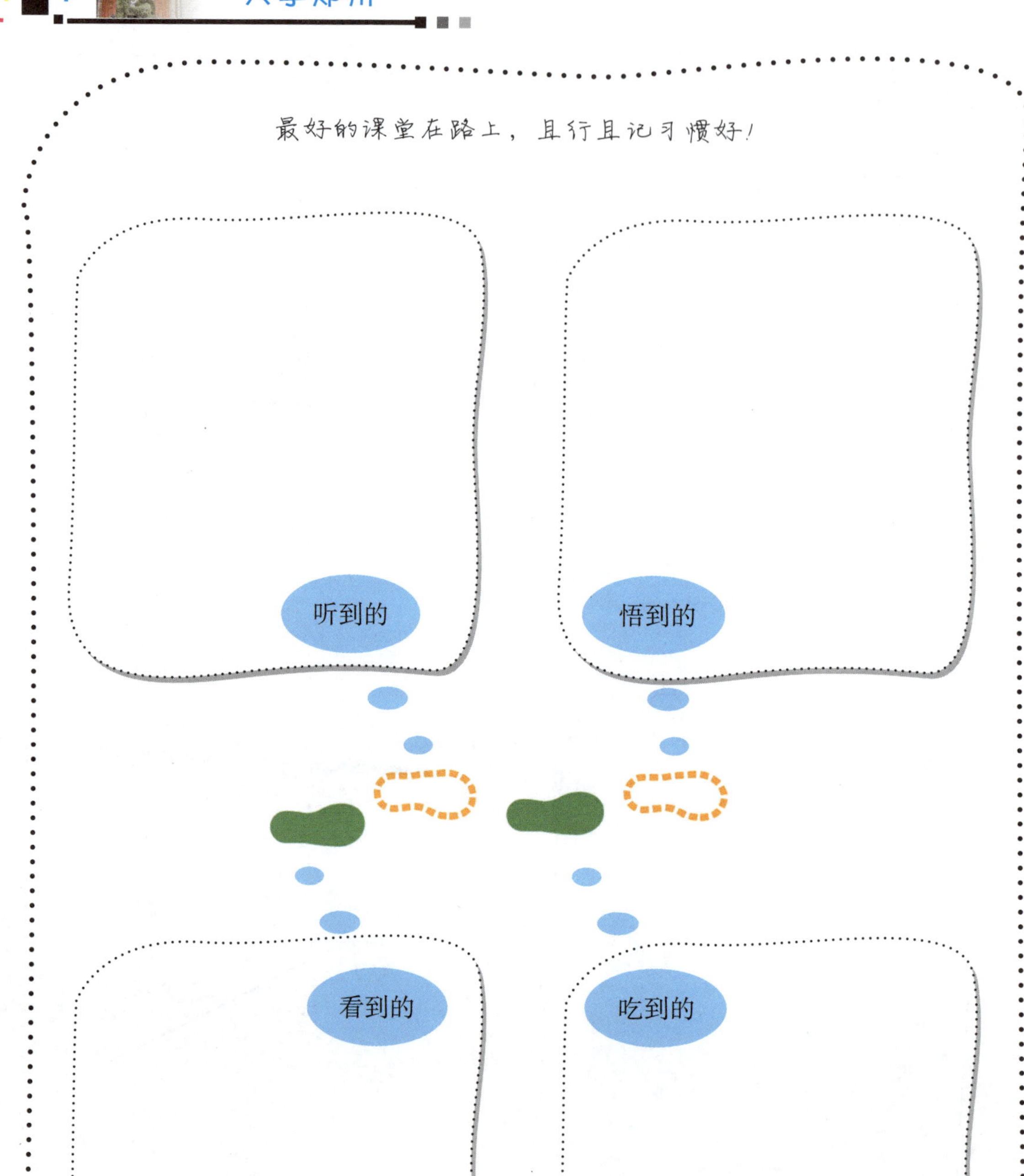
最好的课堂在路上，且行且记习惯好！
听到的
悟到的
看到的
吃到的

研学微报告

研究主题	
研究背景	
研究目的	
研究方法	
研究内容	
研究结论	
参考资料	

研学评价

研学评价	评价标准	自我评价	组内评价	导师评价
过程性评价	积极参与全程活动	☆☆☆	☆☆☆	☆☆☆
	遵守组内公约，服从小组分工	☆☆☆	☆☆☆	☆☆☆
	无迟到、脱离队伍现象	☆☆☆	☆☆☆	☆☆☆
	注重个人卫生和公共卫生	☆☆☆	☆☆☆	☆☆☆
	资料收集内容翔实，上交及时	☆☆☆	☆☆☆	☆☆☆
结果性评价	研学攻略准备充分无遗漏	☆☆☆	☆☆☆	☆☆☆
	多种方法搜集处理信息恰到好处	☆☆☆	☆☆☆	☆☆☆
	认真完成研学任务和研学手册	☆☆☆	☆☆☆	☆☆☆
	研学有成果，成果有新意	☆☆☆	☆☆☆	☆☆☆

研学感悟

研学成果

编写说明

综合实践活动是国家义务教育和普通高中课程方案规定的必修课程，是从学生真实生活和发展需要出发，以走出校园、走向社会的考察探究研学活动为主要形式，在主题活动中融合了社会服务、设计制作、职业体验和劳动教育等多种体验活动，通过观察、发现、搜集、分析、探究、创作、总结、拓展等培养学生综合素质的跨学科实践性课程。

依据《教育部关于印发〈中小学综合实践活动课程指导纲要〉的通知》《教育部等 11 部门关于推进中小学生研学旅行的意见》和《中共中央　国务院关于全面加强新时代大中小学劳动教育的意见》等文件精神，我们编写了《考察探究看我来——研学郑州实用手册》，以主题形式展现郑州从古到今翻天覆地的巨大变化，全面展现郑州改革开放以来的古城新颜和卓越成就，不仅是了解郑州、认识郑州的科普通识读本，更是热爱郑州、建设郑州的爱国主义教育素材库，对学校开发特色课程、学生确定研究主题、亲子选择研学路线等都有很好的借鉴和参考价值。

全套丛书由 15 个分册构成，每个分册一个主题，构成一个学习单元，分别是：古都郑州——建城五千年，古都展新颜；天地之中——郑州的世界名片；中岳嵩山——中国唯一的“五代同堂”地质公园；文化郑州——八千年根脉代代传；非遗郑州——千古遗存焕新颜；红色郑州——缅怀先烈，薪火相传；铁路郑州——天下枢纽再谱新篇；商城郑州——因“商”而立，因“商”而荣；科技郑州——农科创新沃土，高新科技航天；水润郑州——人水从此和谐；生态郑州——古城新韵，和谐发展；大学郑州——从古书院到“双一流”；地标郑州——聆听城市发展之音；传媒郑州——

传媒之声，声达天下；美食郑州——“食”在是“中”。

每个单元由研学资源、研学路线、优秀课例和我的研学我做主等板块组成。研学资源，汇集了相应主题下主要的可行性资源，为考察探究活动自选研学项目提供参考。研学路线，是编者实地考察探路，精心挑选推荐的优质路线。优秀课例，是已实践过的优秀研学课程成果选编，包括小学一年级到高中全学段，展现了该主题考察探究活动后的收获。我的研学我做主，是留有空白的研学手册，供阅读者面对丰富多彩的主题资源套餐，自行选定感兴趣的主餐。

本册《生态郑州——古城新韵，和谐发展》的编写人员有曹淑玲，赵志杰，张飞华，张瑞，赵银堂，郭军英，胡晓琳，胡红英，杨扬，白陈冰，闫小彪，程秀珍，冯巧巧，冯保伟。

丛书编著得到了专家学者、社会各界和实践学校的大力支持，在此表示诚挚的感谢。由于编写时间和水平所限，书中难免有不足之处，恳请广大师生在使用过程中及时提出宝贵意见，以利再版勘正。

行，知之始；知，行之将成；知行合一再创新，天马行空任你来。行－知－行综合实践活动，我们一直在路上……

考察探究，看我来！

生态郑州

——古城新韵，和谐发展

杨柳岸晓风晚月
流水清亭台小桥
廊道蜿蜒浓荫绿树
花香四溢色彩斑斓
总觉在江南小城
抬眼望高楼林立
车水马龙喧嚣处
留恋这郑州一角

东风渠一角

从铁路、高速公路到市内快速路沿线都有生态廊道，从公园、广场到街巷庭院皆有绿树浓荫，从河流、湿地到人工湖都是碧水清波，处处呈现出人与自然和谐共处的生态之美。公园、游园、湿地、花园、广场，可谓出门“300 米见绿、500 米见园”。生态街道连接城市与乡村，融合传统与现代，展示了一个生态的、蓬勃的、现代化的绿色城市体系。美哉，郑州！

园博园掠影

研学资源

资源 1　“九水”治理，打造郑州新湿地

城市水系生态治理，打造郑州“健康肺”：金水河、熊耳河、贾鲁河、古运河、东风渠、魏河、索须河、南水北调运河、西流湖、白庄水库、常庄水库、尖岗水库、北龙湖、南龙湖、雁鸣湖等星罗棋布。

西流湖一景

资源 2　绿城新貌，共享郑州富氧风

发展宜居城市，郑州集中建设了一批树林、绿植和花卉相结合的园区，如绿博园、植物园、树木园、园博园、北龙湖湿地公园等。

郑州园博园

资源 3　生态粮仓，饮食郑州保健康

郑州已经建设了一批种植基地和推广基地，如农业科技博览园、中牟国家农业公园、富景生态园、潮湖生态园、绿兴生态园等。

郑州 CBD

资源 4　特色乡村，菜篮郑州创品牌

乡村建设大提速，特色农业大发展，品牌创新有突破，郑州周边尽体现，如中牟西瓜、大蒜、草莓采摘园，樱桃沟樱桃采摘园，新郑红枣小镇，河阴石榴园等。

特色有机农业

资源 5　芳香四季，花香郑州惹人醉

四季花香满古城，月季市花牡丹盛，郁金香开动市容，樱花开处人潮涌。如月季公园的各种月季、碧沙岗公园的海棠和牡丹、郑州大学新校区的樱花、植物园的梅花、紫荆山公园的紫荆花、人民公园的郁金香等，都为郑州增色添彩。

郑州市四种代表性花卉

资源 6　休闲广场，漫步郑州好去处

文博广场、经纬广场、航海广场等休闲广场一般包括景观带、健身活动区、儿童活动区等，这些休闲广场对完善城市功能、美化城市环境、提升城市形象、改善民生、提高市民幸福感等起到了积极的作用。

资源 7　廊道健身，运动郑州新名片

提升城市品位，提高市民素质，大力建设步道，成就郑州名片，如树木园塑胶步道、滨河森林公园木栈道环线、沿河生态公园廊道、三环路健身绿道等都是市民锻炼身体的好去处。

健身绿道

研学路线

东区体验生态保护与采摘之旅

中牟观鸟林森林公园→雁鸣湖→中牟国家农业公园→郑州绿博园

推荐理由：这是一条郑州东区的休闲、健身、富氧的研学路线，也是融参观、体验、采摘于一体的研学路线，更是一条了解、观察、统计生物多样性的研学路线。观鸟林树稠荫浓、鸟语花香，雁鸣湖碧波荡漾、大雁齐飞，绿博园园林亭台、溪水蜿蜒，都会让你欣喜不已。

郑州绿博园

西南区生态健身与采摘之旅

绿兴生态园

树木园

尖岗水库

推荐理由：这是一条郑州西南区休闲、健身、富氧的研学路线，也是一条融生态农业参观、栽种、采摘于一体的路线。塑胶步道蜿蜒于各种绿植花卉之间，时而沿水而行，时而与花香为伴，美不胜收。

新郑大枣体验与采摘之旅

新郑古枣树遗址公园→红枣小镇→红枣博物馆→“好想你”智能车间→“好想你”红枣城→新郑龙湖城市湿地公园

推荐理由：这是一条郑州新郑市的研学路线，最大特色是枣生态、枣文明、枣文化多方面融合，既体现农耕文明变迁，也充分展示现代农业深加工的整体面貌。

研学小贴士

全程无门票，“好想你”基地可以安排午饭，费用自理。

黄河沿岸生态健身与采摘之旅

郑州黄河国家湿地公园→黄河花园口旅游区→普兰斯薰衣草庄园→黄河富景生态世界

薰衣草庄园掠影 姜国棋摄影

推荐理由：该线路是融黄河生态、黄河文化及赏花、采摘、休闲于一体的研学路线。春天，油菜花等各种花卉竞相开放、花香四溢；秋天，葡萄等硕果累累。该路线适宜休闲健身。

研学小贴士

普兰斯薰衣草庄园和黄河富景生态世界有门票。

两者开放时间：8:00—18:00

体验芳香郑州赏花休闲之旅

月季公园 碧沙岗公园 人民公园 紫荆山公园

推荐理由：该线路是集赏花、休闲、娱乐、游玩于一体的经典路线。月季公园也是首届中国月季展览会主会场。碧沙岗公园由海棠园、牡丹园、木兰园、沉香园、梅园等组成，特别是国色天香牡丹园有郑州“小王城”之称。人民公园是郑州市最早的公园之一，春季郁金香花展人潮涌动，秋季菊花展游客如潮。紫荆山公园春季紫荆花开满山坡，夏季锦鲤戏荷湖水碧。

西区感受生态治理成果之旅

贾鲁河与南水北调运河汇合处→贾鲁河→西流湖公园→雕塑公园→贾鲁河科学大道以南上游区段

推荐理由：该线路是以水为核心的生态研学路线。西流湖公园分为南北两区，打造了生态廊道、生态湿地、生态林带等景观。贾鲁河位于河南省中部，历史悠久。近几年，郑州开展城市“河流清洁”行动，落实城区生态水系“水清河美”行动方案，贾鲁河生态治理成为典范之作。

西流湖一角

雕塑公园一角

东风渠一角

东区感受生态治理与建设成果之旅

东风渠滨河公园→足球公园→龙湖公园→魏河生态廊道→东商业公园→北龙湖湿地公园

推荐理由：该线路体现生态水系、生态廊道、休闲娱乐、湿地保护相结合的特点。东风渠属于贾鲁河支流，经过治理和水清洁，两岸绿树成荫，健康步道沿河而建，是市民休闲锻炼的好去处。龙湖公园和北龙湖湿地公园都是人工湿地，景色优美、鸟语花香、绿树弄影、健身设施齐全。来到这里，让人恍觉身在江南，美景尽收眼底。

北龙湖掠影

北龙湖湿地公园

优秀课例

自来水不自来

水与我们的生活息息相关。打开水管，清澈的水源源流出，可是，“自来水是自来的吗？”我们研学小组的同学对这一问题充满了疑问，决定像科学家一样深入调查，对自来水的生产过程一探究竟。另外还要调查水资源浪费现象，提高节水意识，宣传推广节水措施，号召同学们从“我”做起，珍惜水资源。

学生画作

研学路线

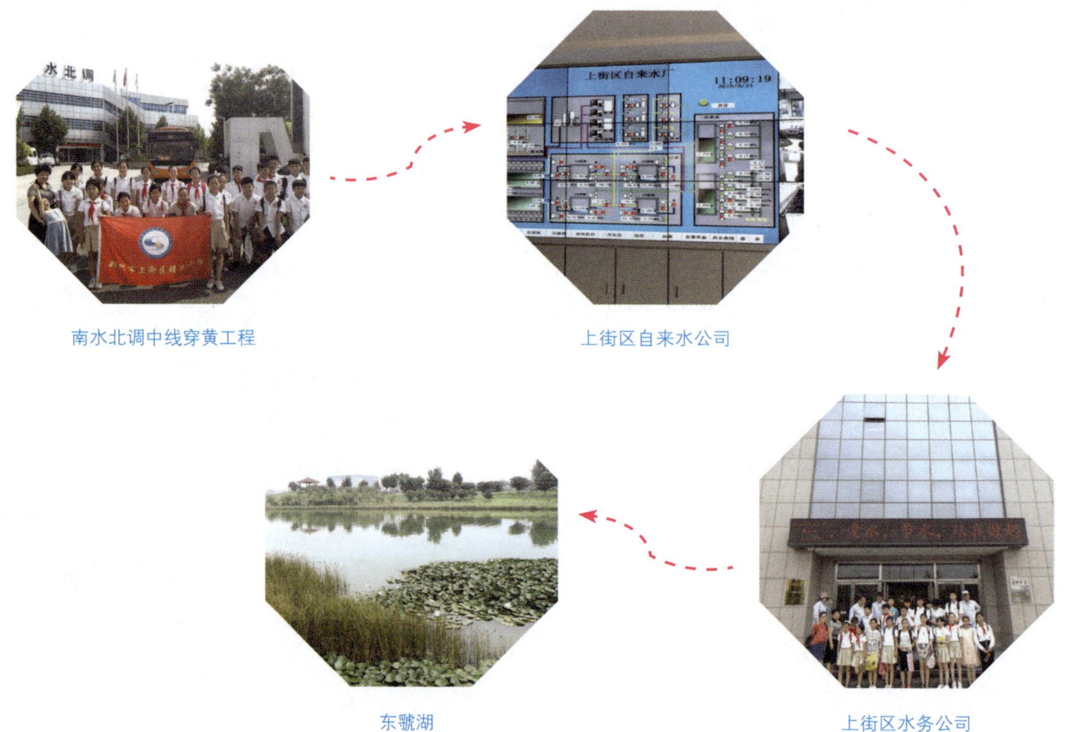
南水北调中线穿黄工程

上街区自来水公司

上街区水务公司

东虢湖

研学目标

据了解，郑州市上街区的地下水水位严重下降，几十口水井都因地下水枯竭而被封井；而黄河水泥沙量太大、水质差。长久以来，上街人饱受缺水煎熬，直至南水北调中线工程竣工，上街人才喝上了清亮甘甜的丹江水。让我们走进郑州市上街区，调研了解上街区的水问题。

1. 参观南水北调中线穿黄工程，了解上街区自来水的来源，进一步了解穿黄工程的结构和重要作用，感受穿黄工程带给我们的震撼和中国人民“江水不犯河水”的智慧。

2. 参观上街区自来水公司和上街区水务公司，了解自来水的净化及污水处理过程，提高同学们惜水、节水意识。

3. 参观美丽的东虢湖，置身蓝天、绿水、人与自然和谐共处的环境中，感受中水利用对城市绿化做出的贡献。

4. 制作手抄报、拟宣传标语等，向全校同学发起倡议，号召同学们争做节水小卫士。

研学过程

穿黄隧洞知多少

隧洞作用	
隧洞结构	
隧洞单洞长	
隧洞最大埋深	
隧洞施工原理	

南水北调中线穿黄工程

动手操作穿黄隧洞模型

我来绘制穿黄隧洞图纸

参观完南水北调中线的咽喉工程——穿黄隧洞，相信你一定被它的巧夺天工吸引，拿起你的笔，绘制出你心中的穿黄隧洞吧。

自来水的净化工艺

参观过自来水公司，相信你已经知道丹江水要经历怎样的过程才能成为干净、安全的自来水，请根据已知的知识设计出自来水的净化过程吧。

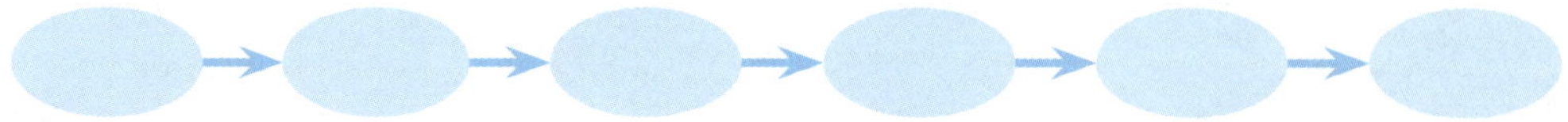

污水变中水

参观了水务公司的进水口和出水口，观看了动画片《水精灵历险记》，你能说出污水、中水和自来水的区别吗？中水有什么用途呢？

污水、中水、自来水对比实验

东虢湖掠影

东虢湖的水源来自上街区水务公司处理过的中水。污水再利用，让生活更环保、更美丽。请你拿起相机，把东虢湖的倩影定格下来吧。

争做节水小卫士

自来水不是“自来”的水，滴滴来之不易。生活中还有很多浪费水的现象。请制作一份节水手抄报，向同学们介绍节水措施，并发出节水倡议，制作节水宣传语，号召更多的同学一起争做节水小卫士吧！

节水手抄报

节水倡议书

节水宣传语

小水滴历险记

郑州市上街区曙光小学五二班　雷宇轩

穿黄隧洞图纸　张谕藤绘

打开水龙头，一串串可爱的小水滴随水流跳跃而出。它们从何而来，又要去向何方，今天就让我们跟着它们去历险吧。

这些小水滴的家乡远在长江最大支流汉江中上游的丹江口水库。沿着南水北调中线干渠，小水滴来到了黄河边，黄河阻挡了小水滴的去路。智慧的南水北调人在黄河的河床下打了一个隧洞，这就是南水北调中线的咽喉——穿黄工程。它是人类历史上穿越大江大河的最宏大的水利工程，是整个南水北调中线控制性、标志性工程。

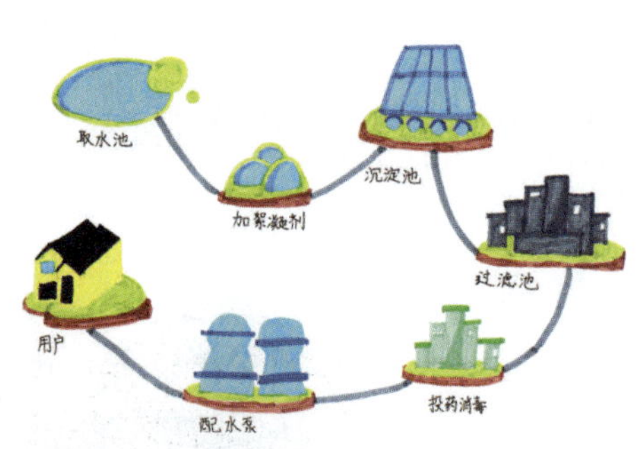

自来水净化工艺图　鲁冠迎绘

在这里，一部分小水滴被输送到了上街区自来水公司，经过沉淀、过滤、消毒等一系列的净化过程后被送到千家万户。另外，污水经过上街区水务公司处理后，成为中水，它们或流入美丽的东虢湖，或被用于洒水、浇灌……未来它们还有一段漫长的旅行，最终有机会和其他小水滴一起汇合在蓝天白云之中。

我是节水小卫士——节水手抄报

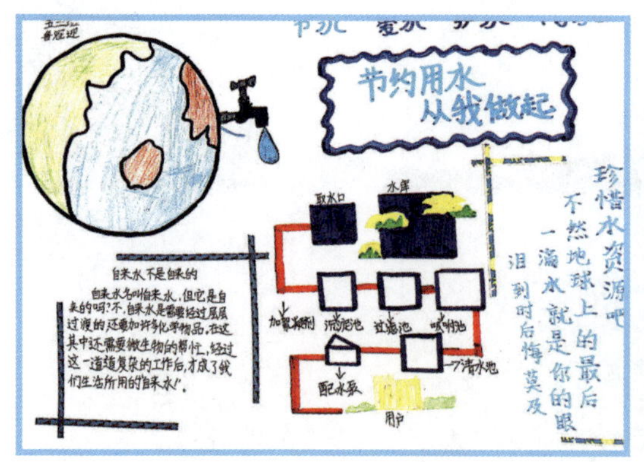

节水倡议书

亲爱的同学们：

自来水并非真的“自来”，而是通过复杂的取水工程、净化工程等一系列工序之后才成为我们使用的生活用水。让我们用自己的实际行动，节约每一滴水：

一、树立爱水、节水意识。水不是取之不尽、用之不竭的，从我做起，节约每一滴水。

二、养成节水习惯。比如洗衣时不在水龙头下直接冲洗，可以用脸盆接水冲洗；洗手、洗脸时将水龙头调小些；洗菜水可以浇花；遇到人为浪费水资源的行为应及时劝阻。

节约用水，人人有责！让节约用水的绿色情怀填满我们的心房！

郑州市上街区曙光小学五二班　鲁冠迎

手抄报

研学成果

教师讲评

成果展

成果发布会

研学评价

研学实践活动评价量表

学校＿＿＿＿＿　班级＿＿＿＿＿　姓名＿＿＿＿＿

研学评价	评价标准	自我评价	组内互评
过程性评价	1. 积极参与全程活动	☆☆☆☆☆	☆☆☆☆☆
	2. 服从小组安排，分工合作	☆☆☆☆☆	☆☆☆☆☆
	3. 时间观念强，无迟到、脱队现象	☆☆☆☆☆	☆☆☆☆☆
	4. 个人资料内容充实，上交及时	☆☆☆☆☆	☆☆☆☆☆
结果性评价	1. 手抄报主题鲜明、版面美观	☆☆☆☆☆	☆☆☆☆☆
	2. 图纸色彩运用恰当、表现力强	☆☆☆☆☆	☆☆☆☆☆
	3. 节水宣传语创意新颖、号召力强	☆☆☆☆☆	☆☆☆☆☆
	4. 研学感想有真情实感、语言优美	☆☆☆☆☆	☆☆☆☆☆

专家点评

“自来水不自来”研学课程主题鲜明、目标明确、过程翔实、成果丰盛。同学们亲身体验，了解了自来水的生产工艺，知道了自来水不是自来的，是有成本的。本次研学让节约用水的环保意识浸润到同学们的心灵深处，增强了同学们的社会责任感和实践能力。

走进枣乡，感受自然的馈赠

植物如何生长？果实从哪里来？枣树是什么样的？来到“好想你”，回归农田，除草、拔菜、打扫、寻宝。同学们从大自然中收获天然的食物，探索大千世界的神奇。在书本之外，同学们循着炎黄先祖的足迹，乐学实践、探索真知、传承文明星火。

新郑大枣是郑州乃至河南的枣生产基地，“好想你”系列枣是新郑大枣中的知名产品。在这里，不但能够了解百年古枣树的生长情况，看到正在生长的大枣，而且能够亲身体验在枣园打枣、捡枣、洗枣的乐趣，还可以进入生产车间观看枣的各种加工工艺及其生产流程，感受生产的精细化和智能化。

新郑古枣树

研学目标

1. 通过参观古枣园了解枣树的生长环境，以及与其他农作物的和谐共生。

2. 通过打枣、洗枣、吃枣，感受劳动的艰辛与收获的快乐。

3. 通过“工厂初体验”，了解枣的加工生产流程及互联网 + 的智能商务配送过程，感受工业现代化的魅力，培养同学们深入探究的能力。

4. 通过实践活动，培养个体的责任感、自信心、独立自主意识，提高对自己的认知、对他人的认知；增强团队合作意识、增强集体荣誉感。

研学路线

新郑古枣树遗址公园→红枣博物馆→红枣小镇→“好想你”枣加工基地→枣木雕艺术馆

研学过程

该研学路线以现代化、智能化的工业和农业，特色民俗、传统文化及自然科普等资源为基础，集教学、研学、实践、探索、娱乐等为一体。

（一）出发

一大早，同学们列队出发去新郑古枣树遗址公园。该公园地处中华文明发祥地和红枣之乡——新郑。

（二）参观红枣博物馆

参观红枣博物馆，了解枣文化发展历程。演绎枣乡故事，进行组内分工、筹划、彩排，为演出做准备。

同学们根据活动安排，自行组织表演枣乡故事，并针对下列问题进行讨论。

红枣博物馆

红枣相关自然百科知识

红枣相关人文、历史知识

红枣博物馆

汇报演出

参观红枣博物馆

问题	讨论
说出枣树的最佳生长环境。	
大枣中有哪些对人体有益的营养成分？	
按照不同的分类方法，对大枣进行分类。	
你能想到的大枣产品有哪些？	

（三）参观红枣小镇

1. 寻找百年古枣树

在这里，进行拓展类闯关游戏，让同学们寻找百年古枣树，同时，在关卡中讲述百年古枣树的故事，向同学们传递热爱自然、保护环境、感恩、奉献等理念。

2. 打枣、洗枣、吃枣

打枣活动掠影

正值大枣成熟的季节，同学们可体验农民的辛苦、收获的喜悦——举行打枣、洗枣、吃枣活动，了解红枣历史、打枣礼仪，感受传统文化的内涵与养成健康饮食习惯的重要性。

3. 欢乐农场

参观有机农场，品尝自己亲手制作的有机午餐，通过劳作体会自然造物的神奇。

欢乐农场

农场田间

（四）枣的精细深加工

万吨仓储里感受储藏环境的苛刻，智能车间里体验 18 道工序的严谨有序，体味劳动的不易与科技的伟大；在国家认定企业技术研发中心，埋下精益求精的匠心追求。

1. 智能车间

智能机器人物流工厂

实地感受智能物流配送便捷性，学习智能化背后的科学知识体系

真空冻干食品车间

近距离了解冻干食品工艺，开展健康教育，提高辨识力

研发检测中心

体验食品研发、检测全过程；掌握日常家用食品检验技能；增强食品营养健康意识

了解物流仓储知识，将所学的物理知识与实际生产相结合

加工过程

生产车间

2. 枣产品

红枣片

历经6洗4选、去核切片、低温冻干等二十多道工艺，再经过掐头去尾、片片精选，留下来的都是枣肉精华。

在甜蜜中夹裹着撩人的酥脆微苦，在口味上达到精致的平衡。闭着眼一口咬下去，犹如红丝绒包裹的法式千层酥。

核桃夹枣

形似长条口香糖，但能嚼着吃进肚子，颗颗精选红枣，历经清洗、去核、研磨、浓缩、切片等工艺，成为精华枣片“口香糖”。

枣片

（五）枣木雕艺术馆——枣工艺

参观枣木雕艺术馆

在枣木雕艺术馆，同学们可以学习枣树奉献精神，体验手工木雕的艺术魅力。

枣木质地坚硬，木纹密实，不易雕刻，故很少被应用，但又因其不易被虫蛀，在古代常被用来刻版印书。鉴于枣木的这些特点，以枣木为原材料，经过几道工序，可让其变身艺术品——枣木雕。

枣木雕雕刻过程

枣木雕展

看这些枣木雕，精雕细刻、栩栩如生、活灵活现。

（六）活动评价

研学活动评价			
评价项目	具体内容	自我评价	组内评价
研学过程	1. 小组合作参与度，内务整理，遵守纪律	☆☆☆☆☆	☆☆☆☆☆
	2. “枣乡故事”表演的创新意识、团队合作等	☆☆☆☆☆	☆☆☆☆☆
	3. “工厂初体验”环节，根据自己的设想对智能化提出优化意见	☆☆☆☆☆	☆☆☆☆☆
成果展示	1. 能认真细致地完成研学手册	☆☆☆☆☆	☆☆☆☆☆
	2. 研学活动感想评比	☆☆☆☆☆	☆☆☆☆☆

研学总结

从四体不勤、五谷不分到在田地里采撷劳动果实，嗅泥土芳香，感恩大自然的丰盛馈赠；从青葱懵懂到户外汲取智慧力量，品味千年文明馨香，收获生活滋养；从读万卷书到行万里路，让祖先创造的灿烂文明，在时光流转里得以传承。

本次研学活动：

1. 克服了时间紧、任务重、天气热等客观因素，努力完成研学任务。

2. 生态农场使同学们感受有机农场的种植与管理，了解农产品的种植、生长情况；与种植管理人员的交流，使同学们能够明确农作物的生长环境和种植节气，掌握一定的种植管理技能，体会到人与自然的和谐共生。

3. 野炊让同学们在参与中感受大自然的赐予，自得其乐。

4. 打枣、洗枣，让同学们体会到劳动的艰辛；一起吃枣、品枣使同学们感受到收获的喜悦。在劳动过程中，体验劳动的乐趣。

5. 在研学过程中，进行军事技能训练，接受军事理论学习，不仅学到了军事知识，增强了国防观念，强化了安全意识，而且增强了自我教育、自我管理的能力，文明守纪的风尚逐步形成，有效提升了同学们争先创优的竞争意识和协作共进的团队精神。

专家点评

按照这条研学线路进行研学，不仅能感受人与自然和谐共生的奇妙，而且能够体验现代工业深加工的精细化，感受智能物流系统对运输效率的提升。在研学过程中，不仅能了解百年古枣园的悠久历史、人们对自然生态的开发与保护，而且还能参与打枣、野炊等活动，感受劳动的艰辛与收获的喜悦。

我的研学我做主

我想去这里：

我感兴趣的主题是：

理由不容置疑：

和谁一起很重要，吹响集结号！

分工	组长	安全员	纪律员	卫生员	书记员	宣传员
成员						
职责	整体负责 协调规划	安全提醒 全程保障	纪律严明 严宽相济	检查卫生 文明出行	资料记录 汇总整理	资料整合 设计宣传

行前功课要做足，研学攻略计划好！

到此一游我拍拍拍，合影那是必须的！

最好的课堂在路上，且行且记习惯好！

听到的

悟到的

看到的

吃到的

研学微报告

研究主题	
研究背景	
研究目的	
研究方法	
研究内容	
研究结论	
参考资料	

研学评价

研学评价	评价标准	自我评价	组内评价	导师评价
过程性评价	积极参与全程活动	☆☆☆	☆☆☆	☆☆☆
	遵守组内公约，服从小组分工	☆☆☆	☆☆☆	☆☆☆
	无迟到、脱离队伍现象	☆☆☆	☆☆☆	☆☆☆
	注重个人卫生和公共卫生	☆☆☆	☆☆☆	☆☆☆
	资料收集内容翔实，上交及时	☆☆☆	☆☆☆	☆☆☆
结果性评价	研学攻略准备充分无遗漏	☆☆☆	☆☆☆	☆☆☆
	多种方法搜集处理信息恰到好处	☆☆☆	☆☆☆	☆☆☆
	认真完成研学任务和研学手册	☆☆☆	☆☆☆	☆☆☆
	研学有成果，成果有新意	☆☆☆	☆☆☆	☆☆☆

研学感悟

研学成果

编写说明

综合实践活动是国家义务教育和普通高中课程方案规定的必修课程，是从学生真实生活和发展需要出发，以走出校园、走向社会的考察探究研学活动为主要形式，在主题活动中融合了社会服务、设计制作、职业体验和劳动教育等多种体验活动，通过观察、发现、搜集、分析、探究、创作、总结、拓展等培养学生综合素质的跨学科实践性课程。

依据《教育部关于印发〈中小学综合实践活动课程指导纲要〉的通知》《教育部等11部门关于推进中小学生研学旅行的意见》和《中共中央 国务院关于全面加强新时代大中小学劳动教育的意见》等文件精神，我们编写了《考察探究看我来——研学郑州实用手册》，以主题形式展现郑州从古到今翻天覆地的巨大变化，全面展现郑州改革开放以来的古城新颜和卓越成就，不仅是了解郑州、认识郑州的科普通识读本，更是热爱郑州、建设郑州的爱国主义教育素材库，对学校开发特色课程、学生确定研究主题、亲子选择研学路线等都有很好的借鉴和参考价值。

全套丛书由15个分册构成，每个分册一个主题，构成一个学习单元，分别是：古都郑州——建城五千年，古都展新颜；天地之中——郑州的世界名片；中岳嵩山——中国唯一的“五代同堂”地质公园；文化郑州——八千年根脉代代传；非遗郑州——千古遗存焕新颜；红色郑州——缅怀先烈，薪火相传；铁路郑州——天下枢纽再谱新篇；商城郑州——因“商”而立，因“商”而荣；科技郑州——农科创新沃土，高新科技航天；水润郑州——人水从此和谐；生态郑州——古城新韵，和谐发展；大学郑州——从古书院到“双一流”；地标郑州——聆听城市发展之音；传媒郑州——

传媒之声，声达天下；美食郑州——“食”在是“中”。

每个单元由研学资源、研学路线、优秀课例和我的研学我做主等板块组成。研学资源，汇集了相应主题下主要的可行性资源，为考察探究活动自选研学项目提供参考。研学路线，是编者实地考察探路，精心挑选推荐的优质路线。优秀课例，是已实践过的优秀研学课程成果选编，包括小学一年级到高中全学段，展现了该主题考察探究活动后的收获。我的研学我做主，是留有空白的研学手册，供阅读者面对丰富多彩的主题资源套餐，自行选定感兴趣的主餐。

本册《水润郑州——人水从此和谐》的编写人员有陈国民、曹淑玲、程丽萍、王全胜、李依婷、许方芳、张瑜、王松森、陶玲华、杨鸣、王会杰。

丛书编著得到了专家学者、社会各界和实践学校的大力支持，在此表示诚挚的感谢。由于编写时间和水平所限，书中难免有不足之处，恳请广大师生在使用过程中及时提出宝贵意见，以利再版勘正。

行，知之始；知，行之将成；知行合一再创新，天马行空任你来。行－知－行综合实践活动，我们一直在路上……

考察探究，看我来！

水润郑州

——人水从此和谐

“一条河，一座城，一部史。”从一座有着三千多年历史的城市，可以找到一个民族过去和未来的脉络；从一条穿城而过的河流的变迁，可以看出一个城市未来的方向和希望。众多河湖汇聚而成的郑州水系的前世今生，正是奋斗新时代伟大征程的一个缩影。

无论是最早作为商朝都城的郑州，还是作为省会的郑州，再到成为国家中心城市的郑州，水作为城市生命和文脉的地位始终不可撼动。

“人与物，光与影，城市在水中的影像更斑斓。”城市因河而灵、而美、而有活力。“一河一世界，走近更惊艳。”无论你是何种身份，只要你置身于郑州河湖两岸，一定会被一处处历史与现代相融的自然或人文景观所吸引。

静静流淌的金水贾鲁，映衬出郑州发展的滚滚洪流。又是新的一天，郑州从沿河两岸绿茵里鸟儿的鸣叫中醒来，从河水中鱼儿欢快地游动中开始加速奔腾。新时代，新绿城，郑州每一条河流的节奏和音符正和着中华民族伟大复兴的最强音诗意地流向远方。

研学资源

触摸郑州“水”

郑州市地跨黄河、淮河两大流域，是我国北方地区水资源较为丰富的城市，除市区北部的黄河及其支流枯河以外，贾鲁河干流及其支流索须河、七里河(十七里河、十八里河)、东风渠、魏河(贾鲁支河)、金水河、熊耳河、潮河穿越城区，周边遍布中小型水库，南水北调中线工程总干渠、南运河和南龙湖、龙子湖、西流湖、天健湖、如意湖、北龙湖，星罗棋布，共同构成了郑州市水系网络。

一、郑州河系：纵横交错，百折千回

1. 波光粼粼索须河

索须河，一条有历史年轮的河；

索须河，一条有文化积淀的河；

索须河，一条抚岸触水，可追忆乡愁、抒发感怀的河。

索须河由索河和须水河汇流而成，西起郑州市中原区岔河村，向东至祥云寺村汇入贾鲁河，全长 23.14 公里。俯瞰索须河，两岸绿树成荫，河水清澈，有涟漪泛起。

2. 千年古韵贾鲁河

贾鲁河，一条静静流淌了两千多年的河流，是郑州市最长的内河。

贾鲁河，发源于新密市，向东北流经郑州市，经中牟，入开封，过尉氏，进扶沟，至周口，最后流入淮河。郑州市境内长为137公里，索须河、魏河、七里河、金水河、熊耳河、东风渠都是它的支流，贾鲁河因此被亲切地称为郑州的“母亲河”。

贾鲁河，这条牵动郑州人情思的千年古河，正沐浴着新时代的光辉，焕发着从未有过的迷人新姿。

3. 游人如织金水河

金水河，源起于郑州西南梅山北麓老胡沟，途经二七区、金水区，在金水区八里庙汇入东风渠。金水区、金水路、金水桥皆由金水河而来。

金水河沿岸有郑州城隍庙、郑州文庙、商都遗址公园、郑州大象陶瓷博物馆等，让你近距离感受厚重灿烂的中原文化。

4. 风光旖旎东风渠

东风渠，从北向南，再向东，穿越城区，蕴纳了郑州半个多世纪的故事，记录着一代郑州人成长的印记。

水通、水清、水美的东风渠与熙熙攘攘的行人相映成趣。一渠清水，扮靓市容，已成为抒写在郑州人心中的水韵长诗。

5. 南水北调新水脉，一渠甘露润绿城

20 世纪 50 年代初，毛泽东主席首次提出“南方水多，北方水少，如有可能，借点水来也是可以的”宏伟构想。经过半个多世纪的研究论证，2002 年 12 月 27 日，南水北调工程正式开工。其中中线工程由丹江口水库陶岔渠首引水，跨越江、淮、黄、海四大流域，润泽京、津、冀、豫四省市。

南水北调中线工程总干渠，在郑州段全长 129 公里，始于新郑市观音寺镇英李村，从荥阳市王村乡穿黄河进入焦作，终点位于荥阳市古柏渡。

6. 郑州昔日“龙须沟”，醉美风光熊耳河

熊耳河，是流经郑州市区的河流之一，源起于郑州市区西南 15 公里的铁三官庙，蜿蜒流淌，最终注入贾鲁河，全长 23.5 公里。

熊耳河桥，一座跨越近 300 年的石桥，一座“绿城最牛的桥梁”，今天依然矗立在熊耳河上，人车川流不息……

二、郑州湖系：波光潋滟，温婉恬静

1. 流连忘返西流湖

西流湖，位于郑州市西郊，是 20 世纪 70 年代为解决郑州市严重缺水建设的引黄入郑配套工程之一，取“黄河水西流入郑”之意。西流湖承载着一代郑州人最温情的记忆，被誉为郑州人的“大水缸”。

环西流湖而建的滨湖公园，春季花开，夏日成荫，秋季多色，冬日有绿，一座座雕塑，凝固的姿势，定格的舞姿，中原风，河南味，让人流连忘返。

2. 中原最美如意湖

如意湖，位于郑东新区 CBD 中央公园中心，周围分布着郑州市三大标志性建筑——郑州国际会展中心、河南艺术中心、郑州会展宾馆。

如意湖占地约 160 亩，与如意河、昆丽河、金水河、熊耳河等形成一个完整的城市生态水系。空中俯瞰，酷似中国传统的吉祥物——如意，如意湖由此得名。

3. 自然和谐天健湖

天健湖，位于郑州高新区科学大道与创新大道交叉口，天健湖公园依湖命名。水域面积约 300 亩，平均湖深 3.5 米，分为主湖区、东次湖和西次湖区，是在须水河西支的河道上拓宽而建的。

4. 美轮美奂雁鸣湖

雁鸣湖，位于中牟县城北 14 公里处。北涉黄河古渡，南临国家森林公园，与梦湖、姐妹湖隔河相望，湖中水草丰美，蒲芦丛生。

雁鸣湖是郑汴之间最大的水域，黄河湿地的主要组成部分。随着芦苇的生长，无数大雁来此栖息，雁鸣湖由此得名。“大闸蟹美食节”已成为雁鸣湖深受游客喜欢的旅游活动。

研学路线

1. 访千年古桥，瞻忠义纪公

荥泽古城→纪公庙→惠济区古荥镇→古荥汉代冶铁遗址→惠济桥

推荐理由

有人说，如果没有纪信的舍身救主、英勇赴死，刘邦恐怕难逃厄运，楚汉战争也许会是另外一种结局。一个人的作用和力量，或许可以改变历史的走向……

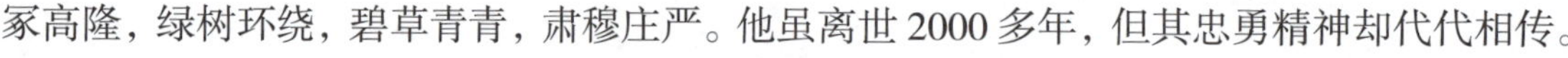

纪信忠勇果敢，感动世人。纪信墓，墓冢高隆，绿树环绕，碧草青青，肃穆庄严。他虽离世2000多年，但其忠勇精神却代代相传。

走进古荥汉代冶铁遗址，思绪仿佛飞回到千年前熊熊的火炉旁，似乎能看到众多工匠在忙碌浇铸一件件兵器、农具。据记载，当时每天生产生铁约1吨，领先西方1000多年，堪称世界之最。

通济渠河道上的惠济桥，桥面斑驳的车辙，透着历史的风霜。摸一摸桥栏雕刻的石狮，感受过往的繁华。

古荥汉代冶铁遗址

> **研学小贴士**
>
> 纪公庙和古荥汉代冶铁遗址免费开放，每周一闭馆。纪公庙初一、十五游客较多，建议避开。

天健湖彩虹桥

2. 游历千年索须河，徜徉多彩天健湖

中国大运河—通济渠遗址→惠济桥（惠济区）→天健湖公园

推荐理由

索须河，一条水草丰美的河流，水波潋滟，意蕴绵绵，入选世界文化遗产名录（中国大运河—通济渠遗址）。

走在河边，远观隋堤烟柳，近听谈古论今。步步是景，处处有故事。

天健湖边，栈道、沙滩、鸽子窝，潺潺流水和着鸟鸣声。亭台立在湖边，纳凉树荫下，远离城市的喧嚣和生活的烦扰。

3. 翠影清韵金水河，子产廉洁千古传

子产祠园→紫荆山公园→郑州大象陶瓷博物馆→郑州城隍庙→郑州文庙→郑州商都遗址公园

推荐理由

一河，一桥，一群人；一亭，一碑，一城垣。

名相子产曾赋予金水河美丽的传说。他廉洁奉公，居高不谋财，功赫不邀封。去世后，百姓们纷纷捐献金银珠宝，其家人拒不接受，人们便将金银珠宝投入河中，珠宝在碧绿的河水中散发出绚丽的光彩，泛起金色的波澜，“金水河”因此得名。

走进子产祠园，了解这位被孔子称为“古之遗爱”的名相，思考他被清初著名史学家王源推崇为“春秋第一人”的缘由。

漫步紫荆山公园，苍松翠柏耸立，葱郁茂盛；鲜花、灌木点缀其间，姹紫嫣红，金水河从园中穿过，河堤旁垂柳依依，水面波光涟涟。

相约大象陶瓷博物馆，欣赏璀璨精美的陶瓷，体验古朴的制作过程，领略中原陶瓷的演变与发展，感受绵延千年的古代陶瓷魅力。

探访古代府邸，欣赏明清建筑艺术：高高耸立的戏楼、精细华美的砖雕、巧夺天工的木雕彩画。感悟民俗文化：戏曲表演、秧歌、盘鼓、剪纸、黄河澄泥砚、淮阳泥泥狗。

研学小贴士

1. 郑州大象陶瓷博物馆每周一闭馆，免费开放。一次人数不超过 100 人为宜。

2. 郑州城隍庙、郑州文庙，节假日收费，其他时间免费。

4. 牵手走铁轨，渠畔百花香

郑州海洋馆→文博东路东风渠桥→郑州市动物园→河南博物院

推荐理由

走进郑州海洋馆，拾贝壳，织渔网，赏“美人鱼”。沿渠西路南行至文博东路东风渠桥，映入眼帘的长长铁索，定能让你想起掩映在山间的索道。

郑州市动物园，有近千只动物，让你在中原腹地也能领略到东北虎、金钱豹、非洲象、黑猩猩等国家保护动物的风采。运气好的话，还能欣赏到孔雀开屏的完美瞬间呢。

河南博物院，始建于 1927 年，是中国馆藏最丰富的博物馆之一。馆中先秦时代的铜器莲鹤方壶、云纹铜禁、妇好鸮尊等件件都是国宝，不容错过。

研学小贴士

1. 郑州海洋馆门票 130 元，郑州动物园 30 元，学生半价。

2. 河南博物院，免费参观，每周一闭馆，需携带身份证领取参观券。

东风渠桥

5. 东风渠下清如许，水韵长诗淌心间

郑州国家森林公园→小营点军台遗址生态文化公园→政七街东风渠桥→东风渠滨河公园（1904 铁路主题公园）→东风渠畔交通银行地标建筑

推荐理由

览一望无际的碧绿草木，赏竞相开放的各色花朵，行走在郑州国家森林公园天然大氧吧，倍觉心旷神怡！2004 年考古发现的小营点军台遗址，让你感慨新石器时代先人的辛劳！

沿龙湖东运河公园行至东风渠畔，政七街东风渠桥，一座被称为“最有艺术气息的桥”，两岸芳菲争艳，风姿绰约。走进滨河公园，渠畔远眺，“绿水飞蒲”让你流连忘返。行至深处，你会惊喜地走进一条穿越历史的长廊，回到与中国第一辆蒸汽机车邂逅的郑县站，领略郑州这个“被火车拉来的城市”特有的美。

始建于 1988 年的交通银行大楼默默矗立在东风渠畔，见证着东风渠的沧桑巨变，其独特的建筑风格已成为繁华都市中一道别样的风景。

6. 江河“握手”古柏渡，探秘穿黄大工程

南水北调生态文化公园→荥阳市高村乡李山村→古柏渡穿黄工程

推荐理由

一带绿色逶迤壮美，一路生态点缀河山。碧水两侧，是一道道五彩斑斓的“长廊通道”，水走山势，树护长堤，相得益彰，美轮美奂。

巍巍青山写壮志，悠悠碧水映忠诚。淅川移民群众的家，永远湮没在了丹江口水库下。没有淅川移民“舍小家为大家”的奉献精神，就没有南水北调中线工程的通水完工。

古柏渡，一个有着 2000 多年历史的古渡口，黄河旅游线上重点名胜之一，今天历史赋予它新的使命——南水北调中线总干渠“穿黄”工程横亘于此。长江与黄河在这里实现创世纪立体交汇，一渠清水永续北送。

熊耳河桥

7. 熊耳河上桥藏桥，郑州最古“大石桥”

郑州 CBD 千玺广场→熊耳河滨河公园→熊耳河桥

推荐理由

熊耳河，翠枝随风舞，清水缓缓流。滨河公园，绿草茵茵，天然氧吧，随意感受。从 CBD 行至京深线，两岸环境优美，艺术气息浓厚。

一座跨越近 300 年的石桥，承载着数千万人的过往，背后的故事更是一个动人的传说……

熊耳河桥——郑州市区现存最古老的一座石桥，熊耳河上最古老、最具文物价值的一座桥，入选郑州市首批优秀近现代建筑保护名录。历尽沧桑，依旧挺立，车水马龙，川流不息。

研学小贴士

拍摄桥景的时候，注意安全，防止发生意外。

南水北调中线穿黄隧洞工程

大美郑东　生态象湖

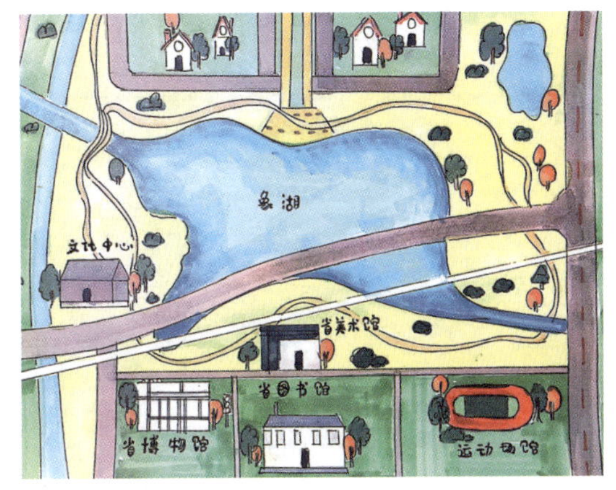

象湖位于郑州市郑东新区郑开大道和前程大道交叉口的西北角，是结合贾鲁河河道走势与河南人文历史文化所建设的“象”形人工湖。象湖向西北举着“鼻子”，河水从“象鼻”处流入，从东边的“象脚”流出。

在中国传统文化里，“象”与“祥”字谐音。古人云：“太平有象”，寓意“吉祥如意”。象湖水域酷似一头戏水的大象，与贾鲁河相连。文化中心、博物馆、图书馆等环列其侧，集生态保护、文化交流、游憩娱乐等多功能于一体，如一颗明珠在中原大地熠熠生辉。

我们出发啦

研学路线

郑东新区美秀小学→象湖生态文化公园→大河村遗址博物馆

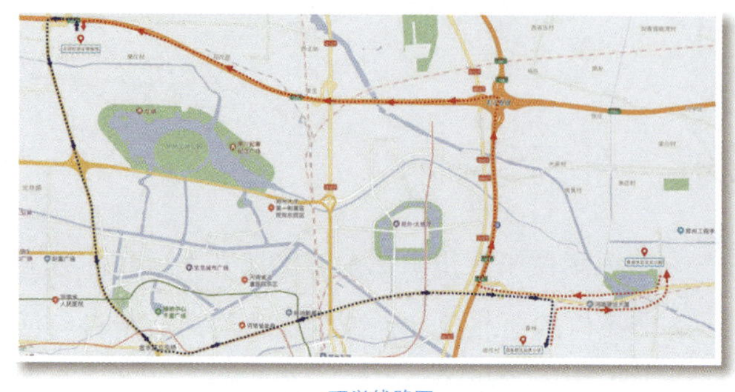

研学线路图

象湖研学活动

研学目标

1. 走进象湖生态文化公园，探究植物生长环境、水质和空气质量情况，增强保护环境意识。

2. 参观大河村遗址博物馆，了解生态文明与变化，增强人文底蕴与民族自豪感。

研学小贴士

1. 研学时间：一天，上午 7：30 —下午 5：00。

2. 团队公约：组建小队，遵守秩序，互助善思，爱护环境。

3. 课程链接：几千年前，这里气候温暖，水草丰美，为大河先民提供了良好的生存条件。从河南挖掘出的甲骨文“其来象三” 和“癸亥青象”的记载中，可推断出象在当时有一定的规模。“豫”字就是根据人牵着象的图演变而来的。大河村遗址发现于 1964 年，包含仰韶文化、龙山文化和夏商时期文化，大河村遗址博物馆是全国重点文物保护单位。

研学手册

草木课堂

1. 看图识植物

行走在樱花大道，赏千树之坪，你认识到的花草树木有多少呢？请将下面图片和对应的植物名称连起来。

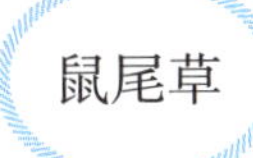

白夹竹桃

秋英

2. 植物大调查

记录你所看到的植物和它们的生活环境。从中挑出一两种，记录它们的特征。查找资料，设法认识它们。

植物调查表

植物名称	生活环境和特征

诗词大秀场

古往今来，诗人们以诗词的形式歌咏祖国的大好河山，今天来到风景怡人、波光粼粼的象湖湖畔，你也来吟诗一首吧！

绘制梦想

在绿树成荫、鸟语花香的象湖边，我们来一个“象湖行知”PK 赛吧，可以用绘画、手抄报等形式来展示小组的成果哦！

生态象湖

1. 空气质量的秘密

行走在象湖的防洪堤上，长堤两岸，树木参天、鸟鸣悦耳、繁花锦簇，一片和谐美好。防洪堤边，辛勤的工作人员在清理湖面。爱护象湖，人人在行动！

空气质量检测记录表

检测地点	检测项目		
	HCHO（甲醛）（mg/m³）	TVOC（总挥发性有机化合物）（mg/m³）	PM2.5（细颗粒物）（μg/m³）
室内			
社区			
象湖			
检测结果对比分析			

2. 象湖水质知多少

湖水水质检测记录表

	检测项目			
	pH 值	余氯（mg/L）	重金属含量（mg/L）	钙镁含量（mg/L）
检测结果				
检测结果分析				

工作人员在清理湖面，保护生态环境，大家齐行动！我们一起来测测湖水水质吧！

博物馆里的时光

小伙伴们，你们有一封来自大河村遗址博物馆的邀请函，邀请你们一起走进博物馆，寻找时光里的秘密，发现历史遗留的宝藏。请以象湖生态公园为主题制作一件彩陶作品，别忘了小象 logo 哟！

我的研学微报告

根据研学中的探究学习，选定研究课题完成研学报告，可附页。

课题名称			
姓　　名		时　　间	
研究背景			
研究目的			
研究方法			
研究内容			
研究结论			
参考资料			

研学故事

草木课堂和诗词大秀场

在草木课堂中，我们认识了许多植物，有月季、鼠尾草、夹竹桃等；了解了它们不同的生长环境；意外地发现了鼠尾草有紫色和蓝色之分；湖中翠绿的水葱、柔美的芦苇、挺立的蒲草，都是生态水域的重要组成部分。你听！黄象小组看到如此美景，诗兴大发，作诗一首。

（三年级　黄象小组）

象湖美

黄象小组

象湖美呀象湖美，美就美在象湖水。
湖上睡莲齐绽放，岸边芦苇入帘青。
马路悠闲湖岸绕，鲜花烂漫醉听风。
才闻雀鸟林间乐，又听知了丛中鸣。
装满真情和实意，捧给郑东畅抒情。

绘制梦想

精英小队查找、测量象湖地图，借助公式：实际距离 = 图上距离 ÷ 比例尺，求出实际数据。毛虫小队用绘画和手抄报的形式呈现今日研学感悟。瞧！一支支画笔下，绿树掩映、鸟语花香、鱼儿嬉戏，就是伙伴们眼中的象湖。我们要更加努力学习，将来成为真正的设计师，绘制我们心中的梦想，让我们的家乡更加美丽！

（五年级　青松中队）

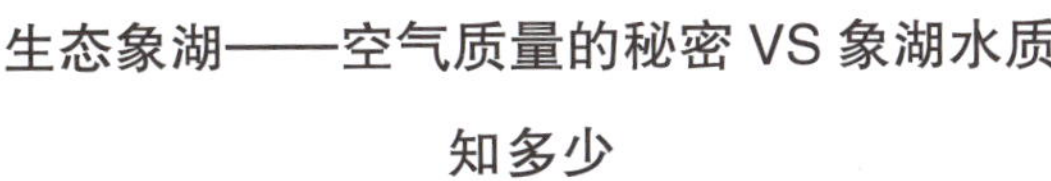

生态象湖——空气质量的秘密 VS 象湖水质知多少

我们小队在象湖边测试的空气质量结果为甲醛含量、TVOC、PM2.5 含量都在“优”的范围内。用水质检测滴剂和试纸检测出象湖里水的矿物含量比例适当，钙离子含量适中，pH 值呈弱碱性。象湖的建设提高了空气质量，净化了水质。

（四年级　梧桐中队）

博物馆里的时光

在大河村遗址博物馆，了解彩陶纹饰图案，体验彩陶制作，探寻大象生活的生态环境……

（二年级　白杨中队）

研学微报告

研学活动后，我们感触颇深，认真完成了“美丽中国梦”主题研学微报告。我们要呼吁更多的人热爱家乡，保护生态环境。

（五年级　胡杨中队）

课题名称	美丽中国梦		
姓　名	杨雯雅	时　间	2019.6.25
研究背景	环境问题受到大家的关注，绿水青山就是金山银山		
研究目的	提高环保意识，学习环保方法		
研究方法	观察、实验、讨论		
研究内容	象湖生态公园水质与空气质量，远古郑州的气候		
研究结论	郑州市内人工湖环境较好，湿地公园的优美环境改善了当地的环境		
参考资料	《花钟》《植物妈妈有办法》		

课题名称	美丽中国梦		
姓　名	李政阳	时　间	2019.6.25
研究背景	中国社会转型由粗犷向集约的发展，由不可持续向可持续循环		
研究目的	①提高环保意识　②学习环保方法　③增强责任心		
研究方法	观察、采访、实验		
研究内容	①象湖生态公园水质与空气质量　②远古郑州气候		
研究结论	①郑州市内的人工湖由专业的环卫工人定时清理 ②湿地公园环境优美，改善了郑州环境 ③郑州空气质量有待提高 ④郑州远古生态环境优美，孕育了早期人类文明		
参考资料	①《花钟》　②《青少年环境保护知识丛书》　③《城市生态与环境》		

专家点评

郑东新区美秀小学秉持培养“中国灵魂、国际视野的美秀少年”这一育人目标，研学活动从身边做起，教育孩子爱家乡、爱祖国，育民族之根；“大美郑东 生态象湖”研学活动设置多样化，学习过程趣味化，注重学科融合，打破学生课内外藩篱，让孩子课内学知识、课外促成长，让研学活动真正落地、生根、发芽、生长！

梦寻贾鲁河　礼赞大郑州

背上行囊，踏上研学之旅，你将开启这个暑期非常难忘的一段时光。一条贾鲁河，半部郑州史。沿贾鲁河岸，追寻历史遗存，诉说郑州的前世今生：石佛遗迹、延洪寺、贾鲁庙；游绿谷公园，穿生态廊道，感受新时代美丽郑州的新成就：苍野松风、西流晴云、京水春晓；凭吊老鸦陈桥，致敬革命先烈，聆听解放郑州的隆隆炮声：铭记历史，珍惜美好，志向高远。

“读万卷书，行万里路”，知行合一才是真教育。在成长的道路上，永远牢记“正己正人，超越自我”的八一校训，以世界的眼光看世界，以宽广的视野塑胸怀，努力做有担当的八一人。

恰同学少年，风华正茂。让我们在研学旅行的实践中，一起感受新中国成立后在中原大地上绘制的壮美图景！

研学地点及路线

八一中学，授旗出发

郑州绿谷公园

贾鲁河生态廊道

老鸦陈桥

惠济区贾河村

研学目标

1. 游历贾鲁河，了解贾鲁河的前世今生。

2. 查阅贾鲁相关资料，了解贾鲁治河在中华民族治黄史上的辉煌成就。

3. 穿行贾鲁河生态廊道，感受郑州国家中心城市建设日新月异的发展成就，体验郑州生态公园的“贾鲁芳华”。

贾　鲁（1297—1353）

研学调查

1. 让黄河走出教材：查询语文课本里的黄河、历史课本里的黄河、地理课本里的黄河等，多维度认识黄河。

2. 了解解放郑州战役始末：搜集网络相关史料，择时参观郑州烈士陵园。

3. 了解贾鲁治河的背景、成就及后世评价：搜集网络相关史料，梳理整合，汇总结论。

贾鲁河生态廊道

研学实施

时间安排		研学内容
早上	7:00—7:40	举行授旗仪式，开启励志研学之旅
上午	8:00—10:00	游走绿谷公园，聆听讲解石佛遗址、延洪寺历史沿革
		漫步贾鲁河沿岸，览胜体育主题公园
	10:00—11:40	前往解放郑州战役主战场——老鸦陈桥，缅怀革命先烈 贾鲁河畔，老鸦陈桥旁，齐声合唱《歌唱祖国》
中午	11:40—12:20	就餐
下午	12:40—14:30	走进贾河村，穿越历史，了解贾鲁治河
	14:30—16:30	团队分享，教师寄语
	16:40—17:45	返程

研学任务

1. 实地走访、调查，结合网络资料，梳理汇总，思考贾鲁河被称为“郑州的母亲河”的理由。

2. 联系史实，说明贾鲁治河在中华民族治黄史上的辉煌成就。

3. 分析建设贾鲁河生态廊道的意义与价值。

研学成果

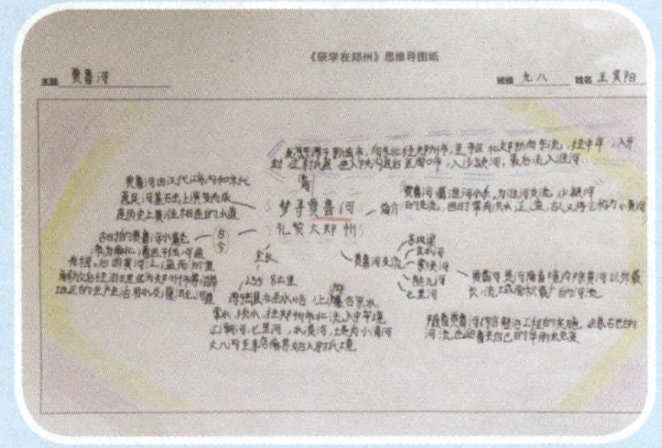

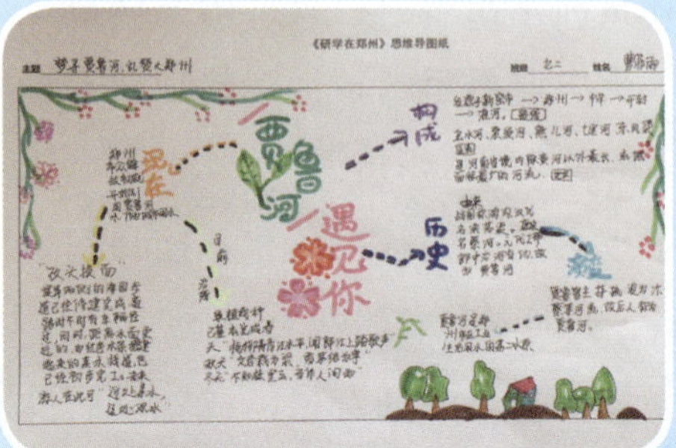

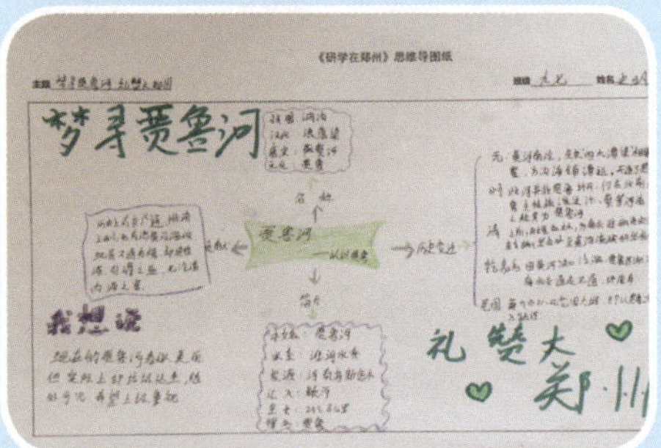

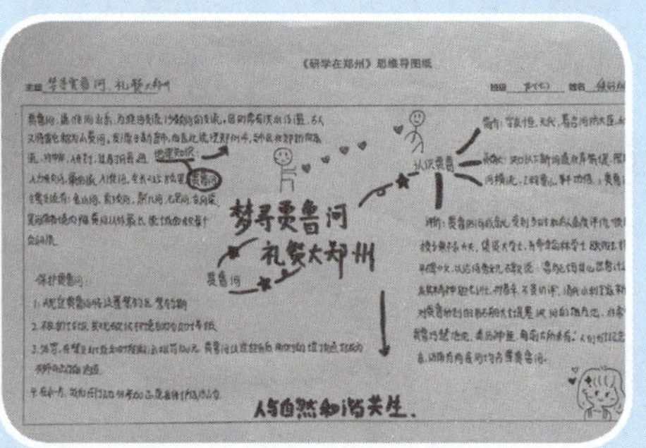

研学掠影

开启研学之旅

讲述石佛遗址

认识沿岸植物

听老师讲解河长制

偶遇一只鸟

学习垃圾分类知识

垃圾分类，从我做起

行走在生态廊道

研学感悟

贾鲁河源远流长，文化底蕴深厚，是一条千年古河。它起源于先秦，是历史上传说中的“鸿沟”，北边为汉，南边归楚。随着历史变迁，不断地变换河道。元代因贾鲁治河有功，改名贾鲁河，以示纪念。京水桥头，记录着漕运的繁华；石佛遗址，见证着大河文明；贾鲁河土地庙，歌颂着贾鲁的丰功伟绩，研学让我对这一段历史有了一定认识。（八年级　正心组）

在研学中，我们共同感受着贾鲁河文明，比如贾鲁河土地庙遗存、石佛遗址，它们都见证了贾鲁河历史上的繁华。1948 年，解放郑州战役在贾鲁河畔的老鸦陈桥打响，无数英勇的战士用鲜血才换来了郑州的解放。站在桥头，肃然起敬，也让我们更加珍惜现在的美好生活。（八年级　正身组）

雕塑公园，跨贾鲁河两岸。园中雕塑，将贾鲁河装扮得分外美丽。沿岸树木丛生，绿荫成片；我听歌声朗朗，音韵优美；我思人与自然，风吹水流。河水很静，与河岸相偎着。一只鸟落了下来，呀！它并没有飞走，而是陪着我们一起，老师说：这是人与自然和谐共生。（九年级　正学组）

老鸦陈桥，一座有着红色革命传统的桥。为了郑州的解放，很多年轻的战士永远地躺在了这里，我们在这里唱起红歌，缅怀烈士。我们还来到双桥村，在解放郑州战役牺牲的侯玉全烈士的墓碑前敬献松柏，清除杂草。

英雄浩气，万古犹存！（九年级　共进组）

研学报告

我为贾鲁河代言

九年级　正越组

在我们开展研学贾鲁河活动时，发现贾鲁河在雕塑公园、绿谷公园河段非常整洁，流经老鸦陈段却脏乱不已，沿岸垃圾遍地，河面上还漂浮着小动物的尸体，河水隐隐散发着异味，凸显这一河段存在着不同程度的污染。贾鲁河综合治理工程已全面铺开，需要人人参与齐动手，让千年古水再现“贾鲁芳华”。

建议：

1. 严格实施“河长制”，职责明确，分工清晰，及时反馈，接受监督。

2. 成立志愿者队伍，在周末和节假日，发放宣传页，对沿岸游人的不文明行为进行劝阻，协助环卫工人清理河道垃圾。

3. 加强对贾鲁河历史和文化的宣传，增强郑州人的自豪感，不仅让贾鲁河成为一条生态美丽的河，更让它成为一条传承郑州历史与文明的河流。

先烈精神千秋颂，英雄浩气万古存

九年级　弘毅组

贾鲁河畔的老鸦陈村是 1948 年 10 月解放郑州战役的主战场。我们来到盘肠大战英雄侯玉全烈士牺牲的地方——郑州市惠济区老鸦陈街道办事处双桥村南。侯玉全，在解放郑州战役中，牺牲在郑州北郊双桥村，被追记一等功，誉为“盘肠大战英雄”。烈士牺牲后葬于双桥村，后迁葬在郑州烈士陵园。在牺牲地，当地群众立有烈士纪念碑。

侯玉全烈士墓碑

建议：

1. 落实文化强区，弘扬烈士精神。
2. 加强沟通协调，保护英雄遗迹。
3. 开展修葺整理，形成保护制度。

研学评价

研学实践活动评价量表

学校__________ 班级__________ 姓名__________ 研学主题______________

研学评价	评价标准	自我评价（A–B–C）	组内评价(A–B–C)	综合评价
过程性评价	全程参与小组活动			
	遵守组内公约，纪律观念强			
	注意安全，遵守交通规则			
	研学任务有提纲，研学调查有笔记			
结果性评价	结合研学主题，有感有悟			
	研学报告具体可行，有的放矢			
	思维导图体现条理化，彰显思维深度与广度			

专家点评

研学贾鲁河活动准备充分，内容丰富，多维实施，集考察、探究、体验为一体，在真实情境中，落实立德树人，体现综合实践活动学科价值体认、责任担当、问题解决、成果物化等学科核心素养，特别是以表格形式实施研学评价，符合中学生认知，效果明显。一次研学，一次知识拓展，一次能力提升，一次情感升华。

我的研学我做主

我想去这里：

我感兴趣的主题是：

理由不容置疑：

和谁一起很重要，吹响集结号！

分工	组长	安全员	纪律员	卫生员	书记员	宣传员
成员						
职责	整体负责 协调规划	安全提醒 全程保障	纪律严明 严宽相济	检查卫生 文明出行	资料记录 汇总整理	资料整合 设计宣传

行前功课要做足，研学攻略计划好！

到此一游我拍拍拍，合影那是必须的！

最好的课堂在路上，且行且记习惯好！

听到的

悟到的

看到的

吃到的

研学微报告

研究主题	
研究背景	
研究目的	
研究方法	
研究内容	
研究结论	
参考资料	

研学评价

研学评价	评价标准	自我评价	组内评价	导师评价
过程性评价	积极参与全程活动	☆☆☆	☆☆☆	☆☆☆
	遵守组内公约，服从小组分工	☆☆☆	☆☆☆	☆☆☆
	无迟到、脱离队伍现象	☆☆☆	☆☆☆	☆☆☆
	注重个人卫生和公共卫生	☆☆☆	☆☆☆	☆☆☆
	资料收集内容翔实，上交及时	☆☆☆	☆☆☆	☆☆☆
结果性评价	研学攻略准备充分无遗漏	☆☆☆	☆☆☆	☆☆☆
	多种方法搜集处理信息恰到好处	☆☆☆	☆☆☆	☆☆☆
	认真完成研学任务和研学手册	☆☆☆	☆☆☆	☆☆☆
	研学有成果，成果有新意	☆☆☆	☆☆☆	☆☆☆

研学感悟

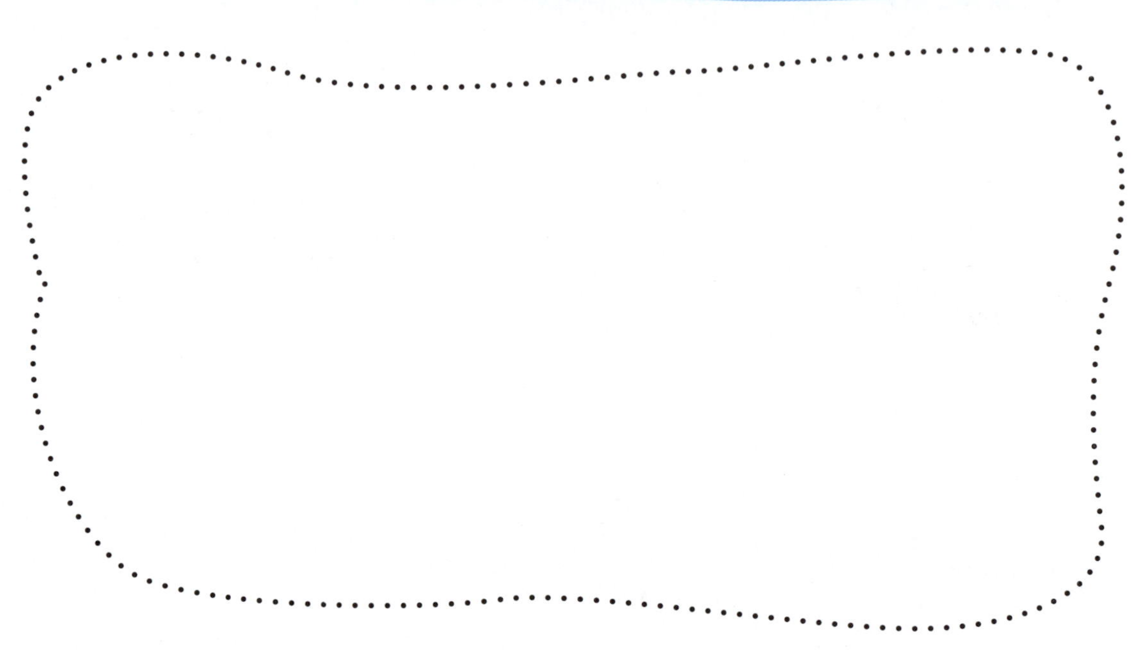

研学成果

编写说明

综合实践活动是国家义务教育和普通高中课程方案规定的必修课程，是从学生真实生活和发展需要出发，以走出校园、走向社会的考察探究研学活动为主要形式，在主题活动中融合了社会服务、设计制作、职业体验和劳动教育等多种体验活动，通过观察、发现、搜集、分析、探究、创作、总结、拓展等培养学生综合素质的跨学科实践性课程。

依据《教育部关于印发〈中小学综合实践活动课程指导纲要〉的通知》《教育部等 11 部门关于推进中小学生研学旅行的意见》和《中共中央　国务院关于全面加强新时代大中小学劳动教育的意见》等文件精神，我们编写了《考察探究看我来——研学郑州实用手册》，以主题形式展现郑州从古到今翻天覆地的巨大变化，全面展现郑州改革开放以来的古城新颜和卓越成就，不仅是了解郑州、认识郑州的科普通识读本，更是热爱郑州、建设郑州的爱国主义教育素材库，对学校开发特色课程、学生确定研究主题、亲子选择研学路线等都有很好的借鉴和参考价值。

全套丛书由 15 个分册构成，每个分册一个主题，构成一个学习单元，分别是：古都郑州——建城五千年，古都展新颜；天地之中——郑州的世界名片；中岳嵩山——中国唯一的“五代同堂”地质公园；文化郑州——八千年根脉代代传；非遗郑州——千古遗存焕新颜；红色郑州——缅怀先烈，薪火相传；铁路郑州——天下枢纽再谱新篇；商城郑州——因“商”而立，因“商”而荣；科技郑州——农科创新沃土，高新科技航天；水润郑州——人水从此和谐；生态郑州——古城新韵，和谐发展；大学郑州——从古书院到“双一流”；地标郑州——聆听城市发展之音；传媒郑州——

传媒之声，声达天下；美食郑州——“食”在是“中”。

每个单元由研学资源、研学路线、优秀课例和我的研学我做主等板块组成。研学资源，汇集了相应主题下主要的可行性资源，为考察探究活动自选研学项目提供参考。研学路线，是编者实地考察探路，精心挑选推荐的优质路线。优秀课例，是已实践过的优秀研学课程成果选编，包括小学一年级到高中全学段，展现了该主题考察探究活动后的收获。我的研学我做主，是留有空白的研学手册，供阅读者面对丰富多彩的主题资源套餐，自行选定感兴趣的主餐。

本册《科技郑州——农科创新沃土，高新科技航天》的编写人员有曹淑玲、于福云、崔蓓蓓、王英旭、刘杨、刘红 、吕雅婷、靳大林、齐文娟、骆银慧、张菲菲、韩军华等。

丛书编著得到了专家学者、社会各界和实践学校的大力支持，在此表示诚挚的感谢。由于编写时间和水平所限，书中难免有不足之处，恳请广大师生在使用过程中及时提出宝贵意见，以利再版勘正。

行，知之始；知，行之将成；知行合一再创新，天马行空任你来。行－知－行综合实践活动，我们一直在路上……

考察探究，看我来！

科技郑州

——农科创新沃土，高新科技航天

科技是第一生产力，创新是引领发展的第一动力。

新中国成立后，尤其是改革开放以来，郑州作为河南省的省会，得益于国家宏观经济发展“中部崛起”战略思想的提出，在“创新、协调、绿色、开放、共享”五大发展理念的引领下，持续做好产业结构优化，培育战略性新兴产业和改造传统产业并举，经济稳中向好，居于全国前列。2016 年，郑州被列为国家中心城市。如今的郑州交通便捷，飞机、高铁、地铁、BRT 纯电动公交、自动驾驶公交等为出行保驾护航；信息智能与生活零距离，5G 网络、多地 Wi-Fi 全覆盖，足不出户满足生活需求；大学城、科技城不断增加，人才引进优惠政策实施，一大批高新产业园区次第崛起，集研发、生产于一体，产品畅销全国各地，部分产品已经走向了世界。这些都离不开科技的进步。

科技引领未来，郑州正在抢抓新一轮科技革命和产业变革新机遇，向现代化大都市迈进。

研学资源

一、科研中心

1. 郑州国家小麦工程技术研究中心

1996 年，经国家科技部批准，依托河南农业大学组建了郑州国家小麦工程技术研究中心。该中心常年主持承担国家多项科技攻关项目，通过基因克隆、植株再培养等技术，不断提高“国麦”品牌知名度，为国家小麦产业健康发展和国家粮食安全做出了突出贡献。

2. 郑州大学橡塑模具国家工程研究中心

宇航服头盔面窗

郑州大学橡塑模具国家工程研究中心隶属于郑州大学，长期致力于聚合物成型加工、塑料模具优化设计与制造等领域的研究。“神州七号”宇宙飞船宇航员出舱头盔面窗，就是该中心花了两年多时间研制生产的。面窗有 6 层，具有高抗冲击性、高光谱透过率，能抵御 300 摄氏度温差。

“神舟十一号”宇航员陈冬佩戴的头盔面窗也是由该中心研制。

郑州国家小麦工程技术研究中心

二、科技创新

1. 祖先的智慧——古荥汉代冶铁遗址

1 号冶铁炉遗址

古荥汉代冶铁遗址，地处郑州市古荥镇。右图是经过复原的 1 号冶铁炉遗址。椭圆形炉体高 6 米，长径两侧能设置两个鼓风口，这种炉体结构能克服风力吹不到中心的难题。你知道冶铁炉建造得高大结实又保温的秘密是什么吗？就是我国传统的建筑手法——夯土技术，在古荥冶铁高炉建造中不论是盘筑炉基还是夯筑炉壁，都智慧地运用了这项技术。这种结构的高炉，是当时最先进的炼铁设备，它每天生产生铁达 1 吨之多！在 2000 年前，这个产量在中国乃至整个世界都是惊人的伟大成就！

2. 曾经的辉煌——郑州国棉纺织工业

20 世纪 50 年代，郑州西区五个国棉纺织厂（一厂、三厂、四厂、五厂、六厂）相继建成并投入生产，依靠先进的纺织技术创造了“机器一响，黄金万两”的郑州纺织辉煌，郑州成为“全国六大纺织基地”之一。那时，全国各地前来买布的客商，可谓“一布难求”。毛泽东、刘少奇、邓小平等多位党和国家领导人先后到国棉四厂进行视察，对纺织企业的飞速发展都给予高度肯定。

3. 国人餐桌上的美食——思念速冻食品

郑州思念食品有限公司是国内大型专业速冻食品生产企业之一，位于郑州市惠济区。速冻食品如何锁定营养、美味，隐藏着不少科技知识呢！以思念水饺为例，利用冷冻技术，避免维生素 B、维生素 C 的流失，也能抑制肉类自身酶分解，减缓水饺变质，从而最大限度锁定营养。利用这项科技，不仅能使美味得以快速量化生产，也让食品更安全、更营养、更放心。

4. 中国红枣品牌——好想你健康食品

好想你枣业连锁店

好想你健康食品股份有限公司，位于郑州新郑国际机场工业区。“一日三枣，容颜不老”，足以体现红枣的养生地位。郑州新郑市好想你枣业股份有限公司拥有科技示范园基地，不断培育红枣新品种，在注重产品深加工的同时，赋予产品深厚的养生文化、中国礼文化，受到广泛好评。

郑铁编组站

5. 亚洲最大的列车编组站——郑州北站

在郑州市西北部，有亚洲最大的列车编组站——郑州北站。庞大的火车站南北两端距离超过六公里，列车处理量最高每天有 3 万辆。如此错综复杂的铁轨，编解列车难度超乎想象。郑州铁路人攻坚克难，始终与科技进步同频共振，以电子计算机为主体，实现了车站各项业务运营管理的自动化。

6. 国产第一颗人造金刚石诞生地——“三磨所”

“三磨所”的全称是郑州磨料磨具磨削研究所有限公司，这里是中国第一颗人造金刚石的诞生地。天然金刚石是世界上最坚硬的物质，但是储量低且开采难度大。人造金刚石的出现有效地解决了艺术品加工和工业生产中切割坚硬材料成本高昂的难题。该所多项科技项目荣获国家科技进步奖，部分专业技术具有国际先进水平。

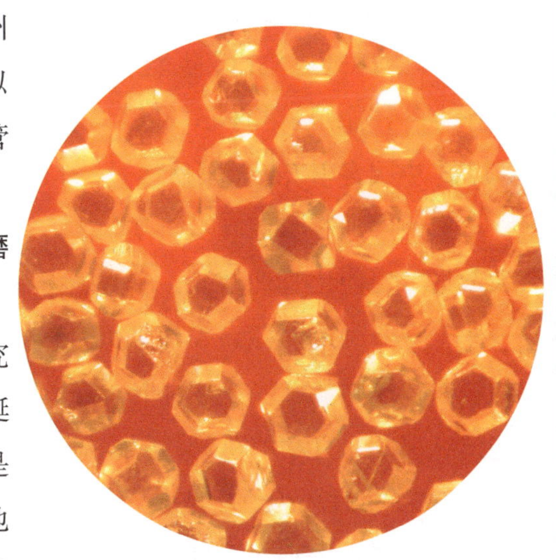
中国第一颗人造金刚石

中铁盾构机

7. 国产钢铁“穿山甲”——郑州中铁盾构机

郑州地铁 5 号线作为郑州唯一一条环线，于 2019 年 5 月 20 日开通载客。你知道这条环线隧道掘进工作关键靠的是什么吗？中铁工程装备集团有限公司的盾构机设备贡献巨大。

被誉为国产“穿山甲”的郑州中铁盾构机，能根据地质地貌设计刀盘，无论什么环境都能做到“个性化定制”。中铁装备之所以能成为行业翘楚，背后是科技创新，如中铁盾构成功运用永磁电机，不仅能减少用电，节省成本，还能减少有害气体排放量。中铁盾构机作为“中国创造”的又一代表，成为许多国家争相定购的抢手产品。

8. 中国客车工业领军品牌——郑州宇通客车

郑州宇通客车拥有基于车联网、大数据等智能化管理系统，成为国内“车”行业的风向标。或许，私家车的一些智能功能已经让你惊叹不已，如语音识别、自动泊车等，但这对于车界大咖“小宇”来说都是小菜一碟。2019 年 3 月，宇通推出了 5G 智能公交——小宇，它不仅拥有萌萌的外表，而且能实现无人驾驶、自动出站、障碍避让、识别红绿灯等多项智能化功能。宇通，为美好生活出行！

郑州宇通“小宇”智能公交

三、科技场馆

1. 郑州科学技术馆

郑州科学技术馆，位于郑州市中原路与嵩山路交叉口西南角，是学习科学知识的重要基地。馆中有10个常设展区，有科普表演剧、魅力科学课堂、创客训练营等互动体验式项目，涉及多种门类的基础学科和应用技术学科，具有较强的科学性、知识性、趣味性，非常适合中小学生学习。

2. 郑州气象科普馆

郑州气象科普馆位于郑州市中州大道与南三环交叉口，是集科普、娱乐为一体的活动场馆。馆里的仿真地震体验馆、天气预报模拟体验馆、泥石流剧场、地球述说剧场，通过声、光、电高科技手段的结合和互动，让人充分感受自然现象的万千变化、天气灾害的残酷无情。通过亲身体验，学习天文、气象、地震知识，提高减灾防灾能力。

郑州气象馆

3. 郑州奥林匹克体育中心

郑州奥林匹克体育中心简称“郑州奥体中心”，由体育场、体育馆和游泳馆三部分组成，能同时容纳近8万人。场内设施均达到国际标准，具备承办全国综合性运动会及国际A级单项比赛的条件。奥体中心从开建时的智慧工地到过程中的绿色施工采用了近百项高新智能技术。如体育场钢结构顶棚采用的“跨混凝土结构累积滑移”施工工艺，荣获河南省工程建设科学技术奖科技创新成果特等奖，“超大跨径大开口车幅式索承网格结构施工技术”等四项技术达到国际领先水平。

郑州奥体中心（李瑞冰摄影）

4. 郑州方特欢乐世界

郑州方特欢乐世界，位于郑州市郑开大道与人文路交会处，是一个以高科技文化旅游为特色的主题公园。丛林的故事、电影魔术大揭秘、飞越极限、飞翔之歌、唐古拉雪山等20多个高科技游玩项目，极具梦幻和挑战，让人乐此不疲。如丛林的故事，是一场现代科技的大型奇幻歌舞剧，剧幕布景精彩，舞美设计绚丽，灯光效果宏大梦幻，在玩中深度感受科技与文化的神奇融合。郑州方特欢乐世界是一个未来科幻的探险王国，等待你来探秘！

郑州方特欢乐世界

研学路线

线路一：新能源宇通客车研究探秘之旅——宇通工业园区

宇通企业文化厅→巴士课堂→整车电泳生产车间→整车路试试验场→环卫演示场→工业研学教学楼

推荐理由：汽车作为现代交通工具，已经进入很多家庭，对“车”的认识与了解是孩子所期望的，也应是其必备常识。也许你没去过宇通客车厂，但你一定乘坐过宇通客车。也许你不知道宇通重工，但你一定见过宇通环卫车！宇通创新技术正在深刻改变着我们的生活，新能源、电泳、无人驾驶等技术的发展值得我们为之自豪。

研学小贴士

1. 提前预约。

2. 听从工作人员安排（不允许拍照的地方不要拍照）。

3. 注意安全，不脱离队伍。

线路二：科技场馆考察探究科普之旅——郑州科学技术馆

一楼展厅：天地自然、磁电展区→二楼展厅：趣味科学园展区→三楼展厅：创新教育及生命科学展区

推荐理由：每个孩子都有一个纯真的科学梦，科技馆为你提供触摸梦想的平台。三层展厅内有十六个展区，内容涉及天文、地理、声、光、电力、生命科学等26个门类，好玩、有趣又安全。

研学小贴士

1. 周三至周日9：00–17：00开馆。（寒暑假仅周一闭馆）

2. 可以网上预约（至少提前一天）优先进入，也可以携带身份证排队入场，团体参观须提前3天电话预约。

3. 部分体验项目为付费项目，且需要提前预约。如3D打印、激光切割等体验项目，体验中请严格遵守操作规程。

研学小贴士

1. 要穿合脚的运动鞋，便于开展各种活动。

2. 要想参加打枣活动，时间一定要安排在9月中旬至下旬。

线路三：好想你枣基地DIY体验之旅——“好想你”拓展训练基地

红枣博物馆→红枣小镇→智能加工车间→枣木雕艺术馆

推荐理由：红枣，我们真是太熟悉了。你知道枣、枣片、枣干、枣泥、枣夹杏仁、枣夹核桃、枣花蜜等是如何加工出来的吗？在这里，你可以亲眼看到“好想你”系列产品的生产工艺、加工及运输过程，体验木雕艺术，感受品牌企业的规范性、技术的先进性和各个部门的精诚合作。

研学小贴士

1. 开放时间：周一至周五 9:00–17:30，节假日 8:30–18:30。

2. 游玩项目比较消耗体力，可以适当带些食品。

3. 请认真阅读每个项目处的“温馨提示”，注意安全。

4. 尽量避开双休日，寒暑假比较适宜，尤其推荐暑假，旁边的水上乐园也是个令人流连忘返的好去处。

线路四：方特世界奇妙魔幻科探之旅——郑州方特欢乐世界

电影魔术大揭秘→星球达人秀→生命之光→宇宙小勇士→飞越极限

推荐理由：电影制作的前沿科技究竟运用了哪些技术？你不妨来看看电影魔术大揭秘。“星球达人秀”“宇宙小勇士”项目中蕴含了哪些科技奥秘？“生命之光”又将如何展现地球生命的神奇？“飞越极限”项目是否能圆你翱翔梦？

这趟方特之旅，带你充分感受科技在娱乐中的应用。

yōu xiù kè lì
优秀课例

xiǎo jiǎo yā yáng guāng xíng　kāi qǐ kē xué zhī lǚ
小脚丫阳光行　开启科学之旅

wèi shén me fēi jī néng zài tiān kōng fēi
为什么飞机能在天空飞？

wèi shén me dì tiě néng zài dì xià pǎo
为什么地铁能在地下跑？

wèi shén me jī qì zuò de wá wa huì chàng yòu huì tiào
为什么机器做的娃娃会唱又会跳？

……

shì shén me lì liàng rú cǐ shén qí
是什么力量如此神奇？

郑州科技馆（王若宁绘）

xiǎo jiǎo yā dòng qǐ lái
小脚丫，动起来。

zǒu jìn zhèng zhōu kē jì guǎn
走进郑州科技馆，

tà shàng kē jì zhī lǚ
踏上科技之旅，

jǐng gài yóu xì
井盖游戏、

guāng kòng fēi jī
光控飞机、

xiǎo qiú zǒu zhí xiàn
小球走直线……

dà shǒu lā xiǎo shǒu
大手拉小手，

tóng xīn tóng xíng gòng zhù kē jì mèng
同心同行共筑科技梦。

新区龙华小学师生在郑州科技馆合影

yán xué lù xiàn
研学路线

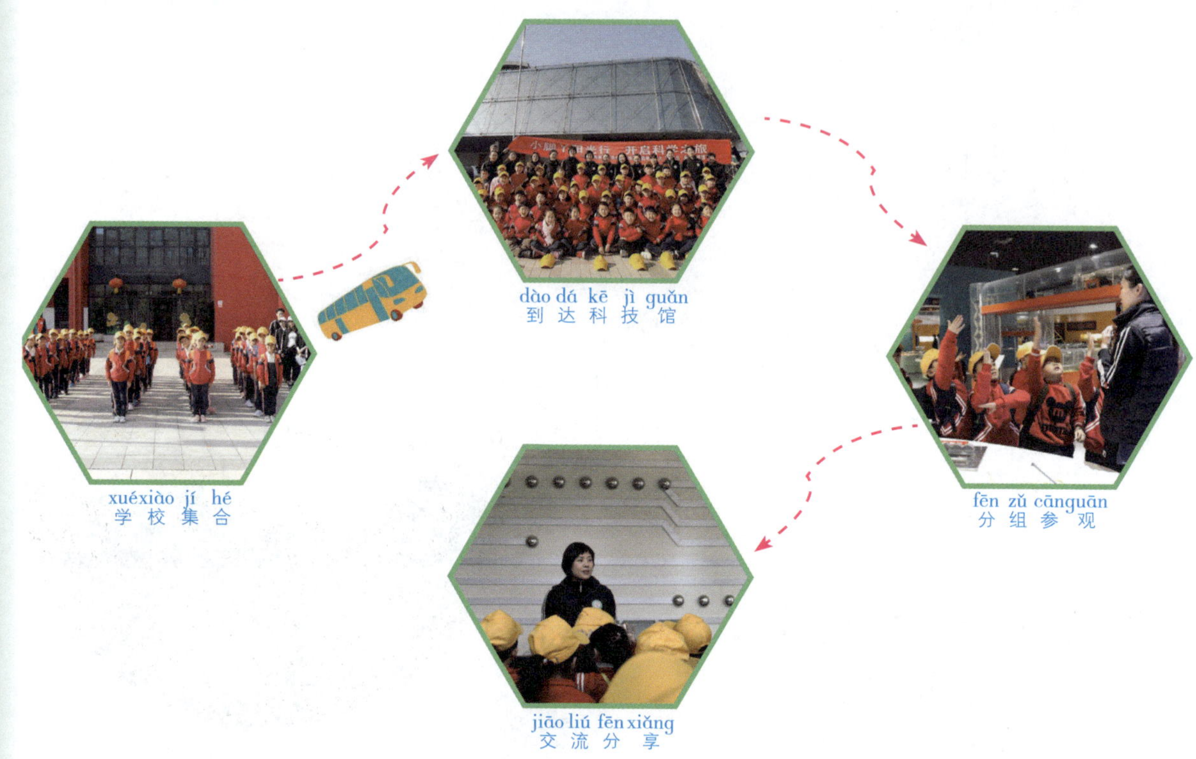

xuéxiào jí hé
学校集合

dào dá kē jì guǎn
到达科技馆

fēn zǔ cānguān
分组参观

jiāo liú fēn xiǎng
交流分享

yán xué nèi róng
研学内容

zhǎn guǎn yī céng　jìng diàn pèng pèng qiú　guāng kòng fēi jī　rén tǐ dǎo diàn děng
展馆一层：静电碰碰球、光控飞机、人体导电等。

zhǎn guǎn èr céng　jǐng gài yóu xì　xiǎo qiú zǒu zhí xiàn　yǐn shēn shù děng
展馆二层：井盖游戏、小球走直线、隐身术等。

zhǎn guǎn sān céng　xiāo huà dào zhī lǚ　xuè guǎn zhù xíng　ài de jié jīng děng
展馆三层：消化道之旅、血管铸型、爱的结晶等。

yán xué mù biāo
研学目标

zǒu jìn kē jì guǎn, zài qīng tīng hé cāo zuò zhōng liǎo jiě kē xué zhī shi, gǎn shòu kē jì jiù zài shēn biān, duì kē xué chǎn shēng yí dìng de xìng qù.
走进科技馆，在倾听和操作中了解科学知识，感受科技就在身边，对科学产生一定的兴趣。

yán xué shǒu cè
研学手册

wǒ kàn dào le yī gè yǒu qù de kē xué xiǎo shí yàn qiāo qiāo gào sù nǐ
我看到了一个有趣的科学小实验，悄悄告诉你……

（邵亚如绘）

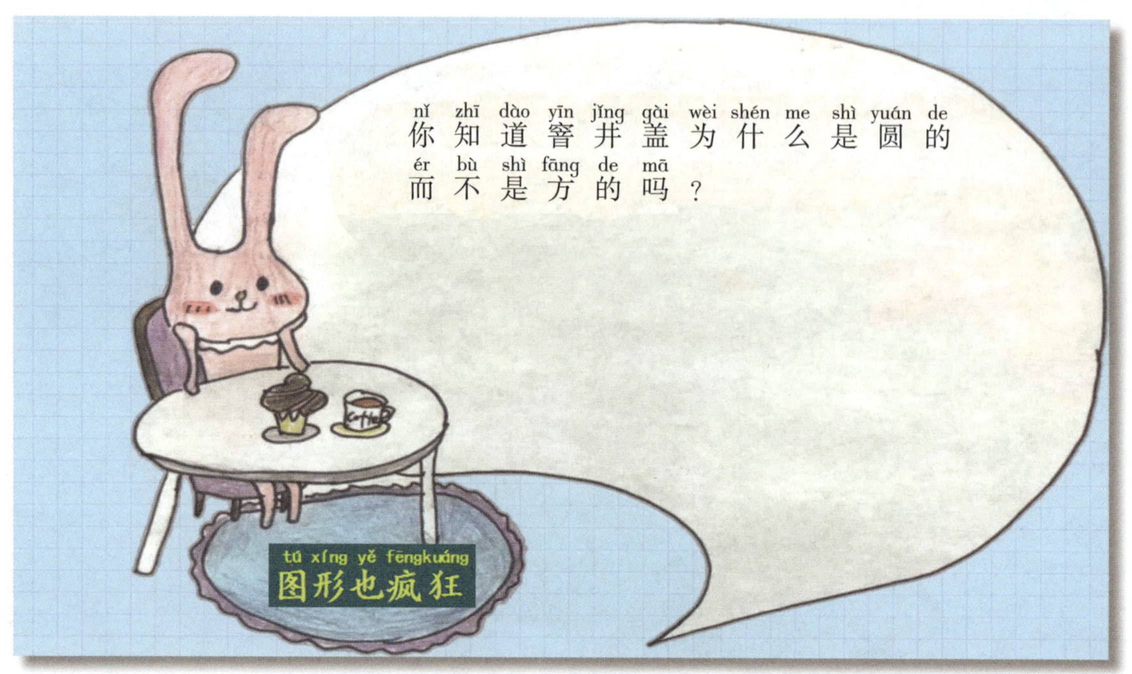
nǐ zhī dào yīn jǐng gài wèi shén me shì yuán de
你知道窨井盖为什么是圆的
ér bù shì fāng de mā
而不是方的吗？
tú xíng yě fēngkuáng
图形也疯狂

（邵亚如绘）

wǒ gěi lā jī fēn fēn lèi
我给垃圾分分类
yóu wán lā jī bù luàn rēng
游玩垃圾不乱扔，
fēn lèi zhěng lǐ wǒ zuì xíng
分类整理我最行！
kěhuíshōu lā jī
可回收垃圾
chúyú lā jī
厨余垃圾
yǒuhài lā jī
有害垃圾
qítā lā jī
其他垃圾

（邵亚如绘）

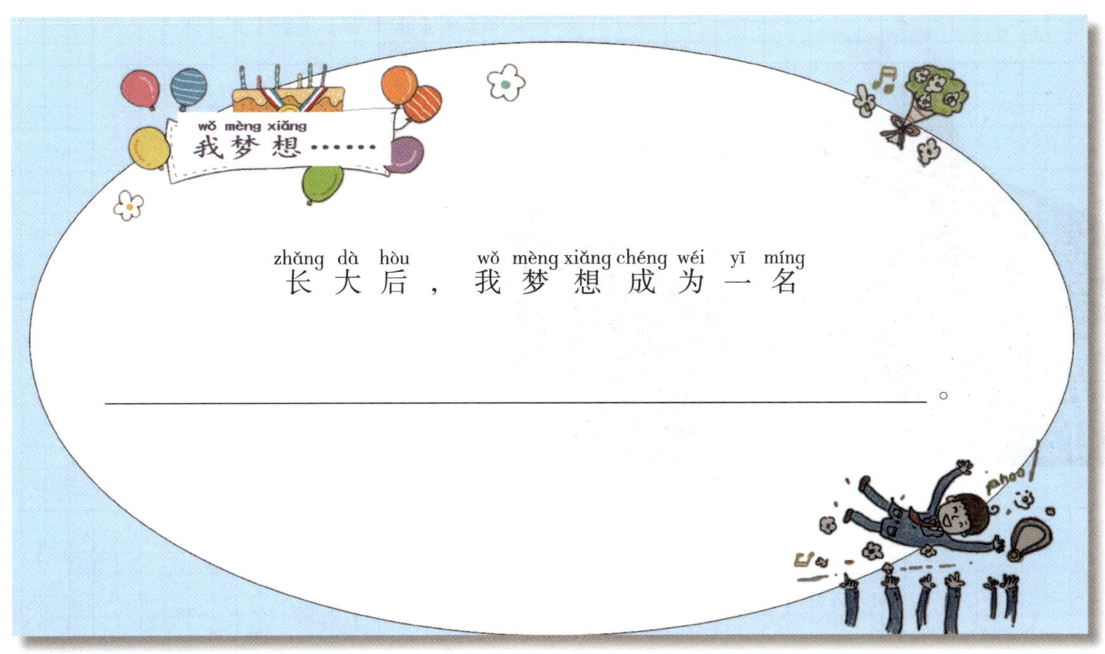

（邵亚如绘）

yán xué píng jià 研学评价

píng jià wéi dù 评价维度	píng jià nèi róng 评价内容	guò chéng xìng píng jià 过程性评价	
		zì wǒ píng jià 自我评价	lǎo shī píng jià 老师评价
wén míng cān guān 文明参观	bù dà shēng xuān huá 不大声喧哗	☆☆☆	☆☆☆
	bù luàn diū lā jī 不乱丢垃圾	☆☆☆	☆☆☆
	bù diào duì 不掉队	☆☆☆	☆☆☆
dà dǎn sī kǎo 大胆思考	àn shí wán chéng shǒu cè 按时完成手册	☆☆☆	☆☆☆

研学故事

我从哪里来

在科技馆三楼，我找到了答案。我看到了小宝宝从很小很小的受精卵到出生时的样子，真是太神奇了！

我想当一名科学家

热气球升到空中的样子真好看！它没有翅膀怎么会飞呢？老师说热气球的“肚子里”藏着一个大秘密。科学真令人着迷，我长大了要当科学家！

优秀课例

走进思念食品，感受惠济工业科技情怀

中国面食，作为餐桌上的主食，经过数千年的演变，种类繁多、风味各异，颇受人们的喜爱。

饺子寓意团圆，取料丰富，营养美味，是人们团聚时最爱吃的面食。随着人们生活节奏的加快，手工饺子因其烦琐的制作步骤已无法满足现代人的需求，机械饺子应运而生。虽然孩子们吃过机械饺子，但对于机械饺子的制作流程却一知半解。

为了让孩子们了解饺子自动化流水生产线的制作过程，亲身感受现代工业科技的魅力，此次研学课程将深入郑州思念食品有限公司开展进行。

郑州思念食品有限公司的 LOGO 以“红豆”为壳，“思念”为核的设计理念，极具文化底蕴。在“家”的理念指引下，其科技工业成就位于全国前列。思念食品拥有全亚洲最大的立体冷库，具有先进的物流管理理念和信息化技术。其主要产品国内市场占有率接近 30%；已经进入欧美、东南亚等国家和地区的市场。

研学手册

1. 饺子访谈录

饺子种类繁多，采访你身边的人，记录下他们最喜爱的饺子种类。

时间		地点	
访谈者		被访谈者	
访谈内容	1. 你是哪里人？ 2. 你大概多久吃一次饺子？ 3. 你喜欢什么馅的饺子？ 4. 你吃的饺子是自己包的还是购买的？ 5. 你会包饺子吗？ （访谈详情另附）		

2. 包饺子流程我知道

参观了饺子生产流水线，大家对饺子的生产流程有了一定的了解，下面请根据自己的观察，对饺子的生产流程进行排序，把对应工序填写在方框内。

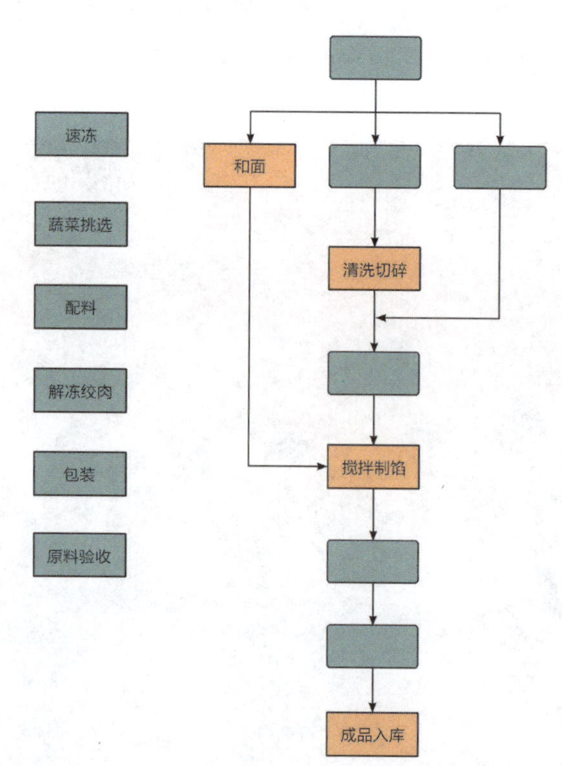

3. 衣服颜色与分工

思念食品生产线的工人（一）（付珂绘）

黄色：________

蓝色：________

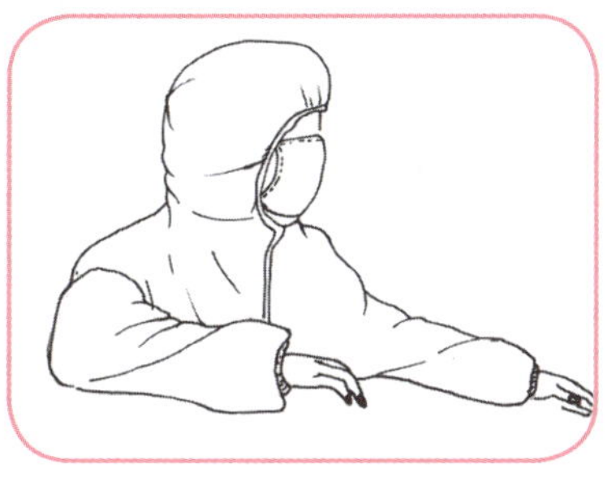
思念食品生产线的工人（二）（武微微绘）

白色：________

同学们，在参观的过程中，相信你们已经发现了工人们帽子颜色不一样，你知道各种颜色代表的意义吗？请写一写。

4. 机械与手工饺子大比拼

思念食品柜台（一）

比拼清单表

	机械饺子	手工饺子
馅料		
饺子皮		
口味		
成本		
煮熟时间		

结论：________________________________

____

随着工业的发展和现代生活节奏的加快，机械饺子的市场占有率日益提高，机械饺子和手工饺子的“大战”也随之而来。请深入调查，比较一下机械饺子与手工饺子的差异吧！

思念食品柜台（二）

5. 今天我当家

品牌及名称	口味	保质期	价格
例：思念金牌灌汤水饺	三鲜口味	365 天	24.9 元

总计：________元

参观完工厂，相信同学们已抑制不住内心的冲动，那么就请同学们去超市购买你喜欢的饺子吧！

6. 饺子文化大盘点

在我国的传统节日和节气中，饺子的地位不容小觑。冬至吃饺子、大年三十包饺子、大年初一吃饺子、“破五”饺子“补窟窿”、杂粮扁食“石头生”……结合我国的传统习俗，用手抄报的形式展示饺子的文化，或开动小脑袋，创作新型饺子造型。

7. 我和饺子有个约会

研学采访卡

<table>
<tr><th colspan="3">“寻找我最爱的面食” 记录表</th></tr>
<tr><td>时间</td><td></td><td rowspan="4">照片</td></tr>
<tr><td>地点</td><td></td></tr>
<tr><td>店名</td><td></td></tr>
<tr><td>评价</td><td></td></tr>
</table>

研学微报告

<table>
<tr><td colspan="2">课程题目</td><td colspan="3"></td></tr>
<tr><td colspan="2">活动时间</td><td></td><td>活动地点</td><td></td></tr>
<tr><td colspan="2">参加活动成员</td><td colspan="3"></td></tr>
<tr><td colspan="2">分工</td><td colspan="3"></td></tr>
<tr><td rowspan="4">活动内容</td><td>（1）目的</td><td colspan="3"></td></tr>
<tr><td>（2）形式</td><td colspan="3"></td></tr>
<tr><td>（3）过程</td><td colspan="3"></td></tr>
<tr><td>（4）结果</td><td colspan="3"></td></tr>
<tr><td colspan="2">自我评价</td><td colspan="3"></td></tr>
<tr><td colspan="2">指导教师意见</td><td colspan="3"></td></tr>
<tr><td colspan="2">记录员签名</td><td></td><td>指导教师签名</td><td></td></tr>
</table>

记录研学笔记

研学故事

盼望着，盼望着，我们终于参观了思念公司。其中给我们震撼最大的是：全自动流水生产线。里面的工人戴着不同颜色的帽子，经过讲解员的解释，我明白了各种颜色的含义。机器大工业生产高效、壮观。厉害了，我的思念公司！（学生心得·范奥兰）

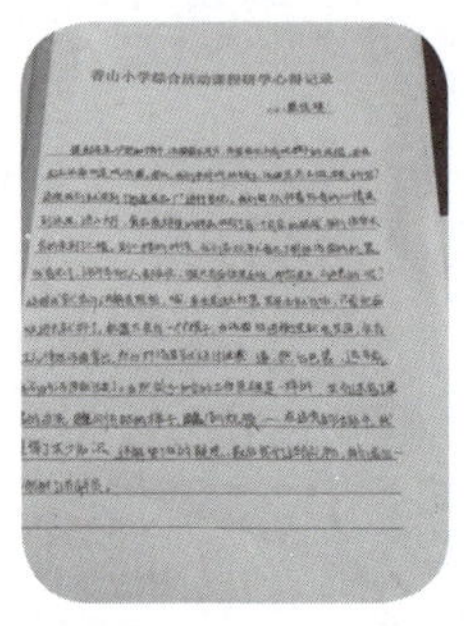

作为家长志愿者，我跟着学校一起参观了思念公司，看到了平常超市里的饺子是怎么做成的，真的很神奇。生产线既高效又卫生，成品既多样又美味，特别高大上。科技改变生活，我真是长见识了。（家长志愿者心得·田奥新爸爸）

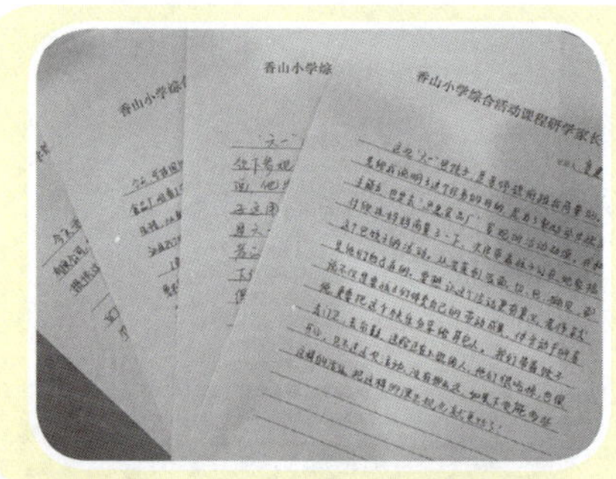

星期五我和孩子们一起参加思念食品场。有许多食品适合属于孩子的生长和发育。比如儿童水饺、儿童汤圆……。有许多东西也可以做家庭美食，比如披萨、牛排等各种美食。我们参观的不仅有水饺工场和汤圆工场，还在此期间发现了他们的原材料都很齐全，而且许多的东西做的也很细致，比如汤圆的馅儿。他们的机器也很特殊，人工只需要放面和菜馅就可以，完全不用担心工人们偷工减料。思念食品场几乎采用的都是全世界最先进的东西。

孩子们把他们包好的饺子送到我们香山华庭物业，让我们品尝。看到孩子们汗流浃背，我们全体员工都特别感动，这是我们吃过的最好吃的饺子。（香山华庭物业员工·朱珊珊）

会了包饺子。把自己的劳动成果和别人一起分享，我很开心，我的这个六一儿童节我会一直记这的。

孩子们把饺子送到我们香山华庭物业，让我们吃。看到孩子们汗流满面，紧张的心情，我们全体员工都吃饺子，这是我们物业吃过最好吃的饺子。小朋友都开心的笑了，这次活动让孩子们感受到亲手包饺子的全部过成，让孩子们有感恩的心，谢谢小朋友、家长、老师。

签名或盖章：朱珊珊 2019年6月16日

被服务对象评价表

孩子们辛苦了。本次研学，孩子们充分发挥主观能动性，积极策划活动，了解了机器大工业生产，在参观完思念食品公司后，又亲手把饺子送给华庭物业的员工。孩子们的合作和分享意识都很强，给孩子们点个赞！

（香山小学教师·刘杨）

研学画册

研学手册内容丰富，尤其是绘画创作环节，孩子们特别喜欢。结合本次研学， 总共呈现出两类绘画成果：一类是查找资料并结合传统文化创作的手抄报； 一类是创造的新型饺子样式。

手抄报（一）

手抄报（二）

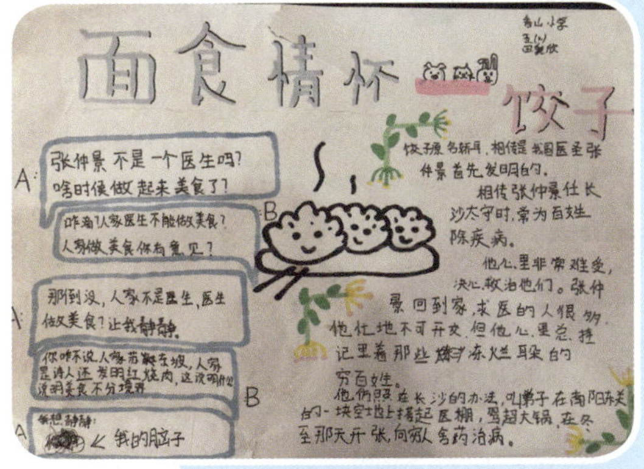

手抄报（三）

手抄报（四）

创新饺子（一）

创新饺子（二）

研学剪影

基于调查结果和研学指导老师的意见与建议，研学小组讨论决定研学课程的主题为“走进思念食品，感受惠济工业科技情怀”。

研学剪影

此次研学活动分为三个阶段：第一阶段为搜集思念公司相关资料，参观思念食品公司先进生产线；第二阶段为美食小分队在“儿童节”这天亲手包水饺，送给身边的“大朋友”；第三个阶段是活动总结分享会。每个阶段都有相对应的调查微报告，孩子们通过填写报告和开展成果交流会，进行总结。

第一阶段　第二阶段　第三阶段

优秀课例

鼎新宇通行天下　感受郑州科技风

郑州宇通客车作为国内客车业的标杆，按照国家纯电驱动的技术转型战略，坚持电动化、智能化、网联化的产业发展方向，自主研发的新能源客车综合技术处于国际先进水平。近几年来，宇通生产的车辆已经覆盖欧洲、拉美、非洲、中东、亚太等主要市场，是名副其实的民族品牌。

宇通集团自2008年至今，致力于校车安全管理模式探索，不断更新“安芯”版本，基于车联网、大数据等智能化管理系统，首创家长智能管理、车辆实时监控等创新技术，实现百万学童的安全出行；近几年的新能源汽车已经全面投产，其新能源汽车关键技术——睿控让宇通率先荣获国家科技进步奖；2019年3月推出的5G智能公交——小宇，未来智能交通的画卷从此打开。

让我们一起走进宇通，感受郑州科技风。

研学地点及路线

研学目标

1. 走进宇通新能源厂区，了解宇通企业发展历程及文化，能用自己的语言叙述宇通发展历程。

2. 进入巴士课堂，学习车辆逃生知识，会讲解公交车安全设备名称及作用。

3. 跨入车间，探寻宇通客车生产及出厂的流程，并能叙述出来。

4. 观摩环卫车表演，动手拼装汽车模型，画出心中的未来汽车，激发创作热情，提升动手实践能力。

研学小贴士

1. 出行要求：着校服、带队旗、举班牌、自带水。

2. 物资配备：记录本、笔、相机（手机）、卷尺等。

研学准备

1. 组建小队、商定主题、制订方案、明确分工。

2. 通过网络搜集宇通公司发展史、生产车型、车辆试验等资料。

研学实施

时间安排		研学内容
早上	7:00–7:40	学校举行授旗仪式，开启研学之旅
上午	8:40–9:30	走进宇通企业文化展厅，了解宇通发展史
	9:30–10:00	聆听巴士课堂，学习乘坐安全知识、掌握应急逃生技巧
	10:00–11:30	参观电泳车间，观看试车道场地试验
中午	11:30–12:30	就餐
下午	13:00–13:30	观看环卫车演示
	13:30–14:30	前往研学教学楼，体验科技手作、浊水试验
	14:30–16:30	小队分享，教师寄语
	16:30–17:20	返程

研学任务

任务一：我为宇通代言

走进宇通新能源厂区，聆听宇通发展史，用简洁的语言为宇通编写一则朗朗上口的广告词。

任务二：我是巴士讲解员

走进巴士课堂，学习公交车安全逃生知识，讲解巴士各设备名称及作用。

公交车逃生图

任务三：我是客车质检员

进入车间，了解客车生产及出厂的大致流程，写出研学感悟，并用相机定格精彩瞬间。

任务四：我是汽车工程师

前往研学基地，观摩环卫车表演，动手拼装汽车模型，操作体验汽车动力性能。如果你是汽车工程师，请你发挥想象画出你心中未来汽车的样子。

研学掠影

研学感悟

了解宇通岗位设置

这次研学旅行让我们兴奋不已，收获满满。走进宇通文化厅，我们兴趣盎然地观看企业宣传片，更深入地了解了宇通。特别是宇通车辆出厂前的高速转向稳定性、爬坡动力性、底盘综合性等多项性能，让我们爆发出阵阵欢呼声，为宇通人喝彩。宇通员工待遇优厚，公益项目多，每个宇通人能时刻感受到品牌的力量与温暖。（五年级　lucky star 小组）

通过这次研学旅行，我学会了整理调查问卷的方法，对宇通的了解也更深入了。原来宇通公司的岗位像一个金字塔一样，每个人都各司其职，公司才能越来越好。（五年级　追梦小组）

采访专业人员

此次研学给我们印象最深刻的就是客车出厂前的试验。我们首先观看震撼的试车道试验，在高环道路上有客车可能经过的各种复杂地形，以检测客车是否能够通过，测试中的客车都非常完美地完成这项任务。接着我们采访了宇通客车的专业人员，了解到了试验场地的数据，如斜坡角度、弯道数据等。

展示时我们以一辆新出厂的小客车为例，为大家讲解了宇通客车的“考试”。宇通客车秉承着“不把市场当试验场，要把试验场当市场”的信念，制造出了一款又一款更加可靠实用的客车！这次研学，我们锻炼了综合能力，也让我们对宇通客车更加了解。（五年级　探索小组）

小队展示

《宇通客车探秘之旅》手抄报

通过这次研学活动，我们非常全面地了解了宇通集团。特别是在观看宇通客车出厂试验、环卫车表演时，不仅学到了各种试验的严谨性，还了解了科学技术让环卫车的功能更全面及垃圾分类更智能。这趟宇通客车探秘研学之旅，让我们不仅了解了宇通运用的先进科学技术，还了解了各种车型。我们还把心中未来汽车的样子展示给大家，希望科技能实现我们的创意。（五年级　精英小组）

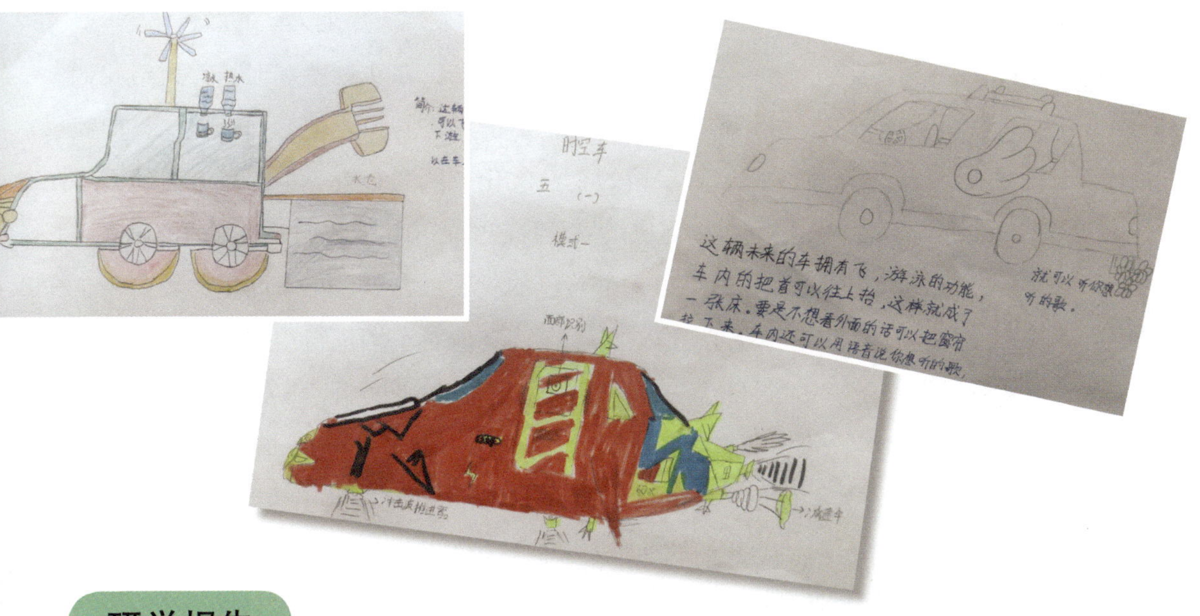

研学报告

我眼中的宇通人

大家好，我们是追梦小组，我们的研究主题是“我眼中的宇通人”。下面让我们给大家分享一下我们的研究报告吧！

你也许会纳闷儿我们为什么要研究宇通人，这是因为：

1. 我们组的同学对宇通这个企业很感兴趣，想通过“人”这一全新的角度去研究宇通。

2. 大家身边有很多宇通子弟，研究起来很方便。

我们主要通过访问、发放调查问卷、实地调查的方式进行研究，这是我们统计的数据。

被调查人多在办公室和车间工作。

在被调查人中，共有1人未填写岗位，车间员工35人，销售员工7人；办公人员15人；管理人员7人；后勤人员（厨师）1人。被调查人员分布范围较广、较全面。

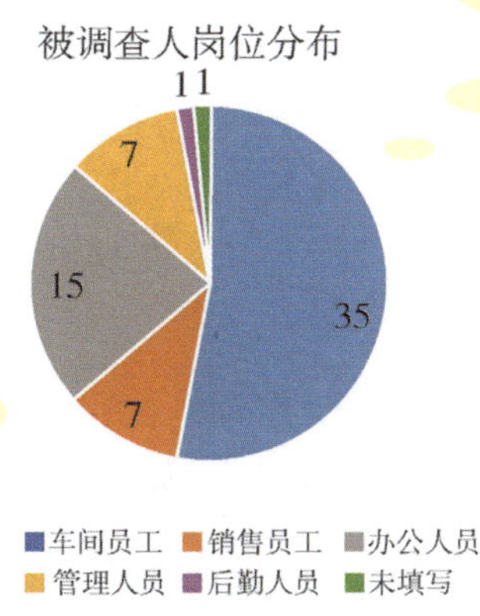

采访专业人员

根据数据分析，我们发现，宇通人是有颜色的。

宇通人是红色的。瞧！在实地参观时，首先给我们留下深刻印象的是热情的讲解员，他们面带微笑，向我们讲解宇通的企业文化、厂区布置等情况。专业的讲解通过麦克风沁入了我们的心田，带我们领略宇通的风采。

宇通人是蓝色的。看！在承装二车间里，着蓝色工装的工作人员正在认真地对车辆进行组装。在他们的手中，扳手就是画笔，螺丝就是颜料，宇通灿烂的蓝图由这些蓝色的宇通人绘制！

宇通人是白色的。在实验室里，穿着白大衣的试验人员正在一丝不苟地做侧翻试验，他们正在给车做“全身体检”，为我们的乘车安全保驾护航！

宇通人是黑色的。在高速环道上，他们正在上演“速度与激情”：爬坡路、搓板路、长波路、破损路、石块路，扭曲路，都不在话下，我们只能用尖叫和欢呼表达对他们的崇拜！

宇通人是黄色的。他们不仅仅是让我们崇拜的陌生人，更是我们熟悉的身边人，有你的爸爸，我的妈妈，他的叔叔，她的阿姨……正温暖着你、我、他。

这就是我眼中五彩斑斓的宇通人。谢谢大家！

研学旅行评价表

	评价内容	自评	队评	师评
自我管理	参观时认真听讲，仔细观察	☆☆☆	☆☆☆	☆☆☆
	遵守行程要求，不掉队	☆☆☆	☆☆☆	☆☆☆
实践过程	认真对待小组分工，有重点地拍照、摄像	☆☆☆	☆☆☆	☆☆☆
	积极完成每一站研学任务	☆☆☆	☆☆☆	☆☆☆
	善于思考，采访专业人员，认真记录	☆☆☆	☆☆☆	☆☆☆
团结协作	小队成员团结协作，合理分工，顾全大局	☆☆☆	☆☆☆	☆☆☆
	主动承担队内展示，积极参与，有责任心	☆☆☆	☆☆☆	☆☆☆

专家点评

本次研学活动，围绕研学目标，边研边学，在每个研学点参观与体验的同时，实施开放式任务驱动，多种方式记录瞬间收获。这也是一节很好的思政教育课，学生深入到生产车间，零距离感受宇通精神，理解“中国品牌”。

我的研学我做主

我想去这里：

我感兴趣的主题是：

理由不容置疑：

和谁一起很重要，吹响集结号！

分工	组长	安全员	纪律员	卫生员	书记员	宣传员
成员						
职责	整体负责 协调规划	安全提醒 全程保障	纪律严明 严宽相济	检查卫生 文明出行	资料记录 汇总整理	资料整合 设计宣传

行前功课要做足，研学攻略计划好！

到此一游我拍拍拍，合影那是必须的！

最好的课堂在路上，且行且记习惯好！

听到的

悟到的

看到的

吃到的

研学微报告

研究主题	
研究背景	
研究目的	
研究方法	
研究内容	
研究结论	
参考资料	

研学评价

研学评价	评价标准	自我评价	组内评价	导师评价
过程性评价	积极参与全程活动	☆☆☆	☆☆☆	☆☆☆
	遵守组内公约，服从小组分工	☆☆☆	☆☆☆	☆☆☆
	无迟到、脱离队伍现象	☆☆☆	☆☆☆	☆☆☆
	注重个人卫生和公共卫生	☆☆☆	☆☆☆	☆☆☆
	资料收集内容翔实，上交及时	☆☆☆	☆☆☆	☆☆☆
结果性评价	研学攻略准备充分无遗漏	☆☆☆	☆☆☆	☆☆☆
	多种方法搜集处理信息恰到好处	☆☆☆	☆☆☆	☆☆☆
	认真完成研学任务和研学手册	☆☆☆	☆☆☆	☆☆☆
	研学有成果，成果有新意	☆☆☆	☆☆☆	☆☆☆

研学感悟

研学成果

编写说明

综合实践活动是国家义务教育和普通高中课程方案规定的必修课程，是从学生真实生活和发展需要出发，以走出校园、走向社会的考察探究研学活动为主要形式，在主题活动中融合了社会服务、设计制作、职业体验和劳动教育等多种体验活动，通过观察、发现、搜集、分析、探究、创作、总结、拓展等培养学生综合素质的跨学科实践性课程。

依据《教育部关于印发〈中小学综合实践活动课程指导纲要〉的通知》《教育部等 11 部门关于推进中小学生研学旅行的意见》和《中共中央 国务院关于全面加强新时代大中小学劳动教育的意见》等文件精神，我们编写了《考察探究看我来——研学郑州实用手册》，以主题形式展现郑州从古到今翻天覆地的巨大变化，全面展现郑州改革开放以来的古城新颜和卓越成就，不仅是了解郑州、认识郑州的科普通识读本，更是热爱郑州、建设郑州的爱国主义教育素材库，对学校开发特色课程、学生确定研究主题、亲子选择研学路线等都有很好的借鉴和参考价值。

全套丛书由 15 个分册构成，每个分册一个主题，构成一个学习单元，分别是：古都郑州——建城五千年，古都展新颜；天地之中——郑州的世界名片；中岳嵩山——中国唯一的“五代同堂”地质公园；文化郑州——八千年根脉代代传；非遗郑州——千古遗存焕新颜；红色郑州——缅怀先烈，薪火相传；铁路郑州——天下枢纽再谱新篇；商城郑州——因“商”而立，因“商”而荣；科技郑州——农科创新沃土，高新科技航天；水润郑州——人水从此和谐；生态郑州——古城新韵，和谐发展；大学郑州——从古书院到“双一流”；地标郑州——聆听城市发展之音；传媒郑州——

传媒之声，声达天下；美食郑州——“食”在是“中”。

每个单元由研学资源、研学路线、优秀课例和我的研学我做主等板块组成。研学资源，汇集了相应主题下主要的可行性资源，为考察探究活动自选研学项目提供参考。研学路线，是编者实地考察探路，精心挑选推荐的优质路线。优秀课例，是已实践过的优秀研学课程成果选编，包括小学一年级到高中全学段，展现了该主题考察探究活动后的收获。我的研学我做主，是留有空白的研学手册，供阅读者面对丰富多彩的主题资源套餐，自行选定感兴趣的主餐。

本册《商城郑州—— 因“商”而立，因“商”而荣》的编写人员有曹淑玲，刘丹丹，高金丽，赵建东，栗红涛，于福云，齐文娟等。

丛书编著得到了专家学者、社会各界和实践学校的大力支持，在此表示诚挚的感谢。由于编写时间和水平所限，书中难免有不足之处，恳请广大师生在使用过程中及时提出宝贵意见，以利再版勘正。

行，知之始；知，行之将成；知行合一再创新，天马行空任你来。行－知－行综合实践活动，我们一直在路上……

考察探究，看我来！

商城郑州

——因“商”而立，因“商”而荣

郑州因曾是商代的都城，拥有“商代遗址”而得“商城”之别称，郑州也是一座“商贸城”。

20 世纪 90 年代，由“亚细亚”等引起的中原商战“横空出世”。这次商战是郑州商业史上的一座高峰，也是中国商业的一个经典。数十年间，郑州商圈密布，带动零售市场空前火爆。另一方面，郑州作为全国铁路、航空主要枢纽城市，服装批发、小商品批发等行业客源遍及全国，郑州逐渐发展成为国家级的“商城”。

如今，郑州是中部地区重要的物资集散地、商品贸易城，是国务院确定的 3 个商贸中心试点城市之一。郑州商品交易所是三大全国性商品交易所之一，“郑州价格”是世界粮食生产和流通的指导价格。近几年，郑州航空港区和中原国际陆港的建设打开了郑州通往世界的“空中丝绸之路”，沿着郑欧班列逶迤万里的“新丝绸之路”，中大门保税直购体验中心的建立，促进河南跨境电商的蓬勃发展。如今，市民在家门口“提洋货”已成常态。郑州逐渐由“买全国、卖全国”的“国内商城”转向“买全球、卖全球”的“国际商都”。

在“商”言“商”，郑州因“商”而立，也因“商”而荣。

年德化宣传墙（刘丹丹摄影）

研学资源

二七商圈聚集了大量商业体，如郑州百货大楼、大上海城商业街、万象城购物中心等。

1. 豫商精神家园——康百万庄园

康百万庄园是康氏家族建造的庞大地主庄园。堡垒式建筑恢弘磅礴，园内青山碧水环绕，被誉为豫商精神家园。

来康百万庄园，倾听一段豫商400余年的传奇。

2. 城市中心商业代表

（1）百年经典，时代传承——二七商圈之德化商业步行街

1904年，芦汉铁路郑州车站建成，自发形成天中里和惠仁街的雏形。1916年，惠仁街更名为德化街。自此，德化街开启郑州百年商业史。

德化街（刘丹丹摄影）

> **小贴士**
>
> **记忆中的商业传奇**
>
> 一代人的商业记忆——传奇亚细亚、郑州商业大厦。
>
> 郑州亚细亚商场和郑州商业大厦是一代郑州人的回忆，“亚细亚”甚至可以说是一代中国人的回忆。它们造就了太多时代印记，如今，亚细亚商场和郑州商业大厦已不复存在。想要了解它们当年的辉煌，不妨借助网络查阅了解相关信息，或走访一些年长的人吧。

火车站商圈聚集了大量商业体，如世贸购物中心、锦荣商贸城、郑州国际小商品城、中州商场、金林市场、郑州地一大道等。

如今，德化商业步行街已形成地下、地面、空中三位一体的立体发展模式，是名副其实的商业一条街。

（2）火车拉来的批发业——火车站商圈之服饰航母银基商贸城、服饰新秀大观国贸、小商品批发万博商城

1）郑州银基商贸城

来自全球的上万个服装品牌，让“找品牌，到银基”不仅成为众多商家的首选，也成为消费者的共识。郑州银基商贸城号称“万商云集、服饰之都”，集“配货、批发、零售”为一体，是当之无愧的中原服饰行业领头羊。

银基廣場
YINJI PLAZA

（刘丹丹摄影）

2）郑州中部大观国际贸易中心

郑州中部大观国际贸易中心通体白色，流线造型，外表时尚，设计夺人眼球。

它与中原服饰领头羊“银基商贸城”隔路相望，建筑面积达46万平方米，是复合型服饰时尚行业城市综合体，集“商、展、贸”为一体，是火车站商圈的又一形象大使。

3）万博商城

万博商城地处郑州火车站商圈和二七商圈的交会地带，主营针织品、饰品、玩具、家居日用品、小家电、文体用品、工艺礼品、花卉等各类小商品，建筑面积达15万平方米，是河南乃至中部地区规模最大的小商品批发市场。

（刘丹丹摄影）

万博商城（刘丹丹摄影）

（3）最接地气商业形态——平民购物天堂之健康路夜市

提起郑州最接地气的商业代表，非健康路夜市莫属。它是郑州最有特色的夜市，规模大，摊位多，种类全，堪称淘宝的线下商城。来逛夜市的，不只是大爷大妈，还有最潮的年轻人。各种美食、让人眼花缭乱的小饰品、时尚潮包等是夜市上最受欢迎的商品。

健康路夜市（刘丹丹摄影）

在这里，你还有机会充分练习眼光（挑选到质优价廉的心仪商品）、口才（跟老板讨价还价），真是体验“人间烟火气，最抚凡人心”的一处宝地。

3. 城市东区商业代表

商业新秀——郑东新区中央商务区

郑东新区中央商务区（Central Business District，CBD）是一个集商务、办公、休闲等

郑东新区中央商务区（高金丽摄影）

锦艺城购物中心（刘丹丹摄影）

多种功能于一体的城市环形建筑群。这里入驻企业 200 余家，有车贸交易、高端餐饮等行业。除此之外，这里还有一条商业巨龙——郑州丹尼斯七天地，从服装到家居，从餐饮到娱乐应有尽有，可以满足顾客的各种休闲娱乐需求。

郑东新区商圈逐步由社区配套商业形态升级为以购物中心为主的、具备一定辐射力的商业中心，是郑州近年来发展最为迅速的新兴商圈。

4. 城市西区商业代表

一站式娱乐休闲——锦艺城购物中心

锦艺城购物中心位于棉纺路与桐柏路交会处。周边有大型居民社区，人口密集；BRT、地铁站近在咫尺，交通便利。需求旺盛、交通便利，共同造就了锦艺城购物中心的繁荣。

锦艺城购物中心是集购物、休闲、餐饮、娱乐为一体的区域型商业中心，共分三个区域：A 区为王府井百货，面向高端消费人群；B 区和 C 区有百货商品、娱乐、餐饮等，提供一站式的消费体验，满足不同消费人群的需要。

5. 城市北区商业代表

（1）时尚风向标，潮人聚集地——花园路商圈之郑州国贸 360 广场

郑州国贸 360 广场（刘丹丹摄影）

郑州国贸 360 广场是郑州首例全业态复合地标，也是整个金水区、郑州市乃至河南省的明星商业项目，是郑州发展非常成熟的老牌商圈。时尚品牌聚集，吸引众多年轻消费群体，成为都市潮人的聚集地。

（2）家居届的国际明星——IKEA 宜家家居

郑州宜家家居位于惠济区北三环与长兴路交会处，是瑞典宜家在河南省的首家商场。宜家家居以简洁、自然、质朴、友好的北欧风和舒适的体验感及超高颜值深受中国消费者的喜爱，是中国家居市场上当之无愧的明星。

宜家家居倡导轻松、自然的购物体验，样板间每个细节的设计无不体现人性化。从客厅到厨房，从阳台到卫生间，所有家居用品均可一站式采购。

商场自规划起就备受郑州居民的关注。开业后更受到追捧。

郑州宜家家居（刘丹丹摄影）

丹尼斯大卫城（刘丹丹摄影）

6. 新潮的商业形态

（1）高端大气丹尼斯大卫城

丹尼斯大卫城位于郑州市中心的繁华地段，是城市综合性、体验型购物休闲中心。

它外表时尚大气，内设国际精品店、百货公司、超市、酒店。商场进驻品牌多为国际、国内一线品牌，高档奢华，定位于服务高端消费人群。

自开业以来，丹尼斯大卫城便成为潮人的新宠、时尚的代名词。市民纷纷到此体验潮流与时尚前沿的魅力。

正弘城（吕金丽摄影）

（2）时尚新贵正弘城

正弘城是蓝堡湾城市综合体的核心，定位于服务高端人群，业态涵盖高端商业、高端住宅、5A甲级办公、高端服务式公寓等。

它与地铁零距离接驳，购物可同层停车，在郑州均属首例。露天屋顶花园、室内飞天梯、500平方米跨层气质中心——“正弘之眼”，使正弘城成为河南最具格调的品牌购物中心，为市民提供独具特色、充满科技感的智慧消费体验。

（3）网红打卡永威木色

永威木色购物公园坐落于郑东新区CBD核心位置，是郑州首家室内公园型购物中心，号称是“一个改变一座城的商业中心”。

商场的设计风格极具人文气息，外表摒弃钢筋水泥而采用木色，室内场景运用了岩洞、植被、瀑布等大自然元素，从色调到体验，极力打造沉浸式休闲购物新环境，为消费者带来前所未有的休闲购物新体验。

一开业，永威木色购物公园就受到追捧，迅速成为网红打卡圣地。

永威木色购物公园（高金丽摄影）

研学路线

线路一：商业百年历史深度游

德化街→银基商贸城→丹尼斯大卫城

德化街（刘丹丹摄影）

银基商贸城（刘丹丹摄影）

丹尼斯大卫城（刘丹丹摄影）

研学小贴士

1. 本线路游览的是郑州繁华的二七商圈与火车站商圈，人多车多，请注意人身和财产安全。

2. 德化街历史悠久，有“百年德化”宣传文化墙，可适当拍照，注意记录。

推荐理由

俗话说：商场如战场。经商做生意，堪比统兵作战。战场无情，商场残酷。

这条“跨越时空的商业之旅”，带你边走边看边感受，从拥有百年历史的德化街，到中原服装行业的领头羊银基商贸城，再到高端大气上档次的丹尼斯大卫城，有历史厚度，有绵延传承，有迭代升级，有时尚新潮，亲自走一趟，感受历史的车轮给商城郑州带来的巨变，见证商业与城市的发展。

线路二：新、潮商场深度游

正弘城→永威木色购物公园

推荐理由

正弘城与永威木色购物公园均为新开业的综合型购物中心。

除了交通便利、位置优越外，每个商场都采用了哪些有特色的营销手段来吸引顾客呢？带着疑问，实地走一走、逛一逛、问一问、买一买，置身其中，感受现代化的商业营销手段。

商业文明是城市文明的重要组成部分。深度游览这两个不同特色的购物中心，感悟商城郑州在商业上的蜕变，感受郑州城市文明的进步。

研学小贴士

1. 本线路可乘坐地铁游览，请注意提前查好线路。

2. 无论乘坐地铁还是游览商场，请注意人身和财产安全。

3. 在游玩时注意保持理智，合理消费。

永威木色购物公园（高金丽摄影）

正弘城（高金丽摄影）

优秀课例

当一回小小生意人儿

我们挣钱啦！（刘丹丹摄影）

火车的轰鸣带来了郑州城市的发展，也开启了郑州贸易的新征程。1905 年，清政府开郑州为商埠。转眼百年，郑州早已成为全国知名的商贸城，一派欣欣向荣之繁盛景象。

在此生活的中原区绿都城小学的同学们耳濡目染，借“研学”之东风，初尝经商之滋味。

小小生意人儿（刘丹丹摄影）

研学目标

1. 实地参观德化街、万博商城和健康路夜市，了解郑州商业的发展，学习简单的经商小知识。

2. 尝试做生意，在实践中体验挣钱的不易。

3. 学习与人沟通、合作，感受团队的力量。

研学线路与时间

研学前

时　　间：1 天

地　　点：学校

任　　务：组队，招募带队家长（至少 2 名）与辅导老师（1 名）

研学中

时　　间：1 天

研学线路：

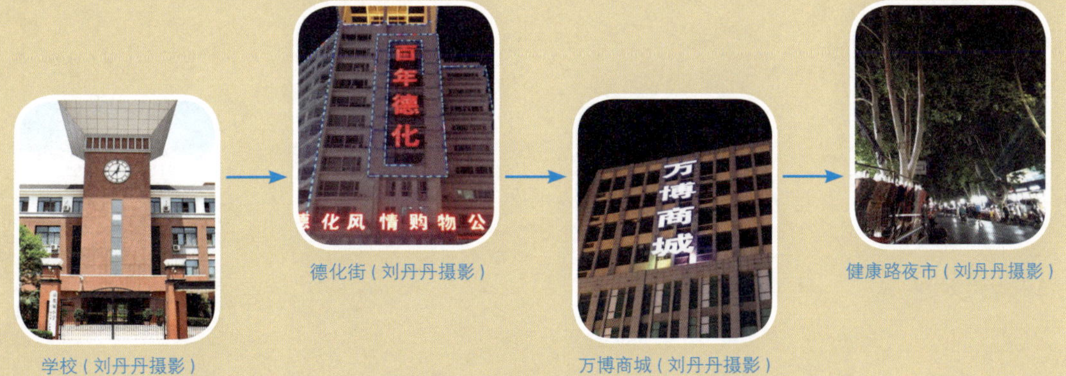

学校（刘丹丹摄影） 德化街（刘丹丹摄影） 万博商城（刘丹丹摄影） 健康路夜市（刘丹丹摄影）

任　　务：游览并了解郑州商业发展史，学习经商小知识

研学后

时　　间：2 天

任 务 一：尝试做生意（地点自定）

任 务 二：分享生意经（学校）

研学实施

（刘丹丹绘）

同学们好，我的名字是人民币。

别小瞧我只是1元硬币，但积少成多、聚沙成塔，坚持不懈地积累，你才能获得我们族长——百元大钞的青睐哦。

请谨记：生财有道，取之有方。通过合理的手段取得合法的财富，才能拥有人生的幸福。

同学们，你想体验一下挣钱的滋味吗？来做一回小小生意人儿吧！

1 志同道合，一起拼搏

职位	人数	姓名
CEO（首席执行官）	1人	
财务官（管钱）	1人	
会计（管账）	1人	
组员	3人	
带队家长	2人	
辅导老师	1人	

__________团队宣言

恭喜__________团队成立！

接下来，请同学们走进郑州有代表性的商业地点，去逛一逛、看一看、问一问，学学怎么做生意吧！

外出时，请注意安全，遵守公共秩序，听从CEO安排，做讲文明有礼貌的小游客！

2 游学助力做生意

德化街

地点：郑州二七广场西南

时间：周一至周日全天

我学会了：

百货商品齐全
零售批发兼有

万博商城

地点：郑州火车站东广场北出站口对面

我学会了：

小提醒：

健康路夜市是零售技巧的大学堂，值得你仔细观察，认真模仿哦！

健康路夜市

地点：郑州金水区健康路（河南省体育场附近）

我学会了：

学校门口的保安叔叔受雇于专业的安保服务公司，类似的公司还有家政服务公司。这些公司里的“保安”“月嫂”“保洁员”出售的是什么呢？

我们受到的启发是：____

____。

3 做生意，初体验

1. 筹划阶段

同学们，通过实地游览，你们一定取到了不少生意经。

现在，考验你们的时刻到了！

（1）请小组合力筹集生意启动资金。

融资方式	归还方式
借款（　　　　）元	归还本金 + 利息（无利息填 0 元） 利　　息（　　）元 还款日期（　　）月（　　）日
无偿募捐（　　）元	不需还款
投资（　　　　）元	只要返利 返利比例（　　）%

（2）制订生意策划书。

生意策划书

销售内容：

目标客户：

销售地点：

货物来源：

目标营业额：

应急方案：

研学小贴士

1. 投资是通过招募投资人获得项目的启动资金，请注意提前约定分红比例，每到“分红日”，分红给投资人（只分红，无须偿还本金）。

2. 从现在起，所有花费来源于筹集到的资金，请注意合理规划，用好每一笔钱。

2. 实战阶段

要求：

（1）人员配置：小组成员与至少 2 名带队家长。

（2）时间：9:30—18:00。

（3）地点：任意，小组自定。

（4）目标：货物售卖完毕，挣到午餐费和交通费（午餐要保证全组吃饱，交通费要保证活动结束时能返回学校）。

（5）装备：每人携带“1 元钱”、小组备好的货物、必备物品（水杯、笔、本等）。

注：除售卖活动外，小组可自行安排其他活动，如参观游玩、职业体验、街头演讲、艺术表演等。

3. 总结经验

同学们，快来客商交流大会，分享你们小组的生意经与收获吧！

研学风采展示发言稿（研究报告）

我们的游览收获：
我们的生意体验：
我们的生意经：
独一无二的经历与刻骨铭心的成长：

研学评价

项目	评价细则
自我管理	服从管理，听从安排；外出举止文明礼貌
实践活动	参与“做生意”活动；积极准备并参与分享展示
团队协作	团结一心，不闹矛盾；分工合理，合作愉快

此次研学旅行即将结束，想知道自己在活动中的表现如何吗？

快找 1 名同伴和 1 名带队家长，对你的表现写出评语吧。

注：收集团队成员获得的评语，粘贴在本页。

研学故事

故事 1

钱多多小组：老师，我们发现，在天桥上售卖，不如在碧沙岗公园售卖挣得多！

老　　师：你们怎么得出的这个结论呢？

钱多多小组：天桥上虽然人来人往，可他们都匆匆忙忙地，我们很少能成功留住他们。公园里都是爸爸妈妈带着孩子，很有耐心也很有爱心，我们就能推销成功啦！

我们来摆摊（刘丹丹摄影）

故事 2

优秀小会计的觉悟

让我记记账（刘丹丹摄影）

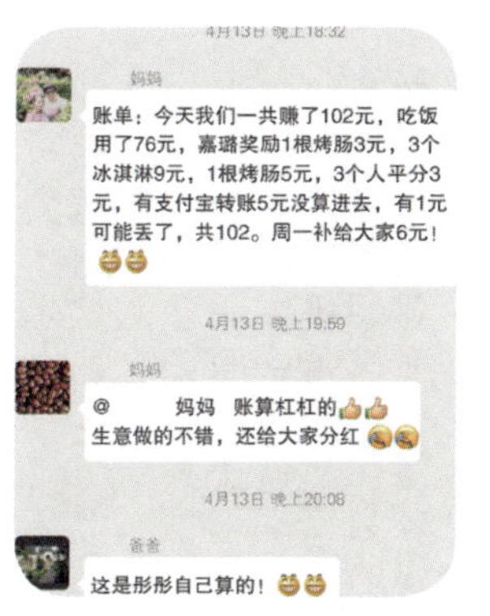

账单（刘丹丹摄影）

来，让我记上账！与“钱”有关的，一丝一毫不得马虎。

——四（3）班 Money 小组

故事 3

活动总结：

父母挣钱不容易，平时花钱多注意。

有时会被城管赶，别泄气，加油干！

要想中午吃得饱，干活就得多动脑。

想方设法挣到钱，中午才能吃得好。

客商交流大会之我们来展示（刘丹丹摄影）

安全口诀：

安全知识要牢记，过马路，要注意。
左右看，别忘记。天桥上，勿推搡。
上下台阶靠右行，走路时，别大意。
跟紧队伍，不乱跑。

——四（2）班钱多多小组

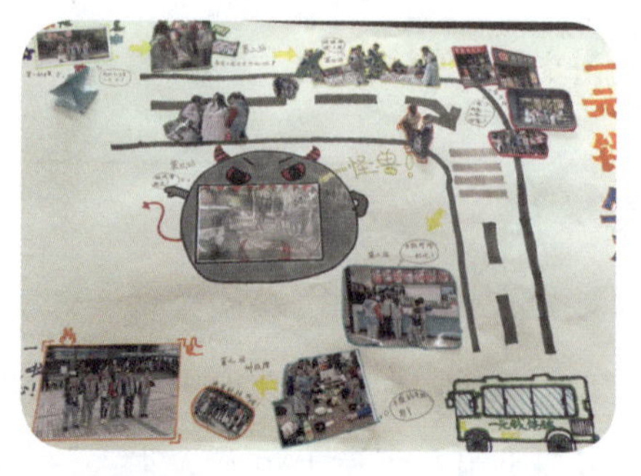

客商交流大会作品之海报（刘丹丹摄影）

家长评价

04-13 16:51

爸爸

四二班第七组活动结束
所有人都已安排妥当
孩子们今天都很努力
感受团结就是力量
感恩集体活动的快乐
在辛苦中收获
在体验中成长
懂得所得不易
才会倍加珍惜
愿所有的孩子都能越来越好[拥抱][拥抱]

【吐槽】王铄颖妈妈 18:18:32

@　　　妈妈 我们队最大的特点就是短时间快速体验销售，成果显著，虽然只有 28 元，但是孩子们真正体验到销售的勇气、技巧、赚钱的不容易～中午的煎饼果子大家分享得也很开心！

梁梦函 17：01：29

孩子今天表现特别棒

梁梦函 17：01：39

不客气

刘译箬妈妈 17：04：08

孩子们今天很辛苦，心理上接受了生活的快乐与生存的艰辛。知道了生活的不易，工作的艰难，从而知道了学习的重要性。体力上，在广场的周围更是跑来跑去，想尽办法推销自己的作品，孩子说太累了，真不想做了。各位妈妈好好犒劳犒劳自己的孩子。

家长评价（刘丹丹提供）

专家点评

学生要当生意人，需要自己通过游学去学习经商；要想把货物卖出去，需要自己去推销；要想吃饱饭，需要自己好好筹谋；要想合理花销，需要自己把账目记清楚。

在一个又一个挑战中，学生将课堂所学知识尽数运用，在问题解决中不断感受知识的力量。最好的课堂，就在生活中。

优秀课例

我来开公司

恭喜大家成为一名高中生。三年后，同学们面临的不仅是高考，还有与你未来职业挂钩的专业选择。那么你对未来的专业有什么期待呢，你又对社会的职业有多少了解呢？为帮助同学们更好地规划自己的未来，增强职业体验感，同时落实国家综合实践活动课程要求，本学期我们来模拟开公司。

（高金丽绘）

郑州是历史悠久的八朝古都，是全国陆上交通中枢。郑州有数不尽的商业传奇，也演绎着无数公司的繁荣和衰败。让我们一起走进郑州的商圈，了解郑州的商业文化，观察不同行业的运营，制订自己的职业规划，完成本学期的研学报告。

研学目标

通过组织学生自主成立公司，并持续经营，增强学生的职业体验，培养学生的创业能力、团队能力，帮助学生明晰职业理想，制订职业规划。

研学路线

（刘丹丹摄影）

德化步行街

游学调查

（高金丽摄影）

郑东新区 CBD

参观学习

（高金丽摄影）

47 中雕刻坊

成立公司

（刘丹丹摄影）

二七广场

运营发展

研学过程

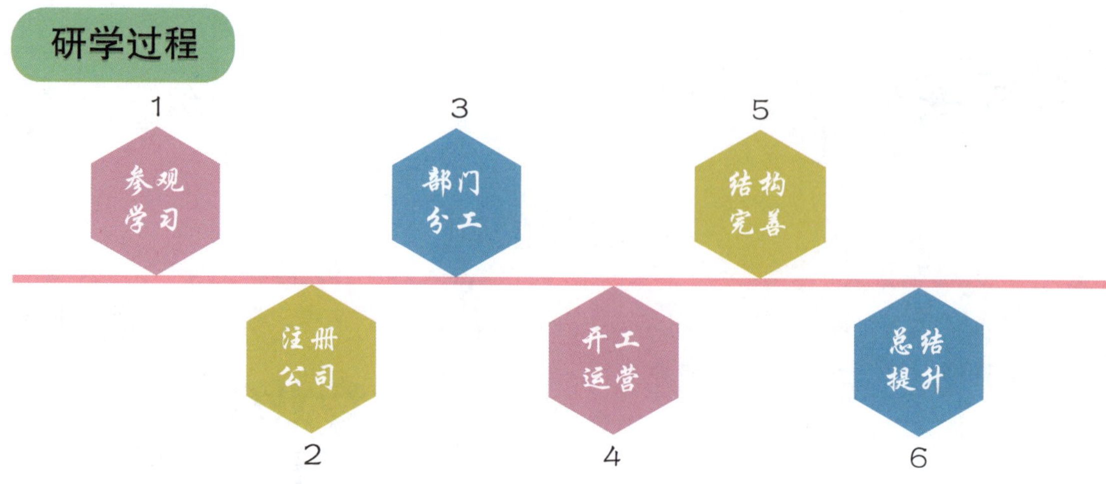

（一）参观学习

首先，我们来到有百年历史的德化步行街。这里有娱乐、休闲、美食、零售、批发、商场等，可供你学习了解商业百态啦！不过瘾，不够看？别着急，我们还有下一站。

德化街（刘丹丹摄影）

德化步行街地处中原最大的商业集散地——二七路商圈的中心位置，连接火车站商圈、二七商圈等黄金商业区。

左右逢源的地理位置，四通八达的交通网络，百年悠久的历史，铸就了德化步行街不朽的商业价值。

走过熙熙攘攘的百年德化街，我们来到现代时尚的郑东新区。一幢幢写字楼里，衣着正式、手拎电脑或公文的商务人士匆匆进出。在这里，你看不到买家，也见不到卖家和商品，但每天有上万甚至上亿元的交易额。

郑东新区 CBD 始建于 2003 年，在经历了十几年的发展后，逐渐成为郑州的商业中心与政治中心。写字楼内汇聚了规模不等的各种企业。它们推动着郑州向更智能、更便捷、更高效的方向发展。

郑东新区 CBD（高金丽摄影）

写字楼内的办公室（高金丽摄影）

写字楼（高金丽摄影）

通过一天的走访，请同学们根据自己的兴趣，找到志同道合的小伙伴，一起组建自己的团队吧。大家可以从事服装、食品、服务、电子零售、表演等各种行业，下面以小商品制作——“创刻股份有限公司”为例，欢迎围观。

我来开公司——创刻股份有限公司			
行业属性	制造业	经营方式	零售＋批发
经营理念	品质源于专业，未来源于创新	团队精神	团结就是力量，创新就是生产力
管理模式	友情化管理模式	开展时间	实践课＋周末
所需设备	激光雕刻机，板材，电脑	设备支持	47中创客空间
小组成员	瞿扬，李奕霏，袁泉，陈嘉琛，李晨洋，汪嘉梁，罗嘉居，李瑞峰，江明，周浩楠，魏铮，杜树庆，成语，张滨翊，程吴宇等		

（二）模拟注册公司

为确保经营合法化，请上网查阅开公司的流程和需要的手续。只有守法、合法经营，公司才能受法律保护。

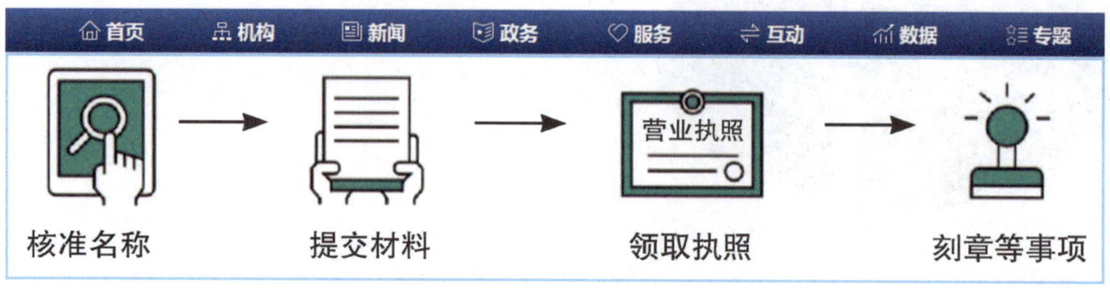

别着急，正式开张之前，请按照文件要求，认真准备材料。

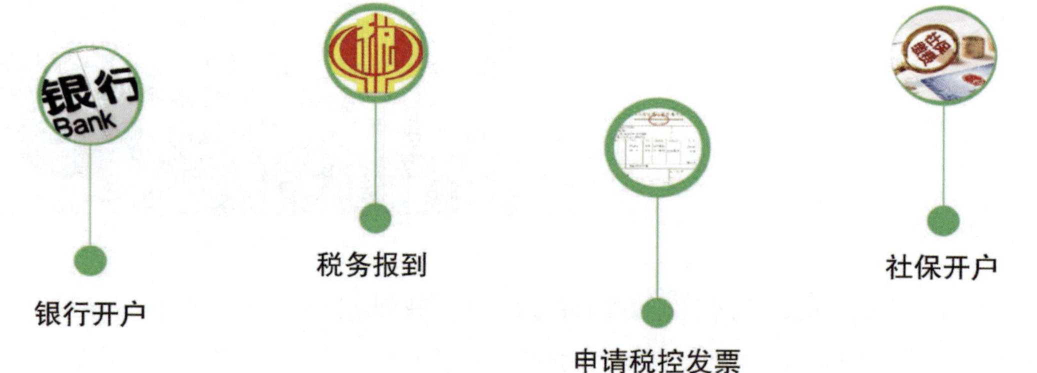

（高金丽绘）

我们的公司马上就要开业啦！

（三）部门分工

宣传部
网络宣传
纸媒宣传
广播宣传

市场采购部
原料采购
市场调研

财务部
融资赞助
成本核算
收支记录

HR 部
学员选拔
部门分工
组织架构

生产部
仪器操作
批量雕刻

销售部
策略制订
优惠经营
洽谈承包

设计部
电脑绘图
创意设计

（高金丽绘）

（四）开工运营

1. 采购

“创刻股份有限公司”采购单			
采购人________________日期________________			
名称	数量	单价	总计

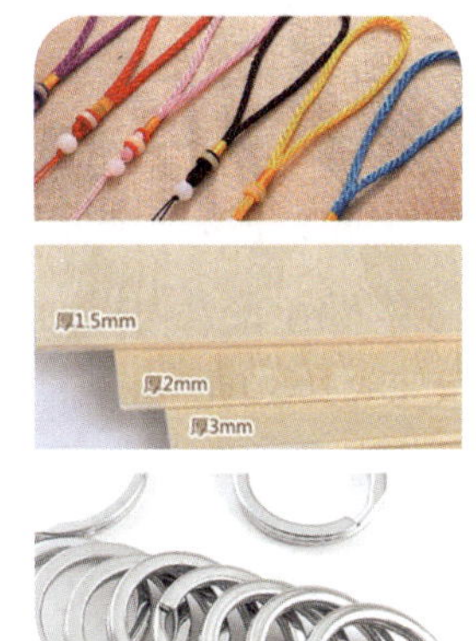

（高金丽摄影）

2. 市场调查

3. 设计

各位电脑高手在老师的指导下，根据大众的需求，开始电脑绘图。一张张规范、优美的设计图稿出现在屏幕上，大家集中注意力，把 CAD 软件用得得心应手，作品花样百出，有切割、有雕刻、有镂空，纹路有深有浅，层次分明。

（高金丽摄影）

4. 生产

负责批量生产的同学早已摩拳擦掌，激光雕刻机的操作流程和安全注意事项也已烂熟于心。他们的硬实力和软实力兼备，三下五除二，就设置输入了最佳的雕刻切割功率，矩阵操作，大大提高了生产效率。

他们的本事远远不止于此：雕刻时搭配些有颜色的亚克力板，增加作品的色彩；调点儿水晶滴胶，给作品增加透明光滑的保护膜，提高美观的同时，也增加了舒适度。雕刻被他们玩得嗨翻天！

（高金丽摄影）

5. 宣传

不要以为他们只是一群技术控，他们的口才和写作水平，也是不容小觑的。广播站、社区展示栏、朋友圈、QQ 空间，甚至二七广场的电子屏都被他们洽谈成功，投放了展销会的信息。厉害了，我的同学们！

6. 销售

周末，同学们早早来到二七广场，统一佩戴雕刻的工作牌，分工明确。商品形式多样，策略“量大从优”。不一会儿，摊位前里三层外三层围满了顾客。大家对同学们亲手制作的作品称赞不绝，对团队惊叹不已。嘿嘿，我们的心里真是美滋滋的！

在大家的建议下，我们开启了私人定制业务，可以在作品上雕刻名字或者祝福，根据每个人的需求，个性化修改设计，为下次展销拉拢了顾客。还有人建议开个淘宝店，嗯，这个想法不错，列入下一期的工作计划中，各位铁粉们，敬请期待哦。

（高金丽摄影）

7. 财务

忙活了一圈，大家有没有意识到，资金哪里来？收益又到哪里去？别着急，财务部的“智囊团”有妙招。

对于销售收入的现金以及电子账单，财务部的小会计们做了详细的汇总和记录，多少用于归还借贷，多少用于购买小零件，多少用于买水吃饭，每一笔收入和支出都做了条理清晰的记录，个个都是理财小能手。

（高金丽摄影）　（高金丽摄影）

（五）职位竞选

经过大家的团结合作，我们取得了创业的第一桶金。为了公司的持续性发展，我们进行了总经理和部门负责人的公开竞选，希望他们能够带领公司稳步发展，走向辉煌。学生或加入或离开，但创刻股份有限公司的精神永传。

（六）工程承包

可能是被我们的才华吸引了吧，学校决定把校徽雕刻和创客艺术节徽章的设计任务交给我们，其他活动也陆陆续续找到我们，请我们设计活动徽章或挂件。从此，我们的知名度大幅提高，销量节节攀升。

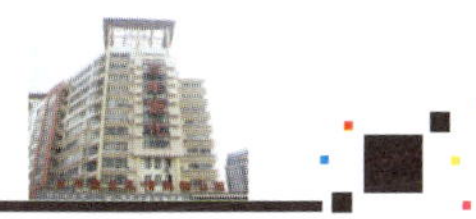

此徽章由一个被数条经纬线包围的地球构成，地球中间写着"MAKER"（创客），意味着创客已经遍及世界各地。"ZZ""47"意味着创客已经深入郑州市第四十七高级中学，并快速发展。

外观醒目，区别于传统圆形徽章。文字突出本次活动主题。齿轮代表传统艺术，中间的人马想要打破齿轮，寓意就是打破传统思维，向更尖端的领域迈进。让我们发散思维，勇往直前。

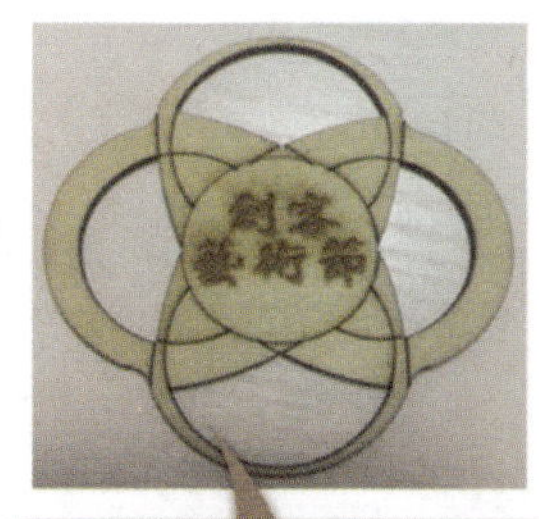

两对圆指的分别是两个领域——科技与艺术，两种精神——创新和团结。四者有机结合，象征各方的包容和交流，从而诞生中心的圆"创客艺术节"。此徽章又好似两个无限符号垂直交错，迸发出各种丰富的想法，形成一个有趣的创意世界。

（高金丽摄影）

（七）职业规划

通过本次亲身经历，许多同学对职业的认识更加全面，对未来的职业定位变得清晰。通过本次体验课程大家变得自信大方，增强了团队意识，勇于实践，大胆创新，敢于把想法变为现实，向着梦想大步向前。

研学成果

撰写一份职业规划报告，字数不少于1000字，讲述自己的兴趣和爱好，具体分析自己的性格和能力优势，结合个人的职业体验，阐明自己想从事的行业以及原因。由老师和同学为每份职业报告综合评价，并在全校展示。

研学评价

评价项目	具体内容	自我评价	组内评价
研学过程	1. 积极参与全程活动，服从安排	☆☆☆☆☆	☆☆☆☆☆
	2. 能够与组员和顾客很好地沟通交流	☆☆☆☆☆	☆☆☆☆☆
	3. 对我的职业规划有很大帮助	☆☆☆☆☆	☆☆☆☆☆
	4. 会用多种方法搜集处理信息	☆☆☆☆☆	☆☆☆☆☆
	5. 认真倾听同学的观点和意见	☆☆☆☆☆	☆☆☆☆☆
成果展示	1. 能完成职业规划报告	☆☆☆☆☆	☆☆☆☆☆
	2. 能够获得综合实践学分	☆☆☆☆☆	☆☆☆☆☆

专家点评

学生在体验经营公司的过程中，学习必备的知识和技能，感受创业的艰辛和乐趣，承担对应职业的岗位责任，团结协作，共同进步。

“创刻股份有限公司”使大家提高了职业认知，助力未来的职业规划。最好的学习，就在实践中。

我的研学我做主

我想去这里：

我感兴趣的主题是：

理由不容置疑：

和谁一起很重要，吹响集结号！

分工	组长	安全员	纪律员	卫生员	书记员	宣传员
成员						
职责	整体负责 协调规划	安全提醒 全程保障	纪律严明 严宽相济	检查卫生 文明出行	资料记录 汇总整理	资料整合 设计宣传

行前功课要做足，研学攻略计划好！

到此一游我拍拍拍，合影那是必须的！

最好的课堂在路上，且行且记习惯好！

听到的

悟到的

看到的

吃到的

研学微报告

研究主题	
研究背景	
研究目的	
研究方法	
研究内容	
研究结论	
参考资料	

研学评价

研学评价	评价标准	自我评价	组内评价	导师评价
过程性评价	积极参与全程活动	☆☆☆	☆☆☆	☆☆☆
	遵守组内公约，服从小组分工	☆☆☆	☆☆☆	☆☆☆
	无迟到、脱离队伍现象	☆☆☆	☆☆☆	☆☆☆
	注重个人卫生和公共卫生	☆☆☆	☆☆☆	☆☆☆
	资料收集内容翔实，上交及时	☆☆☆	☆☆☆	☆☆☆
结果性评价	研学攻略准备充分无遗漏	☆☆☆	☆☆☆	☆☆☆
	多种方法搜集处理信息恰到好处	☆☆☆	☆☆☆	☆☆☆
	认真完成研学任务和研学手册	☆☆☆	☆☆☆	☆☆☆
	研学有成果，成果有新意	☆☆☆	☆☆☆	☆☆☆

研学感悟

研学成果

编写说明

综合实践活动是国家义务教育和普通高中课程方案规定的必修课程，是从学生真实生活和发展需要出发，以走出校园、走向社会的考察探究研学活动为主要形式，在主题活动中融合了社会服务、设计制作、职业体验和劳动教育等多种体验活动，通过观察、发现、搜集、分析、探究、创作、总结、拓展等培养学生综合素质的跨学科实践性课程。

依据《教育部关于印发〈中小学综合实践活动课程指导纲要〉的通知》《教育部等11部门关于推进中小学生研学旅行的意见》和《中共中央　国务院关于全面加强新时代大中小学劳动教育的意见》等文件精神，我们编写了《考察探究看我来——研学郑州实用手册》，以主题形式展现郑州从古到今翻天覆地的巨大变化，全面展现郑州改革开放以来的古城新颜和卓越成就，不仅是了解郑州、认识郑州的科普通识读本，更是热爱郑州、建设郑州的爱国主义教育素材库，对学校开发特色课程、学生确定研究主题、亲子选择研学路线等都有很好的借鉴和参考价值。

全套丛书由15个分册构成，每个分册一个主题，构成一个学习单元，分别是：古都郑州——建城五千年，古都展新颜；天地之中——郑州的世界名片；中岳嵩山——中国唯一的“五代同堂”地质公园；文化郑州——八千年根脉代代传；非遗郑州——千古遗存焕新颜；红色郑州——缅怀先烈，薪火相传；铁路郑州——天下枢纽再谱新篇；商城郑州——因“商”而立，因“商”而荣；科技郑州——农科创新沃土，高新科技航天；水润郑州——人水从此和谐；生态郑州——古城新韵，和谐发展；大学郑州——从古书院到“双一流”；地标郑州——聆听城市发展之音；传媒郑州——

传媒之声，声达天下；美食郑州——“食”在是“中”。

每个单元由研学资源、研学路线、优秀课例和我的研学我做主等板块组成。研学资源，汇集了相应主题下主要的可行性资源，为考察探究活动自选研学项目提供参考。研学路线，是编者实地考察探路，精心挑选推荐的优质路线。优秀课例，是已实践过的优秀研学课程成果选编，包括小学一年级到高中全学段，展现了该主题考察探究活动后的收获。我的研学我做主，是留有空白的研学手册，供阅读者面对丰富多彩的主题资源套餐，自行选定感兴趣的主餐。

本册《铁路郑州——天下枢纽再谱新篇》的编写人员有曹欣欣，肖陶然，曹淑玲，薛珊珊，赵慧，关春霞，李小建，李娟，白万岭，李朋臻，常慧楠，申梦圆，施郁菀等。

丛书编著得到了专家学者、社会各界和实践学校的大力支持，在此表示诚挚的感谢。由于编写时间和水平所限，书中难免有不足之处，恳请广大师生在使用过程中及时提出宝贵意见，以利再版勘正。

行，知之始；知，行之将成；知行合一再创新，天马行空任你来。行－知－行综合实践活动，我们一直在路上……

考察探究，看我来！

铁路郑州

——天下枢纽再谱新篇

郑州，一座被火车“唤醒”的城市。京广、陇海两条铁路在此交汇，奠定了郑州铁路枢纽的地位，再到如今的综合交通枢纽、国家中心城市，郑州每一步的发展都和铁路密不可分。随着国家“一带一路”发展的深入实施，曾经的“商都”又迎来了新的历史机遇。

走进郑州，高端大气的郑东CBD、飞跃崛起的航空港区等，都在用繁华诉说着这个城市的现代与时尚。深入这座城市，你会发现：热闹繁华的郑州火车站、穿城而过的铁路线、高高耸立的二七纪念塔……铁路文化元素遍布郑州的大街小巷。

细心寻找，你还会惊叹：郑州是全国普通铁路和高速铁路网中唯一的“双十字”中心，还是全国第一个拥有“米”字形高铁交通网络的城市；郑州北站是亚洲最大的铁路编组站；中欧班列（郑州）是国内唯一实现高频常态往返均衡对开的班列；“新丝绸之路”经济带的快速发展，使郑州成为内陆地区开放新高地……

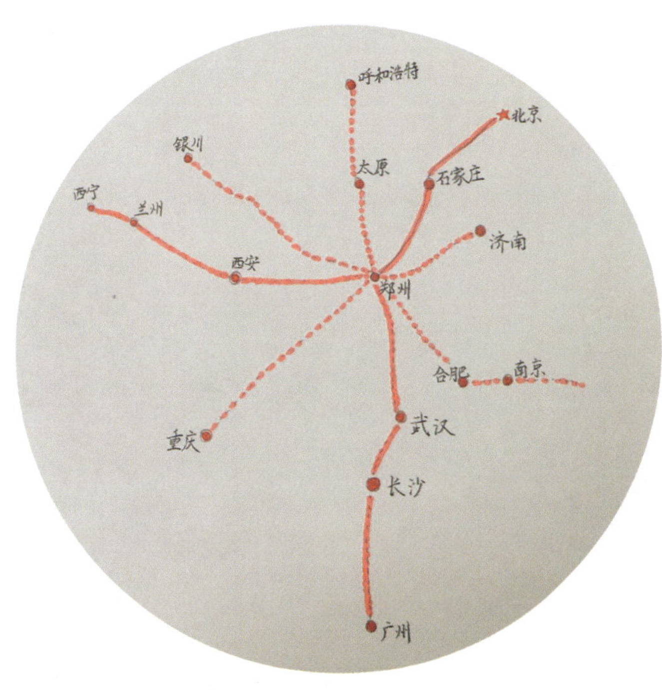

（申梦圆绘制）

这数不清的“第一”和“唯一”，竟然肇始于1906年京汉铁路线上的第一声汽笛。触摸郑州铁路百年发展史，一起找寻郑州的成长密码，感触中华民族的伟大复兴。

研学资源

郑州机务段段史馆电力机车模型展示（申梦圆摄影）

一、触摸“郑铁”百年史

1. 百年沧桑“黄河第一铁路桥”

中国最早的黄河铁路桥是位于黄河风景名胜区内的“黄河第一铁路桥”。从建成通车到作为历史文物共经历84个年头，为中国经济发展作出了突出贡献，具有重要的科学价值和历史价值。

2. 风云变幻“郑州机务段”

1923年2月，二七大罢工第一声汽笛在郑州机务段拉响。

在郑州机务段段史馆，既有蒸汽机车、内燃机、电力机车的动力变革，又有人民号、前进号、东风号、韶山号、和谐号、复兴号等40余种机型的升级换代，一辆辆手工制作的机车模型、一件件染尘老旧的机车零件，必将唤醒年青一代的热血与传承。

黄河第一铁路桥（曹欣欣摄影）

郑州火车站东广场（李朋臻摄影）

3. 郑州火车站的前世今生

郑州火车站是中国铁路郑州局集团有限公司管辖的特等站，是郑州铁路枢纽的重要组成部分。郑州车站站史厅里，一幅幅历史图片、一件件实物史料，生动地讲述着这座百年老站的发展史。

4. 亚洲最大铁路编组站

郑州北站位于京广、陇海两大铁路干线交会处，是衔接京广铁路，陇海铁路的重要枢纽，被称为全国设计布局最科学的编组站，有“编组站教科书”之称，是“中国的路网心脏”，更是亚洲最大的列车编组站。

亚洲最大铁路编组站——郑州北站（中国铁路郑州局集团有限公司党委宣传部）

二七纪念塔（曹欣欣摄影）

5. 红色记忆 “二七精神”

为反抗帝国主义列强和封建军阀的压榨，1923 年 2 月 4 日，郑州铁路工人率先拉响罢工汽笛，揭开京汉铁路工人大罢工的序幕。在罢工斗争中，铁路工人团结一心，英勇顽强地反抗敌人的压迫，甚至付出自己的生命。为了纪念京汉铁路工人大罢工中牺牲的烈士，弘扬“二七精神”，在烈士牺牲地原“长春桥”附近修建了纪念性建筑——郑州二七纪念塔。

6. 铁路枢纽“东北环线”的历史印记

东北环线修建于20世纪60年代中期，面对当时复杂多变的国际形势，党中央做出了修建郑州铁路枢纽东北环线的战备指令。如今的东北环线，仅剩下东风路数码公园附近河堤上总长不足 2 公里的线路。

当时，我国的财力、物力十分匮乏，东北环线上所用的物料均来自淘汰的旧料。现在，其轨腰上凸起的繁体字“漢陽鐵廠　民國三年造”字迹仍清晰可见。

郑州铁路枢纽“东北环线”（李朋臻摄影）

7. 郑铁时尚范“1904 铁路公园”

在经三路到花园路间的东北环线原址周围，几组人物雕塑，形象地再现了百年前郑县站铁路员工、旅客，或工作或行色匆匆的身影。一处用不锈钢管焊制连接的火车头模型，一段长长的铁轨，早已成为郑州市民争相拍照的打卡地。

郑州 1904 铁路公园人物雕塑（曹欣欣摄影）

二、走进“郑铁”新时代

1. 铁路驿站　漫漫京广线

“黄河南岸”站始建于 1905 年，是原京汉铁路郑州黄河铁路第一桥在黄河南岸的重要车站。这座曾经被毛泽东主席视察过而载入史册的老车站，经过改造之后又焕发了新的活力。在铁路驿站，踏上标注着“北京”“石家庄”“郑州”“武汉”“长沙”“广州”等站名的地砖，循着那列长长的列车向远处看去，我们似乎还能感受到时光在铁路线上飞速流转。

郑州黄河南岸铁路驿站（李朋臻摄影）

2. 动车驶出“中国速度”

走进郑州动车段郑东动车所，一辆辆漂亮的动车让人叹为观止，内部构造、检修工艺及流程都在这里翔实展现。郑州动车段担负着郑州、郑州东及郑州南站开往全国各个方向动车组的检修和维护工作。

郑州动车段郑东动车所（王玮摄影）

3. 从郑州出发　加强贸易合作

来到郑州铁路集装箱中心，放眼望去，不同颜色的集装箱堆叠摆放。这些集装箱从郑州圃田车站出发，将衣帽、纺织品、汽车配件、电子产品、飞机制造材料等运往国外，同时运回卫浴、厨具、酒水、饮料等产品。中欧班列（郑州），加强了中国与欧洲各国在物流、贸易、多式联运等领域的合作，增进了中国与欧洲的互通往来。

郑州铁路集装箱中心（李立勇摄影）

研学路线

郑州二七纪念馆（李雪霞摄影）

1. 铭记“二七精神”

郑州二七纪念馆→郑州二七纪念堂→郑州铁路工人学校旧址

推荐理由：

从郑州火车站东广场出发，步行不足千米就能将这三大红色场馆串联起来。在这里，我们仿佛还能听到铁路工人誓死反抗帝国主义和封建军阀压迫的呐喊声。这声音时刻警示着我们要更加珍惜革命前辈用生命和鲜血换来的美好生活，“二七精神”也将激励我们不断前行。

2. 郑州铁路的历史变迁

郑州车站站史厅→郑州铁路枢纽东北环线→1904 铁路公园→黄河第一铁路大桥遗址

推荐理由：

走进郑州车站站史厅，我们会全面地了解百年郑州站的发展史。其实，铁路文化早已渗透这座城市的角角落落。1904 铁路公园用最简单的线条勾画出百年前的郑县车站，繁

郑州 1904 铁路公园火车（曹欣欣摄影）

忙的铁路工人、行色匆匆的旅者、锈迹斑斑的铁轨……都再现了中国铁路百年发展缩影，让郑州这座城市多了一份独具特色的文化记忆。

继续向北，你甚至能从饱经沧桑的黄河第一铁路桥遗址中感受新中国交通事业的变迁。循着郑焦城际铁路，三座黄河铁路桥见证了这座因铁路而兴、因铁路而盛的城市的发展。

3. 感受中国铁路“心脏”的跳动

郑州机务段段史馆→郑州北站站史馆

推荐理由：

这里，你将看到中国铁路“心脏”的澎湃动力。走进郑州机务段段史馆，无论是清朝时期遗留下来的“煤油工具灯”，还是最具现代化气息的中国高铁模型，都能让我们清晰地感受到郑州这座城市的时代脉搏。不远处，亚洲最大铁路编组站——郑州北站在繁忙之中尽显当代中国经济的繁荣。

郑州机务段段史馆（薛珊珊摄影）

4. 郑州铁路的“国际范儿”

郑州动车段→郑州铁路集装箱中心→中欧班列（郑州）

推荐理由：

繁忙的郑州动车段诉说着郑州铁路展现出的“中国速度”。走进郑州铁路集装箱中心，我们还会惊叹：原来的四等车站——莆田车站在国家“一带一路”政策的推动下，依托中欧班列，不出国即可实现“买全球”“卖全球”。

郑州铁路集装箱中心（李立勇摄影）

> **研学小贴士**
>
> 郑州车站站史厅、郑州机务段段史馆、郑州北站站史馆、郑州动车段、郑州铁路集装箱中心目前均不接待个人参观，需学校提前预约。

优秀课例

行黄河名胜　览铁路百年

“古来黄河流，而今作耕地。都道变通津，沧海化为尘。”几千年的黄河水孕育了灿烂的中华文明。铁路桥横跨黄河两岸，似一条玉带点缀腰间。黄河南岸的绿城郑州，被称为“被火车拉来的城市”，连接南北的京广铁路与贯穿东西的陇海铁路大动脉和米字形高铁都交会于此，中欧班列（郑州）更是联通了世界，作为郑州人我们倍感自豪。

站在小顶山远眺黄河，新旧两座铁路桥并肩黄河之上，构成郑州北部独特的风景。京广线郑州黄河第一铁路桥已经完成了历史使命，横跨在巨浪之上，见证着郑州的飞速发展。壮观的郑焦城际铁路黄河大桥，迎风击浪，和新一代郑州人共同书写中华民族伟大复兴的新篇章。

（薛珊珊摄影）

研学路线

郑州火车站（薛珊珊摄影）
黄河景区站（李朋臻摄影）
列车驿站（曹欣欣摄影）
高铁实训基地（李朋臻摄影）
黄河铁路大桥（李宏远摄影）
郑州黄河第一铁路桥（曹欣欣摄影）
回到学校（李朋臻摄影）

推荐理由：

郑州黄河文化公园以壮美的大河风光，源远流长的黄河文化，成为全球华人寻根祭祖和国际友人观光旅游的胜地。景区周围拥有丰富的铁路文化研学资源，以“郑州黄河第一铁路桥”为代表的三座黄河铁路大桥，承载并见证了郑州这座古老而年轻城市的百年辉煌；以黄河南岸高铁综合实训基地为代表的铁路文化体验项目，分布在景区方圆 1 公里内。优美的自然环境，深厚的人文精神，丰富的铁路文化，适宜团队徒步研学、亲子互动研学等多种形式的开展。

研学目标

1. 乘坐郑焦城际铁路，体验购票、安检、文明乘车，感受铁路交通给生活带来的便利。

2. 走进列车驿站、黄河南岸高铁综合实训基地，了解铁路知识，感受铁路的高速发展，增强民族自豪感。

3. 走进郑州黄河第一铁路桥遗址，参观京广线郑州黄河铁路大桥、郑焦城际铁路黄河大桥，感受铁路百年发展史。

研学过程

我能“行”

小组合作，体验从郑州火车站出发，乘坐郑焦城际铁路列车到黄河景区站，完成下表。

出发站		到达站	
乘坐车次			
车票价格		历时	
购票所需证件			
乘车注意事项			
乘车文明礼仪			
我的发现			

网络购票（薛珊珊摄影）

窗口购票（薛珊珊摄影）

安检（薛珊珊摄影）

检票进站（薛珊珊摄影）

我知道

黄河景区站（李朋臻摄影）

聆听讲解（薛珊珊摄影）

连线大挑战：

速度	类别	列车类型	车次
速度小于 160 km/h	普速列车	直达特快列车	K926
速度大于 160 km/h 小于 250 km/h	普通动车	特快旅客列车	T396
速度大于 250 km/h	高速动车	快速旅客列车	Z162
		高速动车组列车	G389
		动车组列车	C2968
		城际动车组列车	D308

千里之行始于足下

京广铁路线是中国南北方向的重要交通干线，从首都北京到花城广州，线路全长 2 288 千米，途经五个省份。

列车驿站（曹欣欣摄影）

活动一：找一找，填一填。

1. 填出京广铁路由北向南途径的省会城市。

________、郑州、________、________、广州

2. 找出河南省内京广铁路由北向南途径的城市。

活动二：分享京广线上你记忆深刻的城市或有趣的故事。

知路、爱路、护路

普铁轨道（李朋臻摄影）

高铁轨道（李朋臻摄影）

研学任务

1. 观察普铁轨道和高铁轨道有什么不同？

____

2. 普铁轨道下面为什么要铺设道砟（碎石子）？

____

我眼中的黄河铁路大桥

郑焦城际铁路黄河大桥（晋霞摄影）

京广线郑州黄河铁路大桥（晋霞摄影）

1952 年 10 月 31 日毛泽东主席登上小顶山视察黄河，站在毛主席曾经视察的地方，远眺自主设计施工的两座铁路大桥并立横跨黄河，你有什么感受？拿起笔描绘你眼中的钢铁巨龙，可以写，可以画，尽情展示你的才华。

穿越百年

郑州黄河第一铁路桥（碑）（曹欣欣摄影）

事件	清政府筹建郑州黄河第一铁路桥。	大桥竣工，京汉线火车由汉口驶出，到达北京卢沟桥站。	毛主席视察郑州，走上此桥提出一定要修我们自己的桥。
时间	1903 年	1905 年	1952 年

郑州黄河第一铁路桥（曹欣欣摄影）

知识链接

郑州黄河第一铁路桥遗址

郑州黄河第一铁路桥，1903 年 9 月开工，1905 年 11 月 15 日竣工，1906 年 4 月正式通车，为当时平汉铁路的一部分。它是中华人民共和国成立前中国最长的铁路桥梁，全长 3015 米，共 102 孔，为单线铁路桥。

1952 年 10 月 31 日毛泽东主席视察该桥。1958 年 7 月周恩来总理亲临该桥指导防洪抢险。1987 年 7 月老桥拆除，并将铁路老桥南端 5 孔 160 米上承桁梁作为历史文物保留下来以示纪念。

1956 年：周恩来总理视察修复的郑州黄河第一铁路桥。

1958 年：7 月 17 日黄河出现特大洪峰，桥墩冲毁，京广铁路中断，7 月 18 日周恩来总理亲临黄河视察险情，大桥于 8 月 1 日修复通车。

1969 年：铁路大桥担负汽车通行任务。

1987 年：国务院批准将郑州黄河第一铁路桥拆除，大桥南端 5 孔 160 米作为历史文物保留下来。

研学故事

黄河铁路桥，辛苦啦！

静静流淌的母亲河，水面辽阔。两条“钢铁巨龙”跨越金色水面，黄河铁路大桥让天堑变通途，还让南来北往的人们相聚于此，更见证了郑州成为中国重要的交通枢纽，成为国家中心城市。

在郑焦城际铁路黄河大桥上，一列由北向南的旅客列车平稳驶来，一列由南向北的货运列车缓缓而来，它们在母亲河上相遇，而后奔向各自的目的地。而在郑州第一黄河铁路桥的服役历史中，它不仅担负火车通行的任务，还担任汽车的通行任务。因为桥面狭小，每次都只能单边通行。一列列的火车，一辆辆的汽车跨过黄河奔向远方，像“钢铁巨龙”，更是民族脊梁。

黄河铁路桥，你们辛苦啦！

［五（4）班　扬帆小组］

郑州黄河第一铁路桥桥面（李朋臻摄影）

郑州黄河第一铁路桥桥身（李朋臻摄影）

《未来的黄河铁路大桥》（学生作品）

专家点评

“行黄河名胜　览铁路百年”研学手册，是研学规范化、课程化的很好尝试，既注重做中学，又关注学生的参与性、互动性和生成性。立足于学生发展要求，挖掘有效的课程资源，进行合理的课程开发与实施，对广大教师来说，无疑具有较大的借鉴价值。

优秀课例

触郑铁百年 悟中华复兴

长长铁轨路，百年发展史。从黄河第一铁路桥，到米字形高速铁路网；从京汉铁路工人大罢工，到雄伟壮观的二七塔；从郑州车站的职业角色体验，到郑州机务段段史馆的学习参观……在研学路上，感受郑州深厚的历史底蕴，见证郑铁百年的骄人巨变，传承“二七”英烈的革命精神，继往开来，革故鼎新。

“纸上得来终觉浅，绝知此事要躬行。”让我们一同开启这次愉快的研学旅行，与“中国铁路的心脏”一起跳动，一起感受这座“被火车拉来的城市”的独特魅力，感受祖国的繁荣富强。

研学郑铁百年，我们出发啦！（薛珊珊摄影）

研学路线

我们出发啦（薛珊珊摄影）

郑州机务段段史馆（薛珊珊摄影）

二七纪念塔（李朋臻摄影）

郑州火车站（李朋臻摄影）

返回学校（常慧楠摄影）

研学目标

1. 走进郑州机务段、郑州火车站，了解郑州铁路百年历史，感受中国铁路的飞速发展。

2. 参观二七纪念馆，重温“二七精神”，感受新生活的美好。

3. 通过职业角色体验，了解“铁路人”的职业特点。

观看机车模型（薛珊珊摄影）

研学任务

1.我手写我心：这次研学之行，你一定有很多收获，拿起笔，用你喜欢的方式表达出来。

2.我的铁路梦：这次研学之行，是否让你对铁路的未来怀有憧憬，将你的铁路梦写下来吧。

3.我为郑铁代言：宣传郑州铁路文化，畅所欲言你的奇思妙想。

研学准备

1.制订研学旅行小组规则、时间安排。

2.搜集相关资料，了解郑州机务段、郑州火车站的发展历史。

3.搜集京汉铁路大罢工相关资料，了解二七纪念塔建造历史。

4.做好“小小讲解员”“小小志愿者”的准备。

搜集研学资料（申梦圆摄影）

研学过程

一、学校：整装出发

集合队伍，清点人数，校长致辞，授旗出发，前往郑州机务段。

二、郑州机务段：感受机车的魅力

活动一：参观郑州机务段机车整备场，了解机车知识。

活动二：模拟体验“火车驾驶”，了解机车驾驶的操作流程。

活动三：参观机务段段史馆，了解铁路发展历史。

活动四：学习铁路安全知识，强化铁路安全意识。

体验火车模拟驾驶（薛珊珊摄影）

学习机车驾驶（薛珊珊摄影）

三、二七纪念馆：传承“二七精神”

活动一：在二七广场感受郑州的飞速发展，分享学习心得。

活动二：参观二七纪念馆，聆听讲解，了解“二七精神”，追寻红色记忆。

参观二七纪念馆（薛珊珊摄影）

瞻仰先烈（薛珊珊摄影）

四、郑州火车站：职业体验，我是一名“铁路人”

活动一：参观郑州车站站史厅，了解郑州车站发展历史。

活动二：参观车站监控室，感受恢宏的中国铁路枢纽站。

活动三：学习铁路乘车相关规定，体验安检、检票、服务等岗位。

郑州车站岗位体验（薛珊珊摄影）

郑州车站岗位体验（薛珊珊摄影）

我是小小志愿者（薛珊珊摄影）

我是小小志愿者（常慧楠摄影）

研学成果

我和火车头的美丽邂逅

这次研学，我和火车头有了一次美丽的邂逅。

机车整备场上，一辆和谐号车头近在咫尺，和它站在一起我小得像米粒儿。铁轨上的另一个火车头，工人师傅正在洗刷外车体，准备进行检修工作。铁路安全大于天，在帅哥哥的讲解指引下，我还注意到头顶有两根黑色的长线。大家要小心了！因为那是高压电线！

体验火车模拟驾驶（申梦圆摄影）

更激动的是我还体验了一把火车司机呢！在火车模拟驾驶室里，我第一次知道火车司机是怎么开火车的，操作台上好多按钮，开动火车前要根据指令，检查行车安全，我也尝试了让列车前进、加速、停止的操作，真有趣！长大若能开上更先进的火车，岂不神气！

［五（3）班　梦菲小组］

我们参观了郑州火车站，车站可真大啊！在车站监控室的墙上是一排排的显示屏，在这里能看见车站每个角落，也能看到车站工作人员在自己的工作岗位上认真而忙碌的身影，这里真不愧是中国铁路枢纽站啊！短短几十年，中国铁路就发展如此迅速，心中的自豪感油然而生！

［五（1）班　安程小组］

研学收获

研学收获我来画

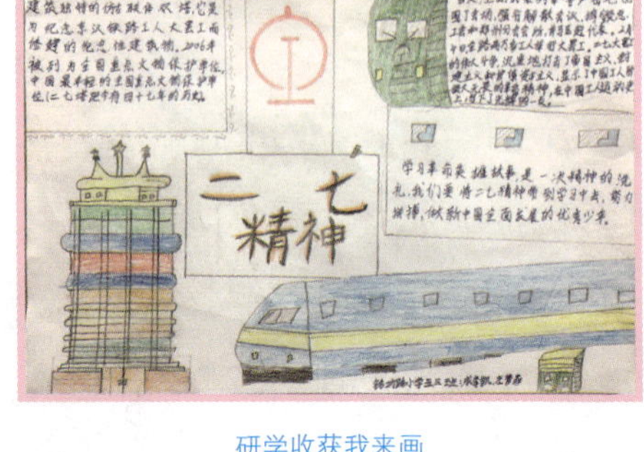

研学收获我来画

四格漫画诉感悟

四格漫画诉感悟

课题名称	我向市政来建言		
姓名	梦薇小组	时间	2019.6
研究背景	郑州的发展历史与火车、铁路紧密相连，作为一名郑州的小学生，应当了解郑州历史，了解郑州的铁路历史		
研究目的	让更多的人了解郑州和铁路的历史渊源与关系		
研究方法	实地参观，查阅资料		
研究内容	怎么样让更多的人了解郑州铁路的发展历史，找到办法		
研究结论	建议建立一个铁路主题公园： 1. 展示蒸汽机车、电力机车等模型及介绍，展望未来机车。 2. 体验火车驾驶模拟舱，让更多喜欢火车的孩子感受驾驶的乐趣。 3. 建造类似点点梦想城的职业体验区，用自己的劳动换取乘车里程或兑换币，可用来兑换火车元素礼物或手伴等。 4. 学习铁路安全知识，保证乘车安全。（用卡通雕塑或电子展板展示） 5. 地面设置铁路线网图区域，游人可沿线路感受中国铁路心脏的重要性		

导师感言

走进郑州机务段，一直被震撼包围。机务段占地之大，职员之多，分工之细，让人惊叹。工作人员认真的态度，严谨的作风，让人肃然起敬。整备场中，安全演练，一样不马虎；模拟驾驶，细致讲解，耐心指导，一个不落下；段史馆内，生动描述，一点不敷衍。

参观郑州火车站站史厅（薛珊珊摄影）

郑州火车站的职业体验，让我们看到了新一代铁路人的辛苦严谨；二七纪念馆，让我们感动于伟大的“二七精神”。一代又一代的铁路人无私无畏，甘于奉献，让我们深深爱上铁路，爱上铁路人。

研学导师　常老师

家长感言

陪儿子一起去研学

我有幸作为学生家委会成员，全程陪同这次“触郑铁百年　悟中华复兴”研学活动。

在模拟机房，孩子们亲身体验开火车，我的儿子说开火车好有意思！看着儿子激动的笑脸，是不是一个关于铁路的梦在悄悄萌芽了未来的职业规划是不是又多了一个选择？

二七纪念馆——这座独特的仿古联体双塔建筑是为纪念京汉铁路工人大罢工而修建的。伟大的“二七精神”，对我、对孩子来说都是难忘的心灵洗礼。

五（3）班学生家长

研学评价

针对学生研学过程的表现、任务完成情况、成果展示进行评价，评选出优秀研学成果、优秀小组、优秀个人；通过主题班会、学校 LED 大屏、专题板报等进行展示。

研学交流（常慧楠摄影）

评价项目	具体内容	自我评价	组内评价
过程性评价	积极参与全程活动	☆☆☆☆☆	☆☆☆☆☆
	遵守组内公约，服从小组分工	☆☆☆☆☆	☆☆☆☆☆
	时间观念强，无迟到、脱离队伍现象	☆☆☆☆☆	☆☆☆☆☆
	注意个人卫生和公共卫生	☆☆☆☆☆	☆☆☆☆☆
	个人资料内容充实，上交及时	☆☆☆☆☆	☆☆☆☆☆
结果性评价	绘图立意准确、通俗易懂，能体现研学收获	☆☆☆☆☆	☆☆☆☆☆
	文章、手抄报：情感真实，能准确表达自己的想法，条理清晰	☆☆☆☆☆	☆☆☆☆☆
	调查报告：建言符合实际，具有可操作性	☆☆☆☆☆	☆☆☆☆☆

专家点评

“触郑铁百年　悟中华复兴”研学活动集参观、探究、体验于一体，研学过程中将情感体验和知识学习相结合，将书面知识化为生活经验，帮助学生了解郑州铁路发展史，感受中国铁路高速发展，传承“二七精神”，落实学生核心素养的培养，是一次成功的研学旅行。

我的研学我做主

我想去这里：

我感兴趣的主题是：

理由不容置疑：

和谁一起很重要，吹响集结号！

分工	组长	安全员	纪律员	卫生员	书记员	宣传员
成员						
职责	整体负责 协调规划	安全提醒 全程保障	纪律严明 严宽相济	检查卫生 文明出行	资料记录 汇总整理	资料整合 设计宣传

行前功课要做足，研学攻略计划好！

到此一游我拍拍拍，合影那是必须的！

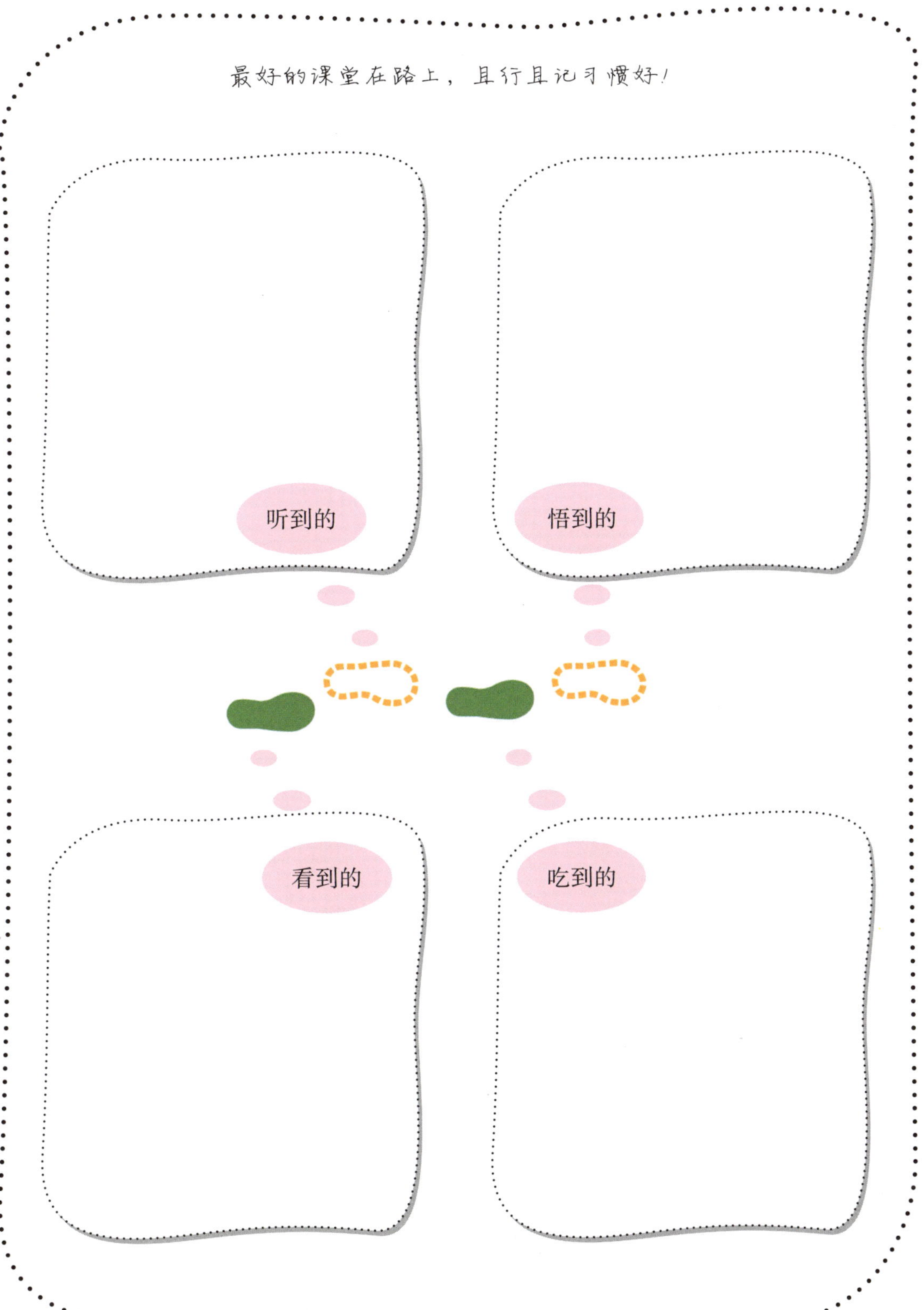
最好的课堂在路上，且行且记习惯好！
听到的
悟到的
看到的
吃到的

研学微报告

研究主题	
研究背景	
研究目的	
研究方法	
研究内容	
研究结论	
参考资料	

研学评价

研学评价	评价标准	自我评价	组内评价	导师评价
过程性评价	积极参与全程活动	☆☆☆	☆☆☆	☆☆☆
	遵守组内公约，服从小组分工	☆☆☆	☆☆☆	☆☆☆
	无迟到、脱离队伍现象	☆☆☆	☆☆☆	☆☆☆
	注重个人卫生和公共卫生	☆☆☆	☆☆☆	☆☆☆
	资料收集内容翔实，上交及时	☆☆☆	☆☆☆	☆☆☆
结果性评价	研学攻略准备充分无遗漏	☆☆☆	☆☆☆	☆☆☆
	多种方法搜集处理信息恰到好处	☆☆☆	☆☆☆	☆☆☆
	认真完成研学任务和研学手册	☆☆☆	☆☆☆	☆☆☆
	研学有成果，成果有新意	☆☆☆	☆☆☆	☆☆☆

研学感悟

研学成果

编写说明

综合实践活动是国家义务教育和普通高中课程方案规定的必修课程，是从学生真实生活和发展需要出发，以走出校园、走向社会的考察探究研学活动为主要形式，在主题活动中融合了社会服务、设计制作、职业体验和劳动教育等多种体验活动，通过观察、发现、搜集、分析、探究、创作、总结、拓展等培养学生综合素质的跨学科实践性课程。

依据《教育部关于印发〈中小学综合实践活动课程指导纲要〉的通知》《教育部等 11 部门关于推进中小学生研学旅行的意见》和《中共中央 国务院关于全面加强新时代大中小学劳动教育的意见》等文件精神，我们编写了《考察探究看我来——研学郑州实用手册》，以主题形式展现郑州从古到今翻天覆地的巨大变化，全面展现郑州改革开放以来的古城新颜和卓越成就，不仅是了解郑州、认识郑州的科普通识读本，更是热爱郑州、建设郑州的爱国主义教育素材库，对学校开发特色课程、学生确定研究主题、亲子选择研学路线等都有很好的借鉴和参考价值。

全套丛书由 15 个分册构成，每个分册一个主题，构成一个学习单元，分别是：古都郑州——建城五千年，古都展新颜；天地之中——郑州的世界名片；中岳嵩山——中国唯一的“五代同堂”地质公园；文化郑州——八千年根脉代代传；非遗郑州——千古遗存焕新颜；红色郑州——缅怀先烈，薪火相传；铁路郑州——天下枢纽再谱新篇；商城郑州——因“商”而立，因“商”而荣；科技郑州——农科创新沃土，高新科技航天；水润郑州——人水从此和谐；生态郑州——古城新韵，和谐发展；大学郑州——从古书院到“双一流”；地标郑州——聆听城市发展之音；传媒郑州——

传媒之声，声达天下；美食郑州——“食”在是“中”。

每个单元由研学资源、研学路线、优秀课例和我的研学我做主等板块组成。研学资源，汇集了相应主题下主要的可行性资源，为考察探究活动自选研学项目提供参考。研学路线，是编者实地考察探路，精心挑选推荐的优质路线。优秀课例，是已实践过的优秀研学课程成果选编，包括小学一年级到高中全学段，展现了该主题考察探究活动后的收获。我的研学我做主，是留有空白的研学手册，供阅读者面对丰富多彩的主题资源套餐，自行选定感兴趣的主餐。

本册《红色郑州——缅怀先烈，薪火相传》的编写人员有景晓妍，史国强，李风玲，赵惠普，曹淑玲，陈瑞华，贾惠芬，刘海洲，刘炜，张军，贾晓黎，刘勇，杨花妮，史卫东，宋伟琴，朱建华等。

丛书编著得到了专家学者、社会各界和实践学校的大力支持，在此表示诚挚的感谢。由于编写时间和水平所限，书中难免有不足之处，恳请广大师生在使用过程中及时提出宝贵意见，以利再版勘正。

行，知之始；知，行之将成；知行合一再创新，天马行空任你来。行－知－行综合实践活动，我们一直在路上……

考察探究，看我来！

红色郑州

——缅怀先烈，薪火相传

郑州，地处中原，有着“八大古都”“二七名城”的称号。她不仅有着悠久的历史和丰富的文化遗产，更是一座有着光荣革命传统的城市，在中国革命史上有着重要的地位。翻看中国近代史册，无数革命先烈用生命换来了和平与繁荣，我们永远怀念他们、牢记他们，让红色基因渗进血液。通过缅怀革命先烈、学习革命精神、砥砺家国情怀，我们永远不忘来路，不忘先烈之志，汇聚奋斗之力，乘着新时代的东风，风雨无阻，勠力同心向前进。如今的郑州已经是一个迈向世界的国家中心城市，更需要我们振奋精神、增加阅历，将红色基因代代传承下去，实现我们中华民族的伟大复兴。

二七纪念塔（陈瑞华摄影）

郑州市红色教育——不忘初心　传承红色基因

郑州烈士陵园

为了成立新中国，为了让人民过上富足安定的生活，中原大地上有许多仁人志士不惜牺牲自己宝贵的生命。为了让他们的精神永远激励后人，建立了郑州烈士陵园。陵园内建有浮雕影壁墙、中原英烈纪念馆、解放郑州纪念碑亭、烈士墓区、凌云堂、郑州国防园、烈士诗抄碑林等，教育后人铭记历史，延续红色血脉。

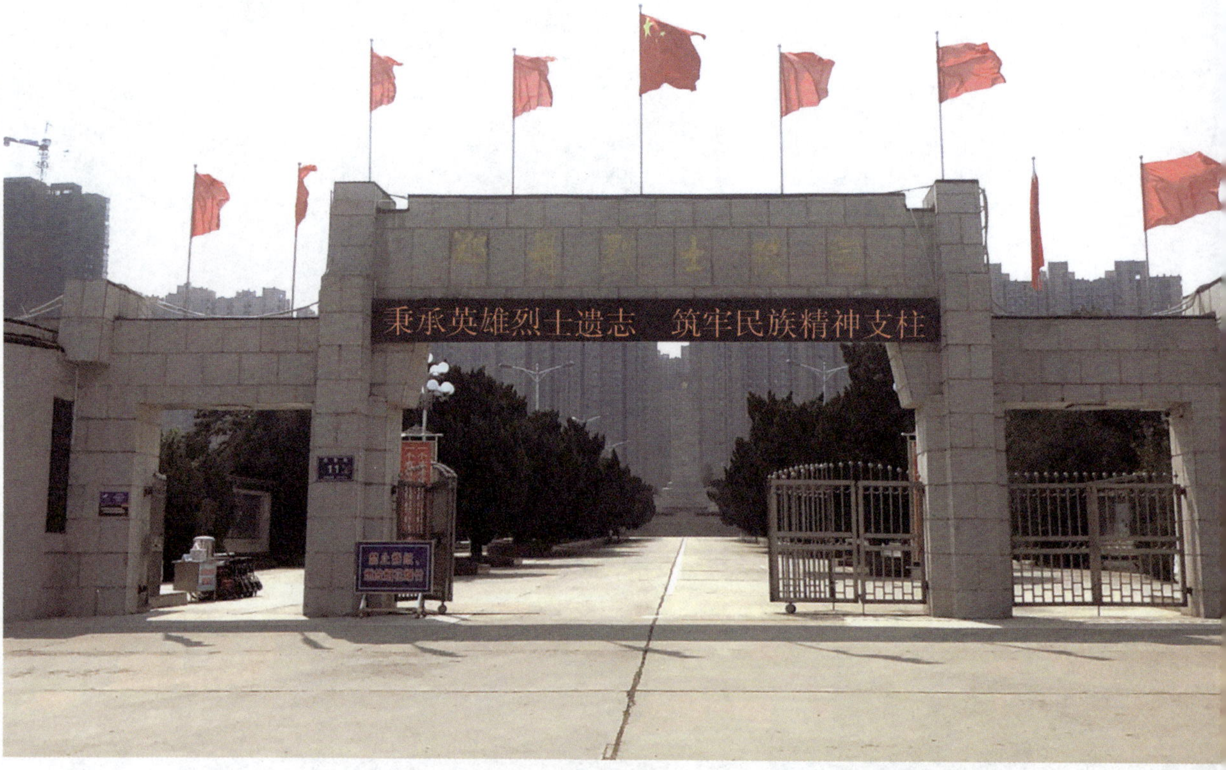

（景晓妍摄影）

（陈瑞华摄影）

二七纪念塔

二七纪念塔，位于河南省郑州市二七广场，是郑州市的标志性建筑之一，是为纪念 1923 年 2 月的京汉铁路工人大罢工而建的。京汉铁路工人大罢工是中国共产党领导的第一次工人运动高潮的顶点。中国工人阶级用生命和热血谱写了一曲中国革命的辉煌赞歌。

燕庄毛主席纪念亭

1960 年 5 月 11 日，毛主席来到郑州燕庄视察，提出“一麦一稻”的农业发展模式。自此，收完麦子种水稻的模式在燕庄乃至河南延续了下来，中原地区成为中国的重要粮仓。如今这里已建成一个现代化的商业中心——金水升龙广场（原曼哈顿商业广场）。

毛主席视察黄河旧址

1952 年 10 月底，毛主席登临位于郑州市邙山的小顶山视察黄河。毛主席指示：一定要把黄河的事情办好。

（景晓妍摄影）

郑州登封市红色教育——致敬英烈　继承革命精神

登封市革命烈士纪念馆

登封市革命烈士纪念馆位于登封市中岳大街西段的万羊岗下。1944 年 9 月，皮定均与徐子荣奉命率领先遣支队强渡黄河，抵达嵩山，并开辟了豫西抗日根据地。为了铭记老一辈共产党人不屈不挠、艰苦奋斗的嵩山精神，建立此馆。纪念馆由工农兵群体英雄塑像，革命烈士纪念馆，纪念碑，皮定均、徐子荣的墓碑等组成。

（景晓妍摄影）

登封大熊山仙人谷景区红色文化展览馆

登封大熊山仙人谷景区位于登封市徐庄镇柳泉村。景区森林覆盖率达 90% 以上，素有“绿秀山乡”的美称。大熊山自然景观丰富多彩。红色文化展览馆全面反映了登封及豫西的抗日战争历史。

郑州巩义市红色教育——峥嵘岁月　永远不会褪色

豫西抗日纪念馆

豫西抗日纪念馆坐落于革命老区——巩义市新中镇柏茂庄园内，这里曾是八路军豫西一支队与日军浴血战斗的地方。豫西抗日根据地发展的历程展现了豫西军民保家卫国，不畏牺牲的革命精神，为我们留下了不朽的永恒。

巩义市革命烈士纪念馆

巩义市革命烈士纪念馆位于巩义市北山口镇，由革命烈士纪念碑、纪念亭、纪念馆三部分组成。1948 年夏，在解放洛阳的战役中，解放军一部曾在此冒雨阻击敌人七天七夜。1991 年为了纪念牺牲的革命烈士，在战争遗址上建立了巩义市革命烈士纪念馆。

（景晓妍摄影）

（景晓妍摄影）

郑州新密市红色教育——铭记历史　弘扬爱国精神

新密市烈士陵园

新密市烈士陵园（朱建华摄影）

新密市烈士陵园位于新密市米村镇贾寨村。1945 年农历二月，八路军在一、四支队司令员皮定均、张才千的指挥下，与敌军进行了激烈战斗。牺牲的战士安葬于此。1977 年建成新密市烈士陵园，将抗日战争、解放战争、抗美援朝和社会主义建设时期壮烈牺牲的革命英烈安葬于此，这里成为缅怀先烈、铭记历史的教育基地之一。

中原豫西抗日纪念园

中原豫西抗日纪念园位于尖山乡田种湾村。皮定均司令于 1944 年在此建立的豫西抗日根据地，加强了陕甘宁边区与解放区之间的联系，为抗日战争的胜利做出了贡献，也为全国解放奠定了基础。

中原豫西抗日纪念园（朱建华摄影）

研学路线

路线 1　铭记历史　砥砺前行

中原英烈纪念馆（大革命与工人运动纪念厅→土地革命战争厅→抗日战争厅→解放战争厅）→革命先烈纪念碑→郑州国防园

推荐理由

（景晓妍摄影）

走进郑州烈士陵园，参观郑州国防园，可以充分了解我党领导革命走过的光辉历程。从风起云涌的工人运动，到星火燎原的土地革命，砥柱中原的抗日战争、解放战争。了解祖国强大的国防力量，缅怀不同时期涌现的志士仁人、英模烈士，树立为中华民族伟大复兴而学习的远大志向。

研学小贴士

1. 地址：郑州市二七区丹青路 1 号。
2. 开放时间：工作日开放（9:00—17:00）。

路线 2　追溯历史　秉承遗志

巩义市革命烈士纪念馆→豫西抗日纪念馆

推荐理由

前往巩义市革命烈士纪念馆、豫西抗日纪念馆，充分了解中国共产党领导抗日战争和解放战争的光辉历程，秉承革命先烈的遗志，树立家国情怀，为民族复兴、祖国富强而努力奋斗。

研学小贴士

1. 巩义市革命烈士纪念馆：全天免费开放。
2. 豫西抗日纪念馆：
开放时间：8：30—12：00；14：00—17：30

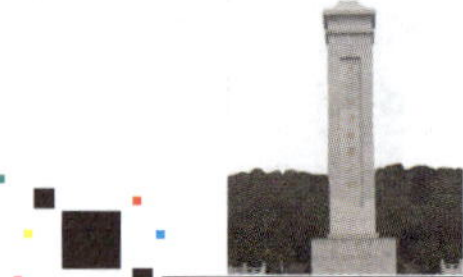

路线 3　缅怀先烈　圆梦中华

（陈瑞华

二七纪念馆→二七塔→二七广场

推荐理由

在二七纪念馆了解、探究京汉铁路工人大罢工的历史。

二七塔前缅怀革命先烈。

看一看、逛一逛如今繁华的二七广场，珍惜来之不易的幸福生活。夜游二七广场，会领略到美不胜收的璀璨灯光。

二七纪念馆开放时间：

周二至周日 9：00—17：00，周一闭馆。

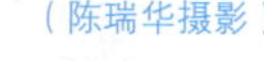

（陈瑞华摄影）

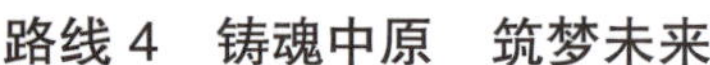

路线 4　铸魂中原　筑梦未来

碧沙岗公园→郑州博物馆→郑州科学技术馆

推荐理由

碧沙岗公园四季常青，鸟语花香，景色宜人。

郑州博物馆（蔡晓妍摄影）

（蔡晓妍摄影）

园内有聂荣臻元帅为北伐阵亡将士题词的纪念碑，是郑州市中国近代革命历史遗迹，也是爱国主义教育基地。让我们研学北伐历史，体味“碧血丹心，血殷黄沙”的爱国精神。

郑州博物馆让我们穿越历史，领略郑州古都风采，感受古代文化神韵，增强家乡自豪感。

郑州科学技术馆有丰富多彩的展览和形式多样的科技活动，树立学习科学文化知识，为祖国做贡献的目标。

研学小贴士

1. 郑州博物馆开放时间：夏季：9：00—17：30（17：00停止入场）；
   冬季：9：00—17：00（16：30停止入场）。
   周二闭馆。
2. 郑州科学技术馆开放时间：周三至周日，9：00—17：00。

郑州科学技术馆（景晓妍摄影）

优秀课例

延续红色血脉，传承红色基因

红色基因是革命的传家宝，是宝贵的精神财富，是社会主义核心价值观的有机组成部分。现在我们生活安逸，无忧无虑，让我们走进红色根据地，走近英雄，唤醒我们继承和发扬革命传统的意识，弘扬爱国主义精神，在和平年代里，用自己的聪明才智和辛勤汗水，争做新时代的好少年！

巍巍凤凰山，丰碑立高坛，
烈士永长存，精神记心间。
抗日纪念园，故事永流传，
重走长征路，争做好队员。

（朱建华摄影）

（朱建华摄影）

研学路线

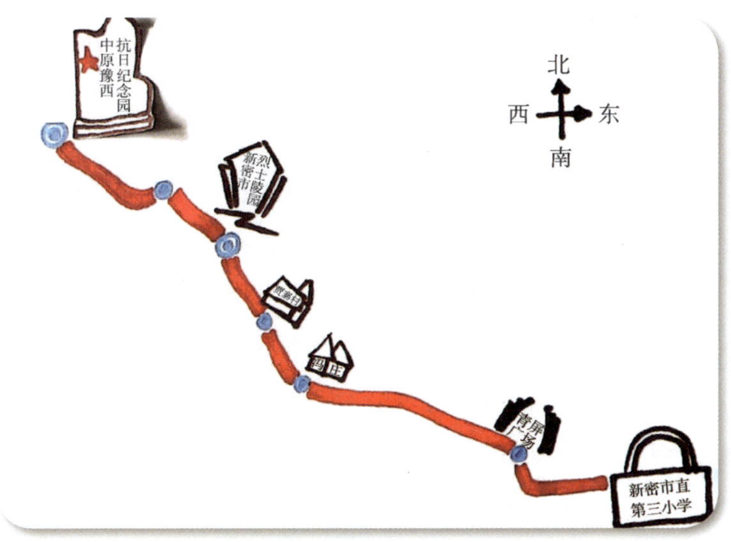

研学路线图（于彩利绘）

从学校门口出发→到达新密市烈士陵园→乘车前往中原豫西抗日纪念园→参观抗日纪念园→重走长征路，徒步行进 5 公里→乘车返回学校

研学目标

1. 通过凤凰山烈士陵园祭奠英烈活动，了解革命先辈的英雄事迹，激发爱国心、进取心、责任心。

2. 通过参观中原豫西抗日纪念园、唱红歌、讲红色故事、诵红色诗词等活动，继承发扬革命精神，传承红色基因。

3. 从自身做起，从身边的点滴做起，让红色血脉代代相传。

研学规划

时间安排		研学内容
早上	7:30—7:40	到达教室，换红军服
	7:40—8:00	操场集合，举行升旗仪式，宣誓
上午	8:00—8:50	集合乘车，前往新密市烈士陵园，欣赏沿途田园风光
	8:50—10:00	举行祭奠英烈活动，为烈士敬队礼、敬献鲜花
	10:00—10:40	参观烈士遗物展馆，缅怀先烈
	10:40—11:30	乘车前往中原豫西抗日纪念园，沿途欣赏伏羲山自然风光，体验伏羲山地貌
中午	11:30—13:00	就餐
下午	13:00—14:30	参观中原豫西抗日纪念园中各个展馆，体验讲解员的角色，讲解革命历史
	14:30—14:50	诵红色诗词
	14:50—15:20	讲自己了解的英雄故事
	15:20—16:20	重走长征路，励志徒步行。5 公里徒步行进，体验革命先辈不怕苦累、勇敢坚强的长征精神
	16:30—17:40	乘车返校。车上交流分享感受

研学任务 **红色诗词住我心**

可爱的中国

赵惠普

把所有的爱捧在手心
把所有的情装进胸腔
把所有烈士的鲜血
溶入黄河、长江
然后用最深情的拥抱
把五星红旗拥入怀中
用滚烫的泪、颤抖的唇
亲吻我最可爱的中国

曾有过锤头镰刀前的誓言
曾有过血雨腥风的抗争
曾有过艰苦卓绝的西行
当您听到四万万同胞的呐喊
听到一个民族
在最危险时刻发出的怒吼
您用气吞山河的气魄
擎起了一面神圣的旗帜
然后，向全世界庄严地宣告
一个崭新中国的使命

中国，我最可爱的中国
你从风雨中走来
遍体鳞伤地肩负起
人民的重托
迈着铿锵有力的步伐
唱着悲壮激昂的进行曲
用拼搏与智慧
使命与担当
让您的儿女们
越来越多地拥有了
举世瞩目的尊严

中国，我最可爱的中国
尽管你的来路万水千山
也许你的前程会有崎岖弯弯
但当新时代的领路人
把人民对美好生活的向往
确定为自己奋斗目标的
那一刻起
中国的未来
就必将在人民的共同奋斗中
雄健豪迈地
走向中华民族伟大复兴的
辉煌明天

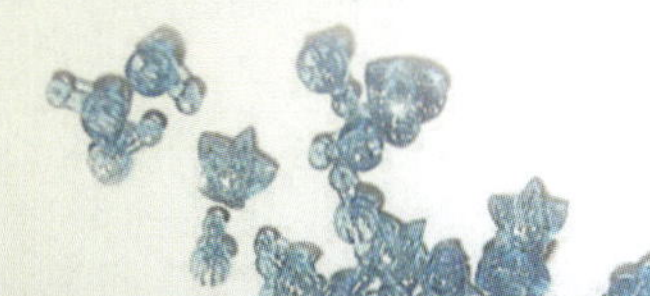

诵读《可爱的中国》这首诗，是不是内心很激动？还有很多红色诗词气势磅礴、振奋人心。请写出一至两首红色诗篇，并大声地朗诵吧！

（朱建华 摄影）

红色故事我来讲

家乡流传的英雄故事有很多。你还知道哪些英雄故事，讲给同学们听一听吧！请写出自己知道的英雄故事，还可以配上插图。

（朱建华 摄影）

革命历史永不忘

在抗日战争中，家乡人民团结一心、奋勇抗战，在艰苦的环境里浴血奋斗、不怕牺牲，最终取得了革命的胜利，换来了今天的幸福生活。革命精神值得我们永远学习，革命历史值得我们永远铭记。让我们走进展馆，做个“小小讲解员”，为大家讲讲革命历史吧！

（朱建华摄影）

（朱建华摄影）

研学微报告

根据研学旅行中的探究学习，整理资料完成研学报告。

研学主题			
研学地点			
研学目的			
研学内容			
研学时间		记录人	
活动过程			
研学感悟			

研学评价

评价类型	评价内容	学生自评	小组互评	等级
过程性评价	全程参与小组活动	☆☆☆☆☆	☆☆☆☆☆	
	遵守组内公约、纪律观念强	☆☆☆☆☆	☆☆☆☆☆	
	时间观念强，无迟到、脱离队伍现象	☆☆☆☆☆	☆☆☆☆☆	
	注重个人卫生和公共卫生	☆☆☆☆☆	☆☆☆☆☆	
	个人资料上交及时，内容充实	☆☆☆☆☆	☆☆☆☆☆	
结果性评价	能写出一至两首红色诗词	☆☆☆☆☆	☆☆☆☆☆	
	能讲一个英雄故事	☆☆☆☆☆	☆☆☆☆☆	
	研学微报告填写认真，质量高	☆☆☆☆☆	☆☆☆☆☆	

研学故事

（朱建华摄影）

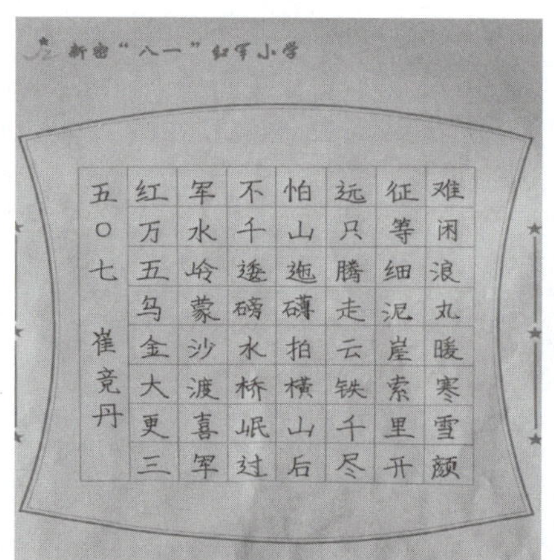

新密"八一"红军小学

红军不怕远征难
万水千山只等闲
五岭逶迤腾细浪
乌蒙磅礴走泥丸
金沙水拍云崖暖
大渡桥横铁索寒
更喜岷山千里雪
三军过后尽开颜

五〇七 崔竞丹

（朱建华摄影）

新密"八一"红军小学

一九四四年河南沦陷后，国民党第一行署的保安团和别动队、密南自卫团、密县县政府等国民党顽固势力和伪军赵振江部，聚集在密县南部的风后顶、玉皇庙、养老湾、槐树岭和超化镇的樊寨、杏树岗一带，成为豫西十余县顽军的指挥中心。他们消极抗日，积极反共，不断进犯我密北抗日根据地。为了摧毁这个反动营垒，保卫人民已取得的胜利果实，一九四五年三月，河南军区决定以一支队的三团、三十五团和四支队的十团及密抗日独立团等部队为主力，由皮定均、张才千司令员统一指挥，发起密南战役，消灭密南顽军和伪军。

五〇七 孙思雨

研学活动感悟

研学微报告

研学掠影

向烈士献花（朱建华摄影）

安静列队参观（朱建华摄影）

重走长征路（朱建华摄影）

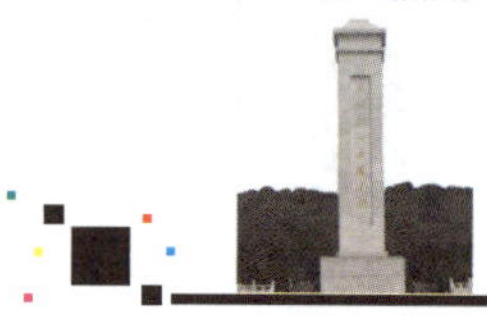

改革开放，发展之源

——“纪念改革开放四十周年”老家郑州篇研学旅行课程

为贯彻落实教育部《关于推进中小学生研学旅行的意见》，以“纪念改革开放四十周年”为契机，开发“改革开放，发展之源”老家郑州篇研学旅行课程，在学校“纪念改革开放四十周年辉煌成就”展厅的研学基础上，组织八年级全体学生赴郑州市二七纪念塔、燕庄毛主席纪念亭、古柏渡南水北调工程，研学红色郑州，弘扬红色文化；体验改革开放后，老家郑州的沧桑巨变，了解郑州人民在党的领导下敢于创新，锐意进取的精神和改革开放取得的辉煌成就；感悟中国共产党以人民福祉为己任的执政理念和宗旨，培养学生爱国主义精神、创新意识，树立为民族复兴而学习的人生目标，初步实现研学旅行促“人格健全、个性发展”的育人目标。

研学目标

1. 通过赴二七纪念塔、花园口、燕庄等地研学，感受家乡巨变，继承革命传统，弘扬红色文化。

2. 通过赴郑东新区、古柏渡研学，追溯中原腾飞之源，培养改革开放意识、研究型学习习惯；感受大美郑州，分享发展红利，增长安全知识，培养独立生活能力。

（刘勇摄影）

研学路线

学校课程组依托研学课程，设计开发出符合“改革开放，发展之源”老家郑州篇研学旅行路线。

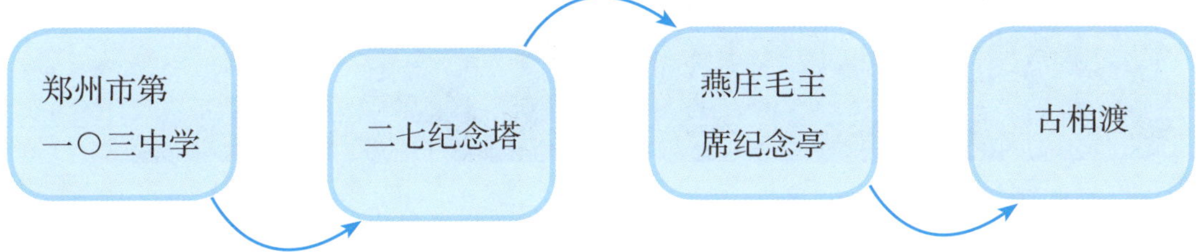

研学准备

1. 成立学生研学小组，做好研学旅行准备工作。

2. 研学小组确定研学主题。

3. 研学小组通过多种途径搜集改革开放新时期的历史图文资料，夯实研学知识基础。

4. 研学小组制定研学公约、安全预案。

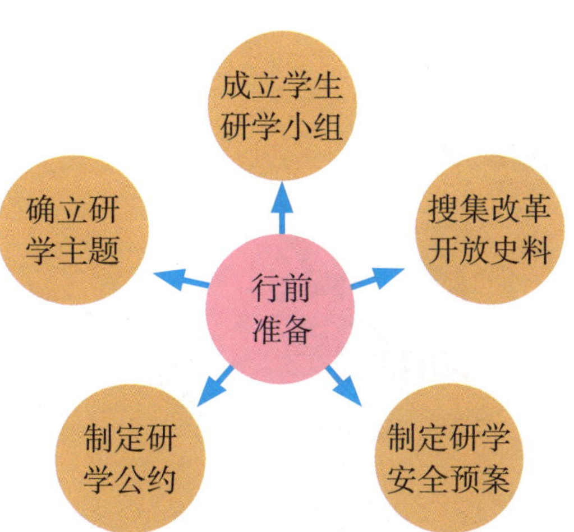

行前课程

为推动整建制研学的顺利实施，学校布置“纪念改革开放四十周年辉煌成就”展厅，从背景到政策、从国家到郑州对改革开放进行全面介绍，为研学夯实知识基础。

老家郑州商业成果展（史国强摄影）

党的重大会议展（史国强摄影）

老师在展厅为学生讲解（张军摄影）

学生在一楼展厅参观研学（史国强摄影）

分班参观学校展厅，完成行前研学任务。

1. 结合展厅研学，请设计一张“改革开放民主法治成就展”手抄报。（方案写在空白处）

（史国强摄影）

2. 学校展厅中写到“铁路，给中原大地拉来了一座现代化城市”。请你为李女士设计一条从成都到郑州东区会展中心参加糖烟酒博览会的最便捷的路线。（要求：画出简图）

行中课程

参加研学出征仪式后，八年级分班赴二七纪念塔→燕庄毛主席亭→古柏渡研学，完成研学任务。

1. 看红色郑州，研学二七纪念塔，弘扬革命传统。通过二七纪念塔研学，请你分析“没到‘二七塔’，就等于没到过郑州”这句话的真正含义。

（刘丹丹摄影）

2. 循着伟人足迹，观郑州沧桑巨变。完成以下研学任务：

（1）毛主席视察燕庄纪念亭内碑文记载“公元一九六零年五月十一日下午……毛泽东在有关领导陪同下，驱车燕庄……”请结合研学，分析毛主席视察燕庄时，我国经济出现了什么问题？原因是什么？

（2）改革开放促发展，昔日麦浪飘香的燕庄已经成为郑州的商业中心。请结合研学及所学知识分析燕庄发生巨变的原因。

（史国强摄影）

（3）新中国成立后，毛主席先后于1952年、1958年、1959年、1960年和1964年五次视察郑州。其中，1952年视察黄河时毛主席向铁道部部长指出要重视郑州在中国举足轻重的枢纽地位。请你结合研学，画出途经郑州的主要铁路、公路交通线。

3. 研学古柏渡穿黄枢纽工程，观当代中国人民的红旗渠，探世纪工程，感改革开放魅力。完成以下研学任务：

（1）请结合研学，分析归纳新中国能够建成南水北调这一世界最大跨流域调水工程的背后原因。

（史国强摄影）

（2）研学古柏渡枢纽工程，品甘甜“长江水”，身体力行珍惜水资源。请你为宣传节约用水制作一幅宣传标语或宣传画。

（史国强摄影）

4. 把研学旅行的美丽瞬间用照片记录下来。

行后课程

请同学们结合研学课程和实地研学体验，进行研学交流，并在学习中运用内化提升，总结归纳研学心得体会，完成研学课程作业，得出相关有形研学成果。

1. 我把心中的故事讲给你听——说一说我心中改革开放的故事。写出自己心中改革开放时期最值得骄傲的故事，利用课前 3 分钟演讲说给同学们听，提升家国情怀，培养爱国主义精神，树立为民族复兴而学习的人生目标。

2. 用笔记录成长的喜悦。

行万里路，读万卷书。请以“改革开放，梦圆中华”为主题，写一篇“纪念改革开放四十周年”短文或研学心得体会。

研学评价

本课程的评价采取过程性评价和终结性评价相结合的方式，对学生和班级进行全方位评价。

1. 学生评价：过程性评价为主（占 60%），终结性评价为辅（占 40%）。每项为 10 分，30% 的学生等级分评定为 A，50% 的学生等级分评定为 B，20% 的学生等级分评定为 C。具体评价内容见下表：

姓名：__________

		过程性评价			终结性评价		总分	等级分
		研学态度	纪律观念	环保意识	研学课程	征文心得		
权重	自评 30%							
	班评 40%							
	师评 30%							

依据学生评价积分评出“纪念改革开放四十周年”研学旅行先进学员，在表彰大会进行公开表彰。

2. 班级研学旅行评价：对各班在研学旅行中的态度、纪律、研学课程完成情况、安全意识等表现进行全面评价，促进研学旅行全面开展，并根据积分评出 4 名“研学旅行先进班集体”，在 2019 年初的表彰大会上进行公开表彰。

班级：__________

		态度	纪律	研学课程完成情况	安全意识	总分
权重	班评 40%					
	师评 60%					

研学总结

本次八年级整建制研学，将“体验教学”与学校道德课堂、国家课程融为一体，打破校园篱笆，利用社会大课堂打造精品道德课堂，在研学中取得一系列成果：

（史国强提供）

1. 通过布置“纪念改革开放四十周年辉煌成就”展厅，学生全面了解改革开放全貌，初步树立改革创新意识，推动研学旅行深入开展。

（史国强提供）

2. 通过整建制的研学旅行，学生树立集体意识、团结合作意识、规则意识、安全意识，提升集体主义、合作共赢精神。在研学旅行中，评出研学旅行优秀班集体。

（史国强提供）

3. 在研学中编写“改革开放，发展之源”老家郑州篇研学旅行课程一册，并整理刻录研学视频一份。

（史国强提供）

4. 形成了一批研学旅行摄影作品、优秀作品等有形成果。

我的研学我做主

我想去这里：

我感兴趣的主题是：

理由不容置疑：

和谁一起很重要，吹响集结号！

分工	组长	安全员	纪律员	卫生员	书记员	宣传员
成员						
职责	整体负责 协调规划	安全提醒 全程保障	纪律严明 严宽相济	检查卫生 文明出行	资料记录 汇总整理	资料整合 设计宣传

行前功课要做足，研学攻略计划好！

到此一游我拍拍拍，合影那是必须的！

最好的课堂在路上，且行且记习惯好！

听到的

悟到的

看到的

吃到的

研学微报告

研究主题	
研究背景	
研究目的	
研究方法	
研究内容	
研究结论	
参考资料	

研学评价

研学评价	评价标准	自我评价	组内评价	导师评价
过程性评价	积极参与全程活动	☆☆☆	☆☆☆	☆☆☆
	遵守组内公约，服从小组分工	☆☆☆	☆☆☆	☆☆☆
	无迟到、脱离队伍现象	☆☆☆	☆☆☆	☆☆☆
	注重个人卫生和公共卫生	☆☆☆	☆☆☆	☆☆☆
	资料收集内容翔实，上交及时	☆☆☆	☆☆☆	☆☆☆
结果性评价	研学攻略准备充分无遗漏	☆☆☆	☆☆☆	☆☆☆
	多种方法搜集处理信息恰到好处	☆☆☆	☆☆☆	☆☆☆
	认真完成研学任务和研学手册	☆☆☆	☆☆☆	☆☆☆
	研学有成果，成果有新意	☆☆☆	☆☆☆	☆☆☆

研学感悟

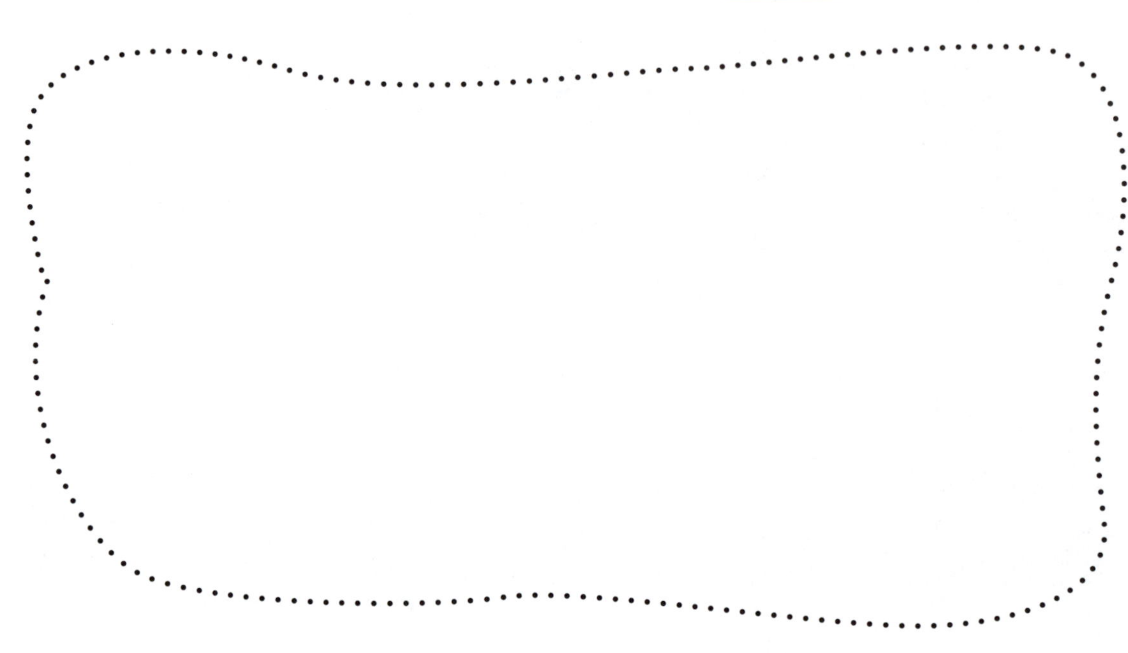

研学成果

编写说明

综合实践活动是国家义务教育和普通高中课程方案规定的必修课程，是从学生真实生活和发展需要出发，以走出校园、走向社会的考察探究研学活动为主要形式，在主题活动中融合了社会服务、设计制作、职业体验和劳动教育等多种体验活动，通过观察、发现、搜集、分析、探究、创作、总结、拓展等培养学生综合素质的跨学科实践性课程。

依据《教育部关于印发〈中小学综合实践活动课程指导纲要〉的通知》《教育部等11部门关于推进中小学生研学旅行的意见》和《中共中央　国务院关于全面加强新时代大中小学劳动教育的意见》等文件精神，我们编写了《考察探究看我来——研学郑州实用手册》，以主题形式展现郑州从古到今翻天覆地的巨大变化，全面展现郑州改革开放以来的古城新颜和卓越成就，不仅是了解郑州、认识郑州的科普通识读本，更是热爱郑州、建设郑州的爱国主义教育素材库，对学校开发特色课程、学生确定研究主题、亲子选择研学路线等都有很好的借鉴和参考价值。

全套丛书由15个分册构成，每个分册一个主题，构成一个学习单元，分别是：古都郑州——建城五千年，古都展新颜；天地之中——郑州的世界名片；中岳嵩山——中国唯一的“五代同堂”地质公园；文化郑州——八千年根脉代代传；非遗郑州——千古遗存焕新颜；红色郑州——缅怀先烈，薪火相传；铁路郑州——天下枢纽再谱新篇；商城郑州——因“商”而立，因“商”而荣；科技郑州——农科创新沃土，高新科技航天；水润郑州——人水从此和谐；生态郑州——古城新韵，和谐发展；大学郑州——从古书院到“双一流”；地标郑州——聆听城市发展之音；传媒郑州——

传媒之声，声达天下；美食郑州——“食”在是“中”。

每个单元由研学资源、研学路线、优秀课例和我的研学我做主等板块组成。研学资源，汇集了相应主题下主要的可行性资源，为考察探究活动自选研学项目提供参考。研学路线，是编者实地考察探路，精心挑选推荐的优质路线。优秀课例，是已实践过的优秀研学课程成果选编，包括小学一年级到高中全学段，展现了该主题考察探究活动后的收获。我的研学我做主，是留有空白的研学手册，供阅读者面对丰富多彩的主题资源套餐，自行选定感兴趣的主餐。

本册《非遗郑州——千古遗存焕新颜》的编写人员有赵丽、赵利涛、曹淑玲、冯晓辉、李亚美、史兆霞、郑晓艳、赵芳、王莉、樊颖颖、孟俊峰、周雅莉、涂家琪等。

丛书编著得到了专家学者、社会各界和实践学校的大力支持，在此表示诚挚的感谢。由于编写时间和水平所限，书中难免有不足之处，恳请广大师生在使用过程中及时提出宝贵意见，以利再版勘正。

行，知之始；知，行之将成；知行合一再创新，天马行空任你来。行－知－行综合实践活动，我们一直在路上……

考察探究，看我来！

非遗郑州

——千古遗存焕新颜

郑州地处中原腹地，是中华人文始祖轩辕黄帝故里，也是中国八大古都之一。在悠长的历史长河中，这里的劳动人民经过长期的实践，留下了丰富的非物质文化遗产。

郑州非物质文化遗产呈现了中原大地历经千年沉淀而成的华夏文明，其珍贵和价值不言而喻。其中，少林功夫、新郑黄帝故里拜祖大典、超化吹歌、苌家拳、小相狮舞、登封窑陶瓷烧制技艺6项入选国家级非物质文化遗产代表性项目名录，许由传说、黄河澄泥砚、闹阁、猴加官等40个项目入选省级非物质文化遗产代表性项目名录，4人被评为国家级非物质文化遗产项目代表性传承人，30人被评为省级非物质文化遗产项目代表性传承人。这些代表着中原地域特点的非物质文化遗产焕发出勃勃生机，借助孩子那一双双好奇的眼睛，种下一颗颗喜爱非遗的种子，这些种子终将开出神奇的花朵，相互竞艳。

研学资源

非遗传人——不忘初心　弘扬传统文化

登封窑陶瓷烧制技艺非遗代表性传承人——李景洲

李景洲，国家级非物质文化遗产项目代表性传承人，现任登封窑陶瓷博物馆馆长，建立了登封窑传承保护基地，在历史名窑“登封窑”的研究、保护、恢复和开发中做出了突出贡献。

猴加官非遗代表性传承人——魏义民

魏义民，河南省省级非物质文化遗产项目代表性传承人，绝技“猴加官”入选“河南省省级非物质文化遗产名录”，他一生为猴加官技艺的传承、中原文明的传递、华夏文化的创新作出了突出的贡献。

面塑非遗代表性传承人——曹顺兰

曹顺兰，河南省省级非物质文化遗产项目代表性传承人，生于面人世家，是第三代传承人，痴迷面塑已有70多载，她是中国民间文艺家协会会员，河南省民间工艺美术大师。获得首届亚太地区民间艺术家最高奖——金飞鹰奖、中华汉学家艺术金奖等。

剪纸非遗代表性传承人——连德林

连德林，河南省省级非物质文化遗产项目代表性传承人，著名民间艺术家，在剪纸和民间歌谣方面造诣颇深。他曾多次举办个人剪纸展，剪纸作品多次在国家级、省级民间艺术节中获奖。

高浮雕传拓技术非遗代表性传承人——李仁清

李仁清，河南省省级非物质文化遗产项目代表性传承人，文博界著名传拓技师，从事传拓工作30余年，省级非物质文化遗产传承人。被誉为“高浮雕传拓艺术第一人”，为“天地之中”嵩山古建筑群申遗、丝绸之路申遗提供了珍贵的资料。

嵩山木雕非遗代表性传承人——王振北

王振北，河南省省级非物质文化遗产项目代表性传承人，工艺美术大师，河南省民间文艺家协会会员，郑州市工艺美术行业协会会员。被中国文联授予“海峡两岸德艺双馨艺术家”称号，荣获“首届河南优秀青年工匠”称号。

嵩山木版年画非遗代表性传承人——耿炳伦

耿炳伦，河南省省级非物质文化遗产项目代表性传承人，国家高级美术师、中国民间文艺家协会会员。登封市首届美协主席、文化馆馆长、天中书画院院长、嵩山木版年画第五代传人。2008年开始着手嵩山木版年画的复兴、研究和创作，成立了嵩山木版年画研究所。

古琴斫制技艺非遗代表性传承人——王栋

王栋，郑州市市级非物质文化遗产项目代表性传承人，中州派古琴制作技艺代表性传承人，正合古琴研究所所长，中国民族器乐协会古琴学术委员会会员，中国民族管弦乐协会古琴学会会员，河南民族管弦乐协会古琴学会理事。

烙画非遗代表性传承人——任更顺

任更顺，郑州市市级非物质文化遗产项目代表性传承人，出生于烙画世家，从事烙画艺术30余年，被评为郑州市非物质文化遗产保护项目烙画传承人，曾荣获郑州第七届、十一届文学艺术成果奖、第十届亚洲艺术特别荣誉奖等。

香包非遗代表性传承人——芦爱玲

芦爱玲，郑州市市级非物质文化遗产项目代表性传承人，出生于香包世家，是郑州市非物质文化遗产香包传承人。她对民间技艺有着深厚的感情，继承了奶奶的香包制作技艺。她遍寻中药店，经过多年经验积累后创造出独特香料配方。

非遗场馆——多姿多彩　共享文化盛宴

郑州非物质文化遗产展示馆

郑州非物质文化遗产展示馆，位于郑州市中原路与嵩山路交叉口向南200米路西，免费参观，全年开放，囊括了郑州市非物质文化遗产项目的展览展示、制作表演、收藏培训、体验传习等，集中了各级非物质文化遗产资源和非物质文化遗产保护成果，是非遗爱好者了解和学习非物质文化遗产的首选之地。

郑州文化馆

郑州文化馆，成立于1948年11月，国家一级文化馆，是公益性群众文化事业机构，隶属于郑州市文化广电和旅游局。内设有办公室、文艺部、美术部、培训部、创研部、雕塑壁画院等，增挂非物质文化遗产保护中心办公室、文化志愿服务中心。

郑州博物馆

郑州博物馆，成立于1957年7月，是一座地方综合性博物馆。作为公益性文化机构，郑州博物馆承担着文物收藏、陈列展览、宣传教育、科学研究等多种职能，是集中展示古都郑州历史文化名城风采和社会主义精神文明建设成果的重要窗口。

郑州黄河文化公园

郑州黄河文化公园，地处黄河之滨，是国家级风景名胜区，国家AAAA级旅游景区，国家水利风景区。经开发建设，已形成了融观光旅游、科普教育、寻根祭祖、弘扬华夏文明为一体的大型风景名胜区。

郑州黄河国家地质公园地质博物馆

郑州黄河国家地质公园地质博物馆，位于郑州市黄河文化公园，是一座集科普教育、科学研究、标本收藏、观赏娱乐为一体的综合性地质博物馆。该馆通过高科技手段展示了黄河、黄土、黄土高原、黄淮平原的形成与演变过程。

郑州市登封窑陶瓷博物馆

郑州市登封窑陶瓷博物馆，位于登封市市区西南 3 公里的东华镇王村，是一个集展示、传承、教育、体验、创作、休闲等为一体的综合性陶瓷文化园。以弘扬嵩山陶瓷文化为主旨，是为社会发展服务的永久性公益机构，也是对广大青少年进行传统教育和爱国主义教育的基地。

郑商瓷工程技术研究中心

郑商瓷工程技术研究中心，位于中原路郑州大学老校区院内，是全国陶瓷文化研发中心、展览中心、创作中心、交流中心、古陶瓷鉴定中心。基地位于二七区樱桃沟景区，可进行参观、创作、体验等项目活动，是青少年陶瓷文化教育基地、陶瓷文化成人教育基地、中小学陶瓷文化师资培训基地。

郑州市传熙烙画艺术博物馆

郑州市传熙烙画艺术博物馆位于惠济区古城村，是一个集展览、创作、培训、经营为一体的文化大院。大院古色古香，3 块铜匾“河南省知名文化品牌”“惠济区农民文化大院”“惠济区非物质文化遗产”高挂门前。

中原非遗研究院

中原非遗研究院属于非遗志愿者团体和非盈利性公益组织。主要任务是团结和组织社会各界力量，开展非物质文化遗产的调查和理论研究。成立至今，已搜集非遗实物上万件，图书近万册。该院“资源共享”，积极协助大中专院校师生开展非遗研究，面向中小学生开放。

倪宝诚民间艺术收藏展示馆

倪宝诚民间艺术收藏展示馆，以倪宝诚先生六十余年的收藏、著作、生活场景等为主题版块，馆内有泥泥狗、泥咕咕、年画、剪纸、陶瓷等2万余件民间艺术收藏品。倪宝诚先生1988年被文化部授予“民间美术工作开拓者”称号，获得河南省民间文艺金鼎奖、终身成就奖等。

中原文化会客厅

中原文化会客厅，设有 “非遗工艺美术博物馆”“非遗工艺美术研习基地”等，常年开展非遗进校园、非遗进社区、非遗项目展示、非遗技艺培训、非遗文化讲座、非遗故事会等丰富多彩的公益性活动，让民众深入了解非遗，普及非遗知识，发展非遗事业。

探索千年文明　传承非遗精神

线路 1：郑州文化馆→郑州非物质文化遗产展示馆→郑州博物馆

推荐理由：

“三馆”紧相邻，均在嵩山南路，到达文化馆后，步行便可参观其余两馆，非常方便。

郑州市文化馆一楼为雕塑园，风景优美。二楼的非遗长廊，介绍了蛋雕、列子传说、摸摸会、超化吹歌、少林功夫等独具特色的非遗项目。

郑州市非遗馆不仅可以欣赏到郑州各类非遗项目，还能跟传承人学非遗，又能把心仪的非遗作品带回家，从中体验非遗活动带来的乐趣，增强传承非遗文化的责任担当。

郑州博物馆内收藏有郑州商城遗址出土的精美古朴青铜器、玉器、原始瓷器等各类文物 5 万余件，件件文物彰显着郑州深厚的文化底蕴。

研学小贴士

1. 郑州非物质文化遗产展示馆

（1）开放时间：9:00—18:00（星期一闭馆）。

（2）非遗展览馆分两层，一层展示区，二层体验区，可容纳 50 人同时体验。

2. 郑州博物馆

（1）开放时间：9:00—17:00（夏季），9:00—16:30（冬季）。星期二闭馆。

（2）携带身份证领票入场。

欣赏精品瓷器　品味地方戏剧

线路2：郑商瓷工程技术研究中心→郑商瓷工程技术基地→茶香村戏剧茶楼

推荐理由：

阎夫立，郑商瓷创始人，郑州大学陶瓷文化研究中心主任、历史学院教授，国家级德艺双馨艺术家，中国民间文艺家协会陶瓷艺术专业委员会主任。阎教授从事陶瓷事业40余年，获专利一千多项。

李梅花，工艺美术大师，郑商瓷研究中心所长，郑州大学陶瓷文化研究中心副主任。她多年来从事科研、教学工作，带领科研人员克服种种困难铸造郑州市文化名片——郑商瓷。

郑商瓷工程技术研究中心结合郑州窑和青商瓷，创新出当代新的瓷种——郑商瓷。郑州大学郑商瓷研究中心陈列了琳琅满目的瓷器，接待各参观团体。郑商瓷作为郑州市文化名片曾三次参加世界博览会。郑商瓷工程技术基地是首批全国中小学科普教育社会实践基地，全省陶瓷文化科研、教学、创作、开发的重要基地，其中包括传统陶瓷文化教育，现代陶瓷文化理念的研究，青少年陶瓷文化教育的研究，中小学陶瓷文化师资培训。

茶香村戏剧茶楼成立于 1996 年，地处郑州市管城区东太康路 3 号二楼。以河南地方戏剧为主要演出内容，剧种有豫剧、曲剧、越调、河南坠子等。

研学小贴士

1. 参观郑州大学郑商瓷工程技术研究中心、基地，需要提前预约。
2. 茶香村戏剧茶楼演出时间 20:30—22:30。

纵览黄河文化　领略传统工艺

线路 3：郑州黄河文化公园→郑州黄河国家地质公园地质博物馆→郑州市传熙烙画艺术博物馆

推荐理由：

郑州以其悠久的历史、灿烂的文化，形成了根深源正、独具特色的黄河文化。郑州黄河文化公园位于郑州市西北黄河之滨，园内主要景区为五龙峰、岳山寺、骆驼岭、炎黄二帝雕塑、星海湖、黄河母亲哺育像等四十余处景点。

郑州黄河国家地质公园地质博物馆，又称窑洞上的博物馆，特色窑洞与现代材料相融合，再现了黄河

中下游一带的民居、礼仪、婚俗、节庆、服饰、饮食、民间艺术等场景，是了解黄河文化的窗口。

本条线路里还能看到我国四大名砚中唯一以泥为材料烧制而成的澄泥砚。一方澄泥砚从选泥到制成要一年多的时间。

在郑州市传熙烙画艺术博物馆，可以欣赏到精美的烙画。其画面不但有西洋画的写实，又有中国画的含蓄，还时时彰显着浮雕的痕迹，产生彩色的效果，即不施色彩又胜似五彩。在这里既陶冶情操又培养兴趣，还有助于养成严谨专注、追求卓越的精神。

研学小贴士

1. 郑州黄河文化公园开放时间：6:30—19:00。
2. 郑州黄河国家地质公园地质博物馆免费开放，时间：8:30—16:30。

探寻古瓷源头　感受陶瓷文化

线路 4：郑州市登封窑陶瓷博物馆→登封前庄瓷窑遗址

推荐理由：

瓷器作为中国的国粹，承载着巨大的文化内涵和历史信息，与大家的生活息息相关，甚至被誉为中国“第五大发明”。

郑州市登封窑陶瓷博物馆园区古色古香，环境优美，拥有深厚的文化底蕴和浓重的人文气息。登封窑陶瓷制作技艺历史悠久，工艺精湛，在厚重的嵩山文化熏陶下诞生出“珍珠地”“剔刻花”等扬名中外的珍贵瓷种，被世界各大博物馆收藏。丰富的藏品不仅是学生学习陶瓷文化、了解古人生活最好的切入点，也是放松心情、开阔眼界的理想平台。

登封前庄瓷窑遗址位于登封市宣化镇前庄村南北台地附近，遗址由以前庄遗址为核心的朱垌遗址、东玉翠遗址、磨脐遗址等十余个遗址组成。前庄瓷窑始于北齐，衰落于金元，时间跨度八百余年，对研究我国瓷器发展的历史和艺术价值具有重要意义。

研学小贴士

1. 博物馆开放时间：9:00—18:00（团队提前预约）。
可满足 100 人同时进行体验。
2. 遗址开放时间：10:00—17:00（雨天不开放）。

优秀课例

非遗瑰宝齐保护　郑州文化“童”传承

非遗是什么？郑州的非遗又有哪些？

来吧，让我们背起行囊，与非遗同行，与梦想同歌，一起开启我们“非遗瑰宝齐保护　郑州文化‘童’传承”的研学之旅。本次研学之旅将带你们走进郑州文化馆、郑州非物质文化遗产展示馆、郑州博物馆，一起探索非遗的前世今生。“纸上得来终觉浅，绝知此事要躬行。”希望大家在体验之旅中品味非遗的韵味，探索民族文化的精髓，碰触知识与实践的火花，将非遗精神发扬光大。

研学主题歌

非遗研学真是好，启迪智慧善思考；
走出教室进展馆，文明礼仪展风貌；
穿衣穿鞋要舒适，出门需背双肩包；

笔和本子都带上，课前功课要做好；
随团出行不离队，安全第一要记牢；
边看边听边记录，研学报告动动脑；
非遗瑰宝齐保护，郑州文化“童”传承。

研学路线

学校门口整队出发→郑州文化馆→郑州非物质文化遗产展示馆→郑州博物馆→返回学校

研学目标

1. 通过参观郑州文化馆、郑州非物质文化遗产展示馆、郑州博物馆，寻找最美非遗艺术作品，了解非遗项目的起源、历史、种类等。

2. 通过面塑活动的体验，了解面塑的工艺流程、制作方法和特点，并能在此基础上制作出自己的面塑作品，提高动手能力。

3. 通过各项参观活动及体验，树立民族自信、传承民族文化，感受在团队协作中探究、合作、体验的学习乐趣，为非遗保护做力所能及的贡献。

研学内容

1. 分组团建，激发学习兴趣。
2. 参观场馆，了解非遗知识。
3. 合作探究，体验非遗制作。
4. 总结提升，形成研学成果。

研学宣言

我是一名非遗研学成员，我可以做到服从命令，听从指挥，恪守纪律，保证完成研学任务！

宣誓人：__________

非遗知识知多少

请你查找资料，完成非遗知识卡。

非遗学堂

郑州非遗真不少

研学过程中，你都发现了哪些感兴趣的非遗项目？快快将它们记录下来，完成郑州非遗项目档案卡。

郑州非遗真不少

郑州非遗项目档案			
序号	非遗项目	传承人	项目简介
1			
2			
3			
4			
5			

完成该项任务，将点亮一颗“非遗智多星”：☆

我是非遗小传人

我为非遗来代言

非遗是传家宝，文化是宣传机，非遗是历史的“活化石”“民族记忆的缩影”，让我们为非遗代言，将非遗传承！为身边的人讲述你所代言的非遗项目。

我是非遗守护小使者

1. 你能为非遗的保护做些什么？请写在下面。

____

____

2. 请你做一张以“保护非遗”为主题的宣传海报或者手抄报，张贴到家里或者学校，让更多的人了解非遗、保护非遗、传承非遗。

完成该项任务，将点亮一颗“非遗智多星”：☆

小组研学微报告

研学主题			
小组成员		研学时间	
研学内容			
研学方法			
研学成果			

完成该项任务，将点亮一颗“非遗智多星”：☆

非遗研学评价卡

快来数一数，你一共点亮了几颗“非遗智多星”，给星星涂上你喜欢的颜色。如果你认为自己的任务完成得很出色，请自己点亮“自评智多星”，邀请你的同伴为你点亮“互评智多星”，别忘记邀请老师为你点亮“师评智多星”哦！

如果你点亮了所有的星星，恭喜你，你将获得“非遗传承小使者”奖状。

________同学：

在“非遗瑰宝齐保护 郑州文化‘童’传承”综合实践研学活动中，积极完成非遗传承与保护任务，被评为“非遗传承小使者”。

特此证明，以资鼓励。

郑州市创意非遗联盟研学活动中心

年 月 日

研学故事

非遗知识知多少

同学们到达非遗展示馆都很兴奋，我也按捺不住自己那激动的心情，但是当我刚走下车时，我被震惊了：从外面就能看到非遗展示馆里的展品琳琅满目，从里到外都透露着文化的气息！等我反应过来，同学们已经开始逛了，我赶快跟上队伍，仔细地听老师讲解："非遗的全称就是非物质文化遗产，非物质就是指一种薪火相传的古老文化，它是摸不到的文化，这种文化只能用非遗传承人的手艺来展现，只有把文化的根传承下去，才叫真正的'传承非遗'。"

（五年级学生　谷雨）

非遗知识卡

姓名：谷雨

非遗的全称：非物质文化遗产

什么是非遗：
非遗指被各群体，团体或有时为个人视为其文化遗产的各种实践，表演表现形式，知识和技能及有关的工具，实物，工艺品和文化场所。

非遗都包括哪些内容：
非遗包括：
1、口头传说和表达，包括作为非物质文化遗产。
2、媒介的语言。
3、表演艺术。
4、社会风俗。
5、礼仪。
6、节庆。
7、有关自然界和宇宙的知识及实践。
8、传统的手工艺技能。

郑州非遗真不少

最开心的还是来到非遗展示馆，同学们一进去，瞬间被吸引了。虽然面积不大，但感觉像是进入了一个大大的藏宝库，里面的物品种类繁多，从地上到房梁，房屋拐角、楼梯上全部都是。看到这些精巧的手工作品，我们都很惊叹。里面有手摇织布机、绢、瓷器、泥人、香包、面塑、脸谱、瓦罐、日晷、版画、折纸、剪纸、糖画……太多太多了，让我说一天也说不完。

（五年级学生　金溱妍）

香包奶奶

香包

泥塑孙悟空

我是非遗小传人

听完各种非物质文化遗产的讲解，终于到了面塑体验环节。平时我自己喜欢做黏土手工，刚开始，我以为面塑跟黏土一样，对我来说，没什么难度。可当我拿到面时才发现，原来面塑跟黏土并不相同。面塑的表面特别光滑，做好的东西不容易粘到一起，这时候我犯难了。后来在面塑老师的指导下，同学的帮助下，我费了九牛二虎之力，终于完成了我的作品。原来，每一项工艺制作起来都不像自己想得那么简单，都有着自己独特的魅力，要亲自动手才能体会到各项工艺的不容易，才会更加珍惜得来的成果。

（五年级学生　陈语嫣）

我为非遗来代言

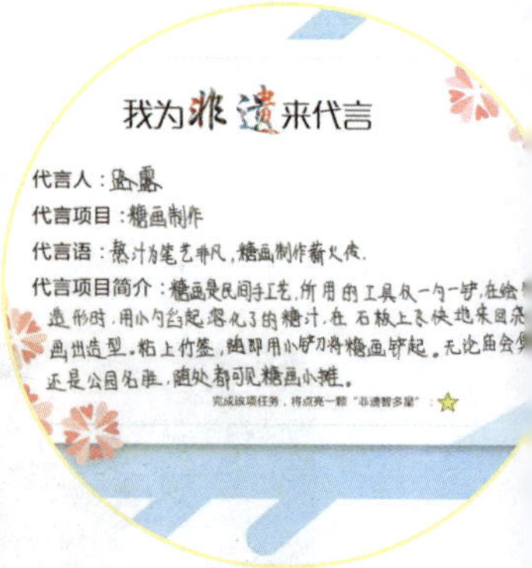

原来我只知道 China 的中文意思是中国，今天的研学之旅让我知道，原来英语课上老师讲的 China, 当首字母 C 变为小写时，也有另一种意思就是陶瓷，陶瓷是我们中国的特色。讲解员叔叔分别向我们讲解了钧瓷、官瓷和登封瓷。满眼的瓷器，几乎分不出差别，但是在讲解员的帮助下，我们懂得了很多之前不知道的知识，并在老师的指导下做出了我们小组的成果。此次的研学课堂，内容丰富多彩，我们聆听着、记录着、快乐着、收获着……

我为非遗来代言

代言项目：糖画制作

代言语：糖汁为笔艺非凡，糖画制作薪火传。

（五年级学生　周怡锦）

我是非遗守护小使者

左手拿着糖人，右手拿着我的面塑作品，在老师的催促下，我们恋恋不舍地离开了非遗展示馆，但馆内的场景在我眼前不停地转换，那些传统工艺的坚守者们，执着的精神深深打动着我，那些精致的作品深深震撼着我。随着社会的进步，这些传统的手工艺已经被慢慢地丢弃了，这是我们的一大损失！作为一名小学生，我有责任、有义务、有信心把非遗传承下去，做一名真正的“非遗文化小使者”。

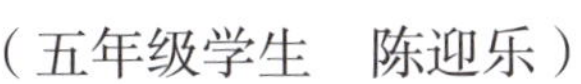

（五年级学生　陈迎乐）

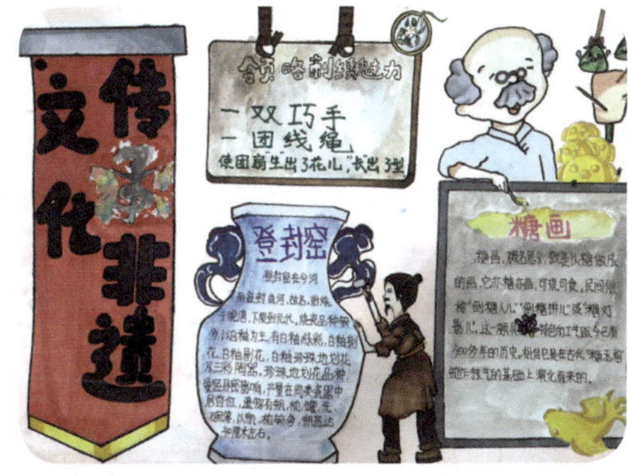

专家点评

本次研学综合实践活动，从考察探究出发，以德为先，将传统工艺的欣赏与体验相融合，着重培养动手、创新能力。在与非遗项目和代表性传承人近距离的接触中，学生能够坚定传承非遗的信念，承担传承非遗的使命。

我与商瓷零距离

淮河路小学校本课程“润之彩——商瓷”深受同学们的喜欢。瓷器是中国的国粹，中国被称为“瓷器之国”。早在3600多年前作为商朝都城的郑州，就出现了世界上最古老的瓷器——青商瓷。郑州作为商瓷的发源地，有着悠久的历史和深厚的文化底蕴，商瓷代表着典型的极具地域特色的文化艺术。你想与商瓷“零距离”吗？快来加入我们的商瓷研学活动吧，开启“我与商瓷零距离”的研学旅行。

研学路线

学校门口整队出发→河南博物院→郑商瓷工程技术研究中心→二七区樱桃沟景区郑商瓷基地→返回学校

研学目标

1. 通过搜索、调查、研讨、整理等方式收集信息，了解商瓷文化。

2. 参观商瓷制作车间，观察瓷器的制作流程，体验拉坯和塑型工艺，完成一件简单作品。

3. 通过体验实践活动，陶冶情操，增长见识，弘扬优秀传统文化，树立民族自豪感。

研学内容

1. 参观河南博物院，认识中国古老的瓷器——原始青瓷尊，了解中国瓷器的发展历史。

2. 走进郑商瓷工程技术研究中心，采访郑商瓷研究所所长，做好采访记录，了解现代商瓷的传承和发展。

3. 走进郑州市二七区樱桃沟景区的郑商瓷基地，参观瓷器展览馆，了解商瓷的特点和价值。

4. 走进陶瓷制作车间，了解瓷器的制作流程及工艺手法，领悟工匠精神。

5. 走进手工陶艺吧，体验手捏成型法、拉坯成型法。

研学活动安排

地点	时间安排		研学内容
河南博物院	上午	7:30—7:50	在学校操场举行开营仪式，乘大巴车出发
		8:40—10:50	参观河南博物院
		11:00—1:20	集合用餐，休息
郑商瓷工程技术研究中心	下午	1:30—2:30	集合乘车出发
		2:40—4:30	参观、采访郑商瓷工程技术研究中心
		4:40—5:30	乘车返校，填写研学报告
御品堂商瓷基地	上午	7:50—8:10	在学校操场集合，乘车出发
		9:30—11:00	参观瓷器展览馆，分组采访、记录、拍照
		11:10—1:00	集合用餐，休息
	下午	1:10—2:10	走进瓷器制作车间，观察瓷器制作的工艺流程
		2:20—4:20	进入手工陶艺吧，学习拉坯制作法、手捏成型法
		4:30—5:30	乘车返校，填写研学报告

研学过程

第一篇　行前课堂

一、建团队

1. 组成员：

6~8 人为一组

男女搭配

2. 选队长：

有责任心

有担当者

3. 定组名：

代表小组特点

4. 定口号：

口号响亮

队员个人信息

序号	姓名	性别	特长
1	谢念卿	女	唱歌、游泳
2	柳智元	男	打篮球、书法
3	程宝丹	女	弹钢琴、演讲
4	王弈琦	男	画画、打篮球
5	杨熠桓	男	编程、画画
6.	冀静静	女	拉小提琴、英语。

表二：

队长竞选排行榜

竞选者	程宝丹	谢念卿	王弈琦				
得票数	5	4	3				
排名	1	2	3				

表三：

小组信息

组号	第3组
组名	流程小组
口号	参与就能行，急争就能赢。
辅导老师	冯晓辉老师

二、定课题

各小组通过研究讨论，先确定本组想要研究的子课题，然后全班交流，对子课题进行归纳、合并，最终确定本次研学的课题。

三、写方案

1. 活动计划具体周密。

2. 人人参与，分工合理。

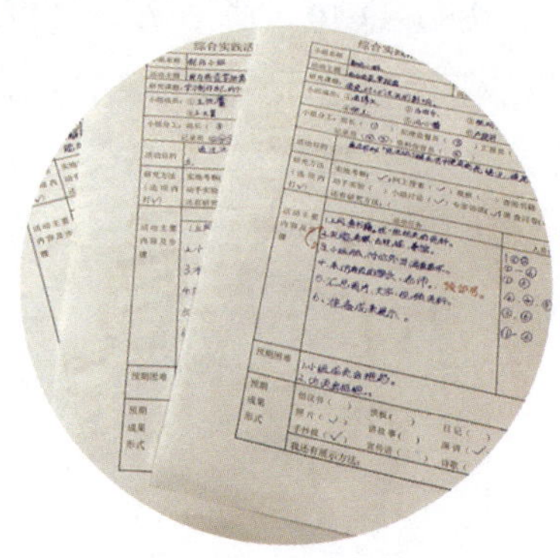

第二篇　行中课堂

第 1 站　追寻华夏文明

同学们参观河南博物院，展开实地调查、探访。历史小组的同学担任小小解说员，给大家介绍原始青瓷尊的来历和意义。大家在博物院专业讲解员的带领下参观展品，边听、边记、边拍照，了解瓷器的发展史。

第 2 站　寻回千年美丽

来到郑商瓷工程技术研究中心，同学们边参观边采访郑商瓷研究所李所长，如：商都古人制瓷的方法有哪些？陶泥要怎样烧制才会变成多姿多彩的瓷器？瓶子上的小乌龟有什么含义？那个大寿桃上为什么会有很多小孔？李所长用讲故事的方式把“郑商瓷”的起源与发展娓娓道来，讲述每件作品背后的故事，讲述自己的奋斗历程和人生追求，激励大家好好学习，报答父母，报效祖国。同学们从中不仅了解了商瓷的发展史，还明白了传承传统文化的意义。

第 3 站　走进魅力商瓷

到达二七区樱桃沟景区里的郑商瓷基地，同学们先参观瓷器展览馆，然后走进商瓷的制作车间，近距离参观商瓷的制作，观察商瓷制作的工艺流程，发现制瓷的每一道工序都有严格的要求，明白了制瓷工艺的复杂，知道了现代制瓷技术的革新与发展。最后在手工陶艺吧体验陶瓷制作，大家兴致勃勃地完成了一件自己得意的小作品，留下了美好的记忆。

参观商瓷展览馆

走进商瓷制作车间

争做小小陶艺家

第三篇　行后课堂

愉快的研学旅行结束了，快快把过程性资料整理出来，采用自己小组喜欢的方式进行成果展示吧！期待你们带来精彩内容！

展风采

研学时间	2017.10
研学地点	商瓷基地
辅导老师	冯晓辉
研学过程	1.到基地，欣赏了周边美丽的田园风光。 2.基地负责人带领我们走进瓷器展览厅，参观了展品，了解了每个时代瓷器的特点及价值。 3.走进瓷器制作车间，看到了许多陶泥半成品，负责人讲了泥浆的制作方法，制陶方法，上釉的方法，现代化环保汽窑。 4.我们一起动手制作陶泥。
研学收获	这次研学，了解了瓷器的制作工艺流程，体会到中国瓷器文化的博大精深。
研学遇到的困难	在体验制作环节，我学拉坯成型方法时，技巧掌握不好。

研学微报告

日期 2017.9
班级 四九班　小组______　姓名 陈怡彤

研学感受

我们一起走进了郑州大学，接待我们的是郑商瓷研究中心的所长——李梅花奶奶。

李奶奶带领我们进了一个很古老的房子，她先表示对我们的热烈欢迎，接着做了自我介绍。李奶奶说她研究陶瓷已经将近二十年，受她丈夫闫教授的影响。

李奶奶带领我们走到陶瓷展品前，详细介绍了我们的祖先是如何制瓷的，省博物院的原始青瓷就是闫教授复制的，又讲了中国瓷器的发展史。

李奶奶边讲边领着我们参观，还介绍了他们创建郑商瓷的初衷，就是要继承商瓷并结合郑州地域特色创下了郑州品牌的瓷器——郑商瓷，她告诉我们每一个瓷器背后都有一个故事。

我们还采访了李奶奶，把自己关于瓷器的疑问弄明白并做了记录，收获颇丰。

研学感受

作品展览会

淮小校徽

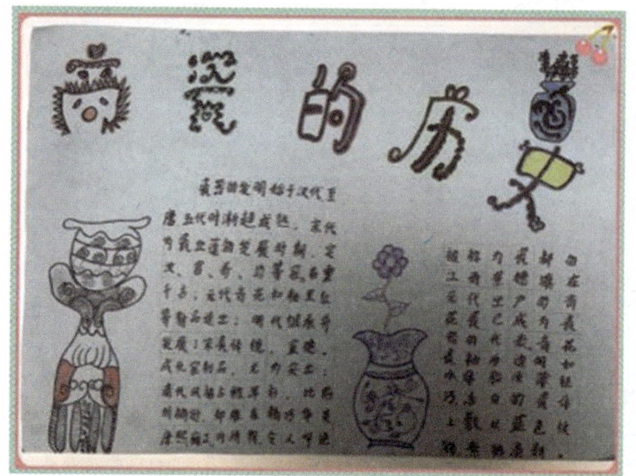

手抄报

情景剧表演

创意脸谱

个性商瓷作品

二七纪念塔

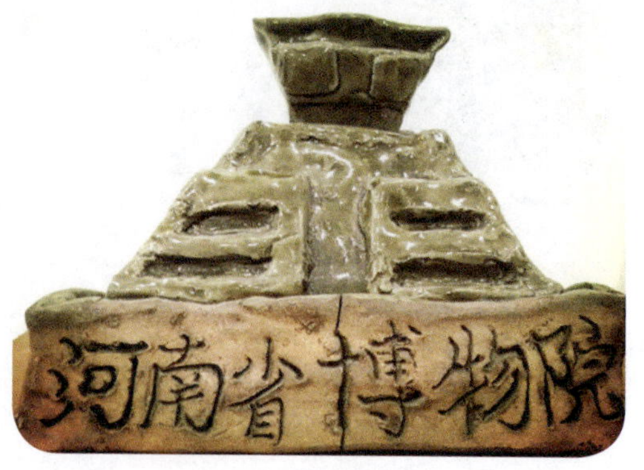

河南博物院

多元评价

在研学活动过程中，我们将评价贯穿始终，通过自我评价、家长评价、同伴评价、教师评价等方式，对学生进行了多元评价，评选了“闪亮之星”，并颁发了奖状。

活动主题	我与商瓷零距离	学生姓名		程宝丹	
评价项目	具体内容	自我评价	家长评价	同伴评价	教师评价
合作交流	1、主动和同学配合，乐于帮助同学。	A	A	A	A
	2、认真倾听同学意见。	A	A	A	A
	3、愿意为小组和班级做贡献。	A	A	A	A
学习能力	1、活动方案构思新颖。	A	A	A	A
	2、会用多种方法收集、处理信息。	A	A	A	A
	3、实践方法、方式多样。	A	A	A	A
实践活动	1、会与别人交往。	A	A	A	A
	2、活动有新意。	A	A	A	A
	3、有关注社会的意识。	A	A	A	A
成果展示	1、参与整理资料。	A	A	A	A
	2、成果展示有新意。	A	A	A	A
自我评价	积极搜集资料，组织小组有序开展活动，提高了自我领导能力。				
家长评价	孩子在此次活动中提高了与人交往的能力，收获很多。				
同伴评价	是个很负责任的组长，我们学习的榜样。				
教师评价	在活动中有很强的组织能力，负责任。				

评价表

获奖留影

专家点评

“我与商瓷零距离”的研学活动从教育的根本任务“立德树人”出发，秉承淮河路小学“让每一个生命绽放光彩”的办学理念，立足于学生发展要求，课程的设计符合儿童的身心特点和认知水平，激发了学生的学习兴趣，唤醒了孩子的探究意识。通过研学旅行，培养了学生勇于探究、乐学善学、社会责任、问题解决、创新精神、人文积淀、自我管理等素养；落实了价值体认、责任担当、问题解决、创意物化的综合实践活动核心素养。

我的研学我做主

我想去这里：

我感兴趣的主题是：

理由不容置疑：

和谁一起很重要，吹响集结号！

分工	组长	安全员	纪律员	卫生员	书记员	宣传员
成员						
职责	整体负责 协调规划	安全提醒 全程保障	纪律严明 严宽相济	检查卫生 文明出行	资料记录 汇总整理	资料整合 设计宣传

行前功课要做足，研学攻略计划好！

到此一游我拍拍拍，合影那是必须的！

最好的课堂在路上，且行且记习惯好！

听到的

悟到的

看到的

吃到的

研学微报告

研究主题	
研究背景	
研究目的	
研究方法	
研究内容	
研究结论	
参考资料	

研学评价

研学评价	评价标准	自我评价	组内评价	导师评价
过程性评价	积极参与全程活动	☆☆☆	☆☆☆	☆☆☆
	遵守组内公约，服从小组分工	☆☆☆	☆☆☆	☆☆☆
	无迟到、脱离队伍现象	☆☆☆	☆☆☆	☆☆☆
	注重个人卫生和公共卫生	☆☆☆	☆☆☆	☆☆☆
	资料收集内容翔实，上交及时	☆☆☆	☆☆☆	☆☆☆
结果性评价	研学攻略准备充分无遗漏	☆☆☆	☆☆☆	☆☆☆
	多种方法搜集处理信息恰到好处	☆☆☆	☆☆☆	☆☆☆
	认真完成研学任务和研学手册	☆☆☆	☆☆☆	☆☆☆
	研学有成果，成果有新意	☆☆☆	☆☆☆	☆☆☆

研学感悟

研学成果

编写说明

综合实践活动是国家义务教育和普通高中课程方案规定的必修课程，是从学生真实生活和发展需要出发，以走出校园、走向社会的考察探究研学活动为主要形式，在主题活动中融合了社会服务、设计制作、职业体验和劳动教育等多种体验活动，通过观察、发现、搜集、分析、探究、创作、总结、拓展等培养学生综合素质的跨学科实践性课程。

依据《教育部关于印发〈中小学综合实践活动课程指导纲要〉的通知》《教育部等 11 部门关于推进中小学生研学旅行的意见》和《中共中央　国务院关于全面加强新时代大中小学劳动教育的意见》等文件精神，我们编写了《考察探究看我来——研学郑州实用手册》，以主题形式展现郑州从古到今翻天覆地的巨大变化，全面展现郑州改革开放以来的古城新颜和卓越成就，不仅是了解郑州、认识郑州的科普通识读本，更是热爱郑州、建设郑州的爱国主义教育素材库，对学校开发特色课程、学生确定研究主题、亲子选择研学路线等都有很好的借鉴和参考价值。

全套丛书由 15 个分册构成，每个分册一个主题，构成一个学习单元，分别是：古都郑州——建城五千年，古都展新颜；天地之中——郑州的世界名片；中岳嵩山——中国唯一的“五代同堂”地质公园；文化郑州——八千年根脉代代传；非遗郑州——千古遗存焕新颜；红色郑州——缅怀先烈，薪火相传；铁路郑州——天下枢纽再谱新篇；商城郑州——因“商”而立，因“商”而荣；科技郑州——农科创新沃土，高新科技航天；水润郑州——人水从此和谐；生态郑州——古城新韵，和谐发展；大学郑州——从古书院到“双一流”；地标郑州——聆听城市发展之音；传媒郑州——

传媒之声，声达天下；美食郑州——“食”在是“中”。

每个单元由研学资源、研学路线、优秀课例和我的研学我做主等板块组成。研学资源，汇集了相应主题下主要的可行性资源，为考察探究活动自选研学项目提供参考。研学路线，是编者实地考察探路，精心挑选推荐的优质路线。优秀课例，是已实践过的优秀研学课程成果选编，包括小学一年级到高中全学段，展现了该主题考察探究活动后的收获。我的研学我做主，是留有空白的研学手册，供阅读者面对丰富多彩的主题资源套餐，自行选定感兴趣的主餐。

本册《中岳嵩山——中国唯一的“五代同堂”地质公园》的编写人员有杨刚玲、曹淑玲、杨进伟、朱春平、胡慧、马润蕾、黄烁辉、朱雅娟、李莉、裴雪迎、曹晓锋、赵慧等。

丛书编著得到了专家学者、社会各界和实践学校的大力支持，在此表示诚挚的感谢。由于编写时间和水平所限，书中难免有不足之处，恳请广大师生在使用过程中及时提出宝贵意见，以利再版勘正。

行，知之始；知，行之将成；知行合一再创新，天马行空任你来。行－知－行综合实践活动，我们一直在路上……

考察探究，看我来！

中岳嵩山

——中国唯一的“五代同堂”地质公园

中岳嵩山地处河南省登封市北部，位于112° 53′ E ~ 113° 11′ E，34° 23′ N ~ 34° 33′ N，素有“汴洛两京、畿内名山”之称，《诗经》有“嵩高惟岳，峻极于天”的名句。嵩山的主峰为少室山，太室山主峰是峻极峰，海拔1491.7米。

嵩山地区地质构造精美绝伦，岩石矿物种类多样，自然资源丰富多彩。走进嵩山，五代同堂的地层序列举目可及，三大构造运动遗迹清晰可辨，三大类岩石出露齐全，构造形迹琳琅满目。这种地质遗迹在全球绝无仅有，堪称是一部完整的地球历史石头书和地学百科全书，是研究地壳演化规律、追溯地球演化历史的理想场所。2004年2月，嵩山正式通过联合国教科文组织世界地质公园评审，入选世界地质公园。

研学资源

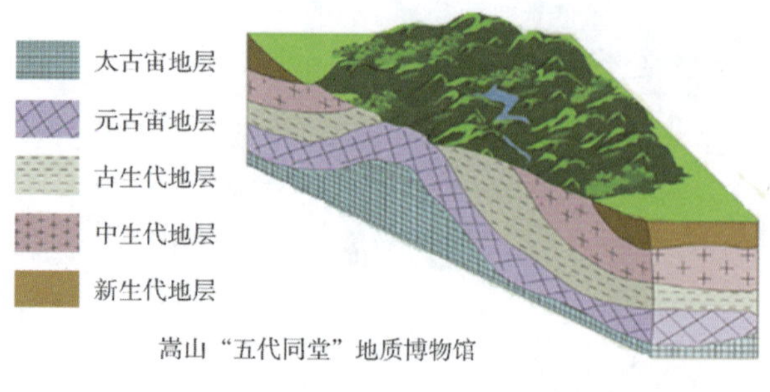

嵩山“五代同堂”地质博物馆

（杨刚玲供图）

1.“五代同堂”展示的地质遗迹汇

人们难以用年或朝代计算地球年龄，为了方便计数，人们把地球按变化阶段重新分类，由古老到年轻，把地球分为五大地质年代：太古宙、元古宙、古生代、中生代、新生代。

嵩山是地球上最早出现的六个古陆块之一，被称为“万山之祖”。在嵩山世界地质公园，地层序列连续完整出露着太古宙、元古宙、古生代、中生代、新生代五个地质历史时期的地质现象，形成“五代同堂”的旷世奇观。

2.“三大运动”见证的地史古今集

嵩山是地质学家心目中研究地球演化历史、探索地球沧桑变迁奥秘的地学百科全书。

海枯石烂沧海桑田、板块推移海陆变迁、地壳升降岭壑变换……尽管人类很难察觉到地球这种运动，但是经过亿万年地质时代的积累，地球表面沧桑变迁，人类可以通过对各

“少林运动”形成的五佛山区构造形态（吴国玺拍摄）

"嵩阳运动"命名石碑（杨刚玲拍摄）

种岩石、地层以及赋存在它们体内的古生物化石来解读地球的演化历史。

"太少无穷奥"[①]，这里是记载地质历史的珍贵书卷，是地质研究者皓首穷经之地。许多中外地质学家慕名来到嵩山，对本区地层和构造进行了大量研究。1951 年，中国科学院院士张伯声确立"嵩阳运动"；1954 年，张尔道确立"中岳运动"；1958—1959 年，王曰伦教授确立"少林运动"。

3. 缤纷岩石书写的地球石头书

地球上的岩石分为三大类：岩浆岩、沉积岩、变质岩，三大类岩石在嵩山地区均有出露，构成了中国最古老的岩系——"登封朵岩"。

地球上三大类岩石在内外力共同作用下相互转化，通过岩石的出露情况等可以推测地质历史时期的地质变化。

石秤花岗岩（吴国玺拍摄）

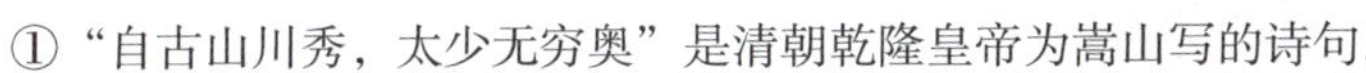

① "自古山川秀，太少无穷奥"是清朝乾隆皇帝为嵩山写的诗句。

嵩山石英岩（吴国玺拍摄）

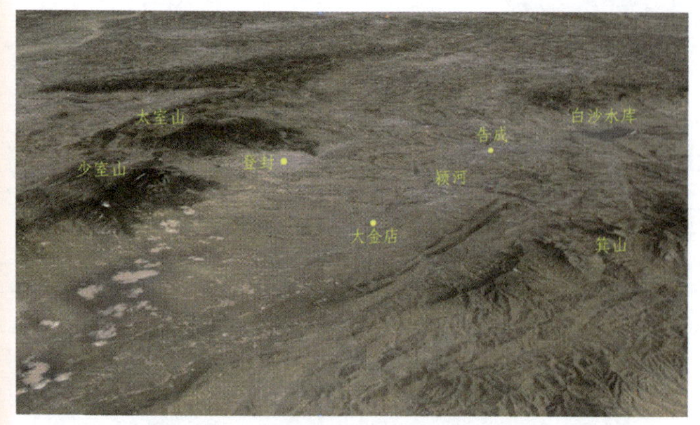

嵩山地形（吴国玺供图）

4. 地壳运动形成的多种地貌展

嵩山所在的登封市地形为西高东低，向东开口的盆地，盆地内部为丘陵和平原。盆地周边群山环伺，北侧为嵩山山脉，山势险峻，属于高中山地形；盆地南侧箕山海拔 1064 米，为中山地形；伏牛山海拔 627 米，为低山地形；登封市东南侧观星台附近为平原地形。

在嵩山，可以看到内力作用形成的逍遥谷断层、嵩山大背斜等地质作用的遗迹，也可以看到洪积扇、河谷地貌等外力作用的印记。

嵩山地区的低山（吴国玺拍摄）

研学路线

推荐线路一　拜访古代学府，登顶中岳峻极

嵩阳书院→逍遥沟→地质博物馆→石船→峻极峰→嵩岳寺塔

（杨刚玲供图）

推荐理由　嵩阳书院是我国古代四大书院之一，是研究古代教育制度、礼仪、建筑等的理想场所。嵩阳书院内有千年古柏、大唐碑等稀世珍宝。

嵩阳书院东 100 米处逍遥沟的辉绿岩墙属于岩浆岩，形成于 9.2 亿年前的元古宙，是岩浆侵入、冷却的结果。逍遥沟谷口可以看到洪积扇，登封市几乎全部位于嵩山山脉中太室山山体所形成的洪积扇上。

登封盆地（杨刚玲拍摄）

登顶峻极峰途中可以看到多种岩石、“嵩阳运动”命名处等。

“嵩阳运动”是指元古宙沉积以前造山运动，“嵩阳运动”命名处位于嵩山的山腰，是张伯声院士于 1951 年创名的，这次运动是太古宙与元古宙分界。“嵩阳运动”命名处可

峻极峰（杨刚玲拍摄）

以看到太古宙与元古宙时期的岩石出露，命名处岩体上部为元古宙石英岩（嵩山主体），下部为太古宙绢云母片麻岩。峻极宫和中岳行宫之间的石船，便是“嵩阳运动”遗迹之一。

石英砂岩（杨刚玲拍摄）

片麻岩（杨刚玲拍摄）

“嵩阳运动”命名处（杨刚玲拍摄）

石船（杨刚玲拍摄）

下山后可以参观我国现存最古老的砖塔——嵩岳寺塔。

推荐线路二　欣赏建筑之美，探究地质运动

中岳庙→少林水库→少林寺西山

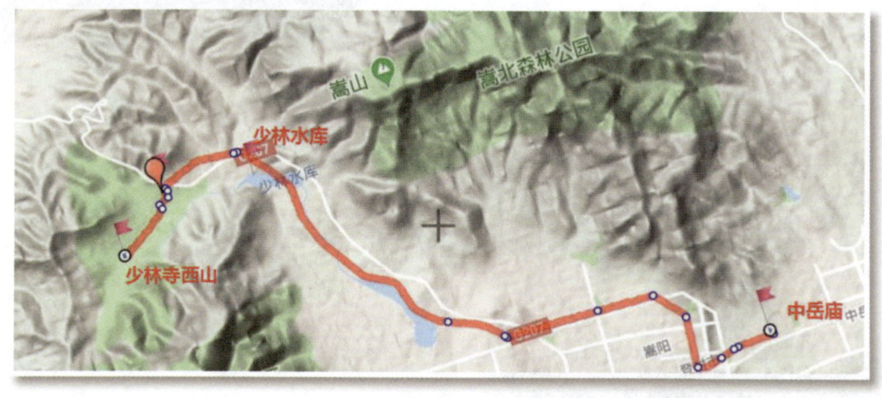

（杨刚玲供图）

推荐理由　道教圣地中岳庙，是河南省现存规模最大、最完整的古建筑群。中岳庙后沟可以观察到褶皱，中岳庙向北（黄盖峰向北 2 公里）是观察“中岳运动”遗迹的理想地点之一，这里可以观察到断层。

少林水库水坝西北坡是观察“中岳运动”遗迹的理想场所之一，是当年张尔道教授“中岳运动”的命名处。“中岳运动”是距今 18.5 亿年元古宙嵩山地区发生的全球性地壳运动，由于地下岩浆活动频繁，板块不断剧烈碰撞挤压，形成猛烈抬升，隆起成山，嵩山从此横空出世。

少顶山背斜（吴国玺拍摄）

黄盖峰断层（吴国玺拍摄）

少林寺西山是观察“少林运动”遗迹的理想地点之一，有王曰伦院士命名的“少林运动”遗迹点。“少林运动”是划分地质历史时期的重要运动，其后即为古生代。5.43 亿年前的“少林运动”界面非常珍贵，在全球极为少见，是地壳运动留下的宝贵地质遗迹。

“中岳运动”遗迹（吴国玺拍摄）

“少林运动”遗迹（吴国玺拍摄）

推荐路线三　追寻问天之谜，观赏地貌奇观

观星台→颍河大桥

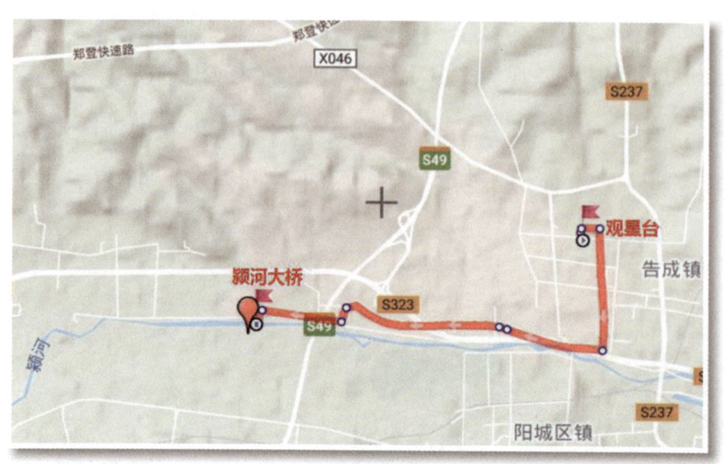

（杨刚玲供图）

从县城到观星台途中可以看到登封东南部的平原，观星台是我国古代测影、观星、授时的场所，其建筑极具特色，是研究古代天文、建筑的场所。河南省博物院主体建筑就是以元代观星台为原型而设计建造的。

在颍河大桥上可以观测到河谷地貌、黄土地貌以及河流阶地。

黄土地貌（吴国玺拍摄）

河流阶地（吴国玺拍摄）

研学小贴士

时间　建议夏秋季节前往研学；中岳庙、嵩阳书院、少林寺夏季开放时间为8:00–18:00；嵩岳寺、观星台夏季开放时间为8:00–17:00。

注意　着装舒适，穿运动鞋登山，可以携带登山杖；带一定量的水；注意安全。

优秀课例

寻找“五代同堂”嵩山石

嵩山，位于河南省中部的登封市，在其不到400平方公里的范围内出露着全球绝无仅有的太古宙、元古宙、古生代、中生代、新生代五个地质时期的地层序列。地层层序清楚，构造形迹典型，被地质学家誉为“五代同堂”的天然地质博物馆。

嵩山地区岩石发育齐全，岩性复杂。其中以变质岩为主，地质遗迹十分清晰，是研究地球发展早期阶段地壳演化过程的最佳场所和经典地区之一，为科学研究、地质考察、地质旅游、普及地质知识提供了有利的条件。

准备出发（朱春平拍摄）

（杨刚玲拍摄）

研学路线

太子沟→会善寺→耿庄

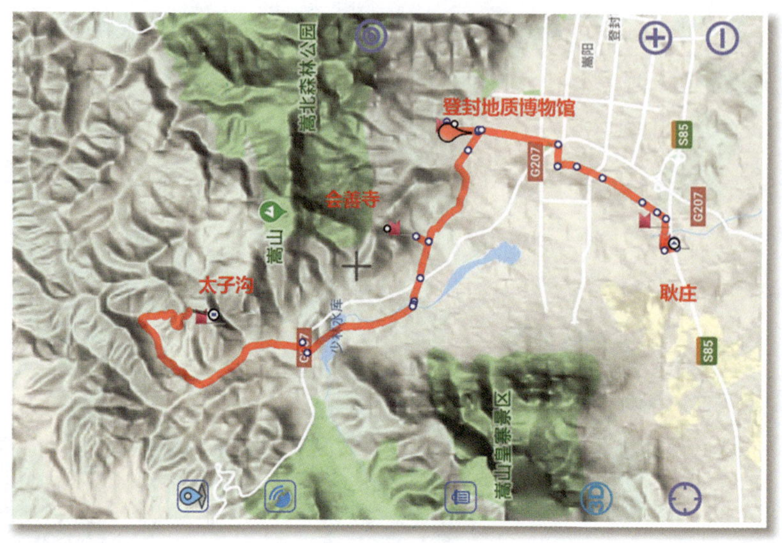

（杨刚玲供图）

研学目标

1. 了解岩石种类，知道嵩山的主要岩石类型，了解辨认不同岩石的方法；通过观察岩石中主要矿物的颜色、光泽、硬度、盐酸反应等，确定矿物类型，了解不同矿物的特点。

2. 直接观察或借助放大镜等设备，观察岩石；借助图片、视频、书籍、标本等工具，开展岩石标本展活动，体验和了解科学研究的基本过程，增强搜集整理信息的能力。

3. 通过徒步登山等活动锻炼个人意志，学会在研学活动中与大家和谐相处；通过嵩山研学，欣赏嵩山自然与人文之美，培养学生爱国之情。

研学要求

组建小组、互帮互助；

听从管理、遵纪守时；

注重言行，爱护环境。

研学任务

认识岩石

岩石是在各种地质作用下，由一种或一种以上的矿物组成的、具有一定结构构造的集合体。岩石中含有多种矿产资源，与人类的生产生活息息相关。

46 亿年前，无数次的强烈撞击，造就了地球这个星球，宇宙中一系列的巧合，使之成为太阳系中唯一存在生命的天体。永不停息地地球运动不断地改变着自身沧桑的容颜。而 30 多亿年前，一些简单无机物的化学反应，为这个世界增添了勃勃生机。

看一看　观察岩石、沙子、土壤。

想一想　岩石、沙子和土壤有什么区别?

（杨刚玲拍摄）

写一写

岩石	沙子	土壤

太古宙

绿岩（吴玉玺拍摄）

片麻岩（吴玉玺拍摄）

元古宙

石英岩（吴玉玺拍摄）

砾岩（吴玉玺拍摄）

古生代

砂乐岩（吴玉玺拍摄）

石灰岩（吴玉玺拍摄）

中生代

砂岩（吴玉玺拍摄）

页岩（吴玉玺拍摄）

新生代

砂岩（吴玉玺拍摄）

黄土（吴玉玺拍摄）

探秘五代石

通过学习我们知道了“五代同堂”的嵩山石中“五代”指的是____________、____________、____________、____________、____________五个地质年代。

岩石的奥秘

1. 给岩石分类。

分类是一种重要的研究方法，对于种类繁多的事物，可以用分类的方法去研究它们。

岩石分类记录表
按（　　　　　）来分，分成（　　　　　）类
按（　　　　　）来分，分成（　　　　　）类
思考：不同的分类标准，分类的结果一样吗？

2. 制作岩石标本，描述并记录岩石特征。

片麻岩（杨刚玲拍摄）

辉绿岩（杨刚玲拍摄）

石英岩（杨刚玲拍摄）

岩石观察记录表

岩石名称	观察方法	岩石特点（用关键词简单记录）

研学故事

老师讲石头的故事

走进嵩山，和老师一起了解岩石的故事。

讲解启母石传说（朱春平拍摄）

在嵩山地质博物馆，我们了解到嵩山经历了三次大的地质运动，拥有最全的五代地层，自然界三大类岩石这里都有分布。嵩山真是神奇的地方！

从博物馆出来我们步入山林，沿途看到好多石头，调皮的同学随手捡起一块，带队的张教授就能讲出这块石头的名称、种类、组成以及特点。张教授还给我们讲了苏澈用诗句“峰峦至此尽，苍石无寸土”来形容山石画卷。爷爷懂得真多，我们真的太佩服博学的教授爷爷了！

途中我们看到了启母石，好大一块石头！张教授问我们谁知道启母石的传说，没想到王浩天同学不仅知道这个传说，而且讲得绘声绘色！原来王浩天同学平时爱看书，对这个传说早就知道，这次研学之前专门又上网查看了相关内容，好佩服他呀！我们要向他学习，一定做个有心人！

途中，张教授还教我们认识了不少植物，他告诉我们一花一草，一土一石，都是大自然给我们的财富，大家要爱护。

这次研学，虽然很累，但是大家团结守纪，一路走来，我们学到了好多课本上没有的知识，真是开心又难忘！

我们一起研究石头（朱春平拍摄）

优秀课例

石头记——嵩山的地质地貌演变

（杨刚玲拍摄）

巍巍嵩山，雄峙中原，名称中岳，华夏渊源。

世人皆知中原地区是中华文明的重要发祥地，嵩山地区更是华夏族群的活动舞台。其实，当我们超脱五千年的文明史，用地质历史的眼光打量这片大地，就会发现这里也是中国最古老的陆地核心之一。

不管从文明史还是地质史，这里都有最古老的中国。

在这里，你可以从太古宙到新生代，穿梭40亿年的时光，感受“五代同堂”的地质奇观。当你在山中步道拾级而上，斑斓错落的岩层中，内力和外力你方唱罢我登场，一部波澜壮阔的地质演变史在眼前徐徐铺展。

或许你在学习地理中遇到一些麻烦，对地质、地貌的学习不得要领；

或许你不满足于纸上谈兵，想让那些书本上、试卷中的地质剖面图、等高线图变成真实的俊秀山川；

或许你对嵩山的地质地貌演变充满好奇。

现在在嵩山脚下，一块普通而又魔幻的石英岩向你发出邀约，你愿意和它一起，遁入漫漫地质红尘，经历它的前世今生吗？

（杨刚玲拍摄）

在本课程中，我们将探讨如下问题：	
描述	嵩山地质地貌的简要演变过程
探究	三大类岩石的特征和形成过程
对比	不同沉积岩的沉积环境差异，并据此反推嵩山地区环境演变
绘制	典型岩层剖面、崩塌地貌剖面、洪积扇剖面

研学目标

与嵩阳洪积扇上一块石英岩作伴，经历它的前世今生，描述嵩山的地质地貌演变过程。

通过对嵩山典型地质地貌的现场观察分析，提高对地质年代表、主要岩石性质与沉积环境、岩石圈物质循环、内力地貌、流水地貌（洪积扇）、植被形态（马刀树）、崩塌地貌等的认知水平。

研学路线

嵩山峻极峰登山步道→三皇寨登山步道→九龙潭登山步道→嵩山地质博物馆

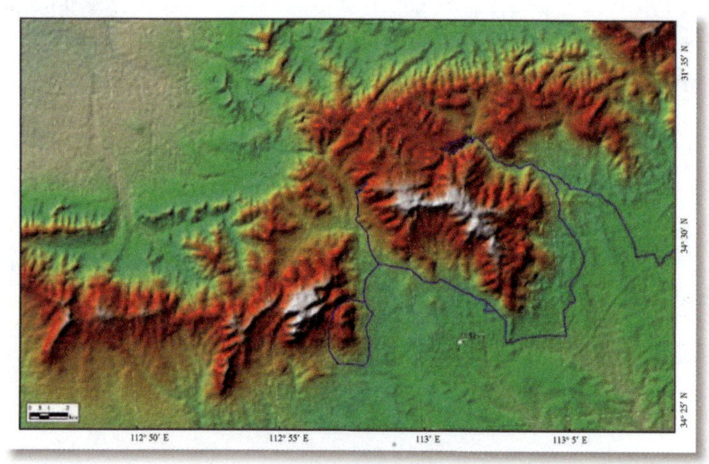

（杨进伟供图）

推荐研学季节	室外活动为主，夏秋季节最佳
课程建议时长	2 天或以上
研学装备	登山鞋、运动衣、写字板，以及指导老师要求的其他物品
安全事项	主要研学地点位于已开发景区，需听从景区管理人员和指导老师的指挥

实施过程

■环节 1：野外初步观察

研学地点：河南登封，嵩阳书院登山步道入口

情境故事线：楔子——与嵩山石英岩的邂逅

夏日炎炎，山风清凉，你在嵩山步道漫步。白色的巍峨岩壁不时从树叶遮蔽中显露出来，你发现这是嵩山最习以为常的容颜。行经一处土石陡崖时，你发觉石块像是被人堆砌

一样，层层有致，树木躯干也是中道转折不同寻常。于是便在旁边的石凳上小憩，感慨这造物的神奇。

神思遐飞之际，一块石头突然发出光芒，还咿呀做语：

“无才可去补苍天，本是碌碌石英岩。此身化作洪积扇，情何因缘至君前？”

你大惊失色，转又觉得有趣，于是受邀和这块顽石一起，经历它的前世今生。

（杨进伟拍摄）

（杨进伟拍摄）

活 动

1. 采集岩石标本，并判断嵩山最常见的白色岩石的类型。

2. 嵩山的外观多为裸露的白色巍峨岩壁，观察并推测其成因。

3. 观察剖面，判断土石陡崖中的石块是被哪种力量堆砌而成的，观察并判断其沉积特征。

4. 初步推断树干虬曲形态的形成过程。

5. 查阅《红楼梦》中对“补天顽石”的描述，推断其岩石类型，并说明理由。

如何采集岩石标本？

一、大小

打标本时有“三六九”之说，即标本大小规格以3×6×9（cm）为好。用地质锤扁头敲去棱角，使标本外观整齐。

二、新鲜面

岩石有风化面与新鲜面，要尽量敲出新鲜面，使风化面越少越好。

三、编号

采集下来的标本应立即贴上胶布，标注编号，或直接在标本上标注。

四、记录

记录标本采集地点、岩石分布特点、周围岩石特征，描述标本。

五、包装

用软纸包裹，易碎的标本最好用棉花包裹；特别用途的如需精密测量岩石密度的，而岩石孔隙度又较大，则需立即蜡封。

《红楼梦》第一回　甄士隐梦幻识通灵　贾雨村风尘怀闺秀

原来女娲氏炼石补天之时，于大荒山无稽崖炼成高经十二丈、方经二十四丈顽石三万六千五百零一块。娲皇氏只用了三万六千五百块，只单单剩了一块未用，便弃在此山青埂峰下。谁知此石自经煅炼之后，灵性已通，因见众石俱得补天，独自己无材不堪入选，遂自怨自叹，日夜悲号惭愧。

■环节 2：石英岩的形成过程

研学地点：河南登封，嵩山登山步道，“嵩阳运动”遗迹处

情境故事线：我的生日在元古宙——石英岩带学生穿越时光来到它的出生时刻

石英岩将你带到它的诞生时刻——元古宙。

你很诧异，只听过唐宋明清这些时代，不曾听过元古宙。

石英岩说：“我也曾在万丈崖壁上，看沧海桑田兴衰浮沉。中生代的恐龙在我脚下繁衍了近 2 亿年，你们第四纪人类只出现了 200 万年，而那些朝代兴衰也只有 5000 年而已。”

你想这可能就是小大之辩吧，不过那些元古宙、中生代、第四纪到底是什么呢？这块石英岩又是如何在元古宙诞生的呢？

活 动

1. 阅读地质年代表，说出地质年代划分的主要依据，指出元古宙的时间范围。

2. 时间尺度是地理学的重要分析维度，你能从地质历史和人类文明史的时间尺度差异上来举例论证地貌问题吗？还存在其他的时间尺度差异吗？

3. 根据所采集岩石标本，结合补充材料，说明石英岩的形成过程。

（杨进伟拍摄）

（杨进伟拍摄）

■环节 3：底砾岩的特征和沉积环境

研学地点：河南登封，嵩山登山步道，“嵩阳运动”遗迹处

情境故事线：我在灭世洪水后到来——石英岩向学生讲述它的诞生背景

石英岩说：“有一天在我下边的兄弟告诉我，我们出生之前，世界被洪水毁灭。我问它怎么知道，它说是下边的兄弟底砾岩告诉它的，我想那应该没错了。”

你很迷茫，怎么下边的石头会知道过去的历史，底砾岩又是什么？

但又觉得石英岩的出生一定有个史诗般的故事，那又是什么呢？

活动

1. 阅读补充材料“什么是底砾岩？”，结合岩层剖面观察，小组合作探究“嵩阳运动”底砾岩的沉积物特征。

2. “下边的石头会知道过去的历史”，你能解释这种说法吗？

3-1. 通过现场观察，请绘制“嵩阳运动”岩层剖面。

（要求：选择合适的比例尺并标注；标注方位；标注地质年代；刻画岩层的层理、断层；刻画磨圆、分选、排列等沉积特征）

3-2. 结合对底砾岩的观察分析，你能解读出“灭世洪水”的信息吗？太古宙向元古宙的转变经历怎样的地质过程？请讲述这个史诗般的故事。

学生现场绘图（杨进伟拍摄）

学生零距离观察变质岩的特征（杨进伟拍摄）

阅读

什么是底砾岩？

底砾岩是砾岩的一种。砾岩和砂岩一样属于沉积岩，砂岩由沙粒沉积而成，砾岩由砾石堆积形成，相比之下砾岩的成分颗粒更大。

底砾岩在地层剖面中位于一个沉积序列的底部，经常出现在侵蚀面上，代表一个长期的沉积间断之后，一个新时期的沉积历史的开始，故在不整合或假整合面之上常见底砾岩。

■环节 4：根据沉积岩岩性变化识别古生代海侵

研学地点：河南登封，九龙潭沟头

情境故事线：在海底“沉沦”的日子——石英岩讲述它沉于海底的漫长岁月

石英岩说：“还记得那灭世洪水吧，我们感慨那波澜壮阔的毁灭与创世，但未曾料到自己有朝一日会经历，直到古生代的到来。”

你突然感觉到自然界也存在着因果循环，石英岩底部的砾岩昭告着灭世洪水的存在，从而开启了太古宙向元古宙的转变，难道古生代也是这样终结元古宙的吗？

石英岩接着说：“洪水滔滔，怀山襄陵，我们以为再猛烈的洪水也会消退，只是没料到水位持续上涨，我们在海底‘沉沦’了一亿年。”

你觉得那会是一段漫长的寂寞岁月吗？

活动

1. 阅读地质年代表，指出古生代的时间范围。

2-1. 在九龙潭沟头，观察岩层的递变关系，找出古生代底砾岩、页岩、石灰岩，并采集岩石样本。

2-2. 结合沉积岩与沉积环境关系图，推断古生代海平面的变化特征。

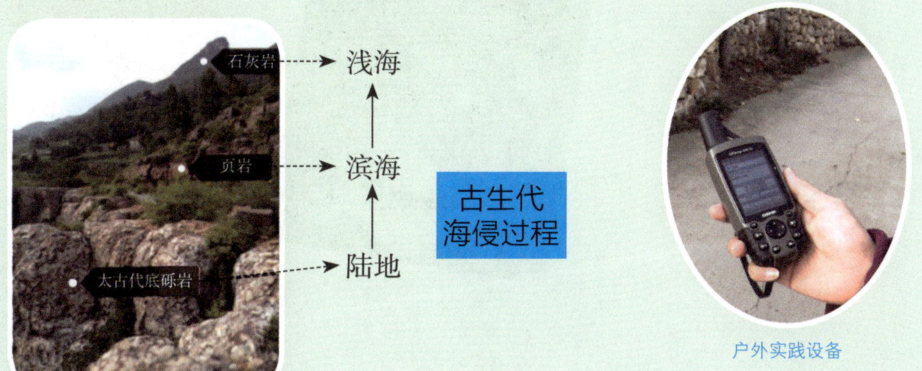

户外实践设备

2-3. 对比“太古宙—元古宙转变”和“元古宙—古生代转变”，找出它们的共同特征。

3. 阅读地质年代表，石英岩在古生代的海洋中是否“寂寞”？

■环节5：崩塌和洪积扇地貌

研学地点：河南登封，嵩阳书院登山步道入口

情境故事线：和你相遇——石英岩讲述它从海底隆升又掉落在山脚的故事

石英岩说：“海底的岁月戛然而止，伴随着隆隆的推举声，我们脱离水面，高悬万丈，中生代就这样到来。新生代以后我们继续抬升，直到你们出现，将我们称为‘中岳’。”

你觉得嵩山变得丰满起来，这“五代同堂”的历史，同“天地之中”的区位一般厚重。但还有个疑问，高高在上俯瞰众生的石英岩，怎么沦落到山脚的洪积扇里？是什么力量在石英岩身上操持盈满而亏的道理呢？

活 动

1. 阅读地质年代表，指出中生代和新生代的时间范围。

2-1. 观察洪积扇剖面，描述沉积物的层次结构和沉积排列特征，并绘制剖面示意图。

2-2. 观察并绘制简图，对比洪积扇和倒石堆的形成原理与堆积特征。

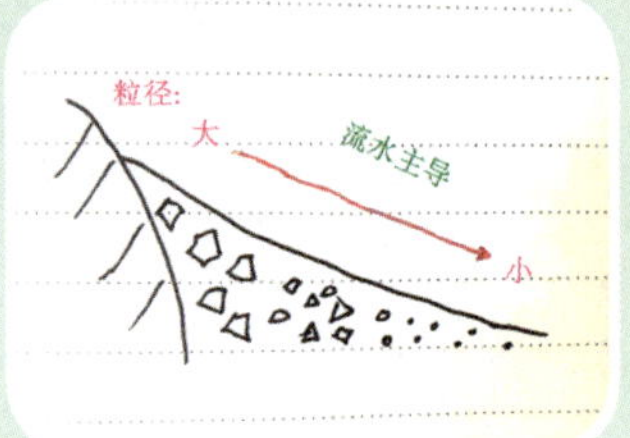

洪积扇纵剖面

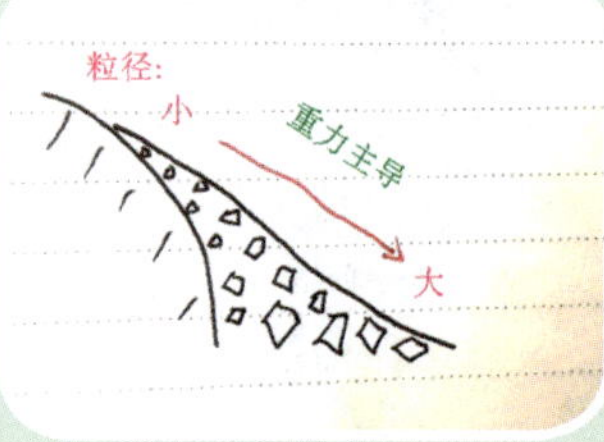

倒石堆纵剖面

3. 梳理石英岩的生命历程，解释"盈满而亏"的原理。

阅读

醉汉林与马刀树

滑坡在滑动过程中，滑体上的树木向滑动方向倾斜，叫做醉汉林；此后滑坡非常缓慢，甚至数年、十多年停止滑动，倾斜树木上部向上直长，形成下部弯、上部直的树干，称为马刀树。

醉汉林是新滑坡整体、慢速滑动的标志，马刀树是古老滑坡体的标志。

研学故事

情境故事线：我的传记——从魔幻中回到现实，记录石英岩的生命历程

在经历水灾火厄、升降浮沉、毁灭重生之后，你感慨万千，将这前尘往事、亿万沧桑传述下来，是为《石头记》。

当你正在奋笔疾书时，感觉到有人在叫你的名字。你抬头一看，同学正拿着一瓶水递给你，还打趣道：枕着一块顽石都能睡着。

原来是“陡崖一梦”，你在同学的打趣中继续前进。

山风骤然又起，你回头看了眼那块顽石，又举目看那巍峨群山，感觉那一山一石突然鲜活起来，你似乎听到它们在讲述这大地的故事。

嵩山石英岩是湮没在时光的永恒中，还是在时光的湮没中永生？

你决定写完这《石头记》。

（杨进伟拍摄）

研学评价

在完成各学习模块任务的基础上，需完成课程整体评价任务。

1. 以嵩阳洪积扇中一块石英岩的口吻，以第一视角描述。
2. 讲述石英岩从诞生到出现在洪积扇中的生命历程。
3. 注重科学性和趣味性的统一。
4. 字数在 1000 字以内，在两页内完成。
5. 可采用照片、手绘示意图等辅助说明，图文并茂。
6. 择优选用为嵩山研学导学词。

研学活动评价表

	具体内容	自我评价	组内评价
研学过程	1. 积极参与全程活动	☆☆☆☆☆	☆☆☆☆☆
	2. 服从小组安排，分工合作	☆☆☆☆☆	☆☆☆☆☆
	3. 遵守时间安排	☆☆☆☆☆	☆☆☆☆☆
	4. 注重个人卫生和公共卫生	☆☆☆☆☆	☆☆☆☆☆
	5. 研学报告内容充实，上交及时	☆☆☆☆☆	☆☆☆☆☆
合作学习	1. 认真完成研学的前期准备	☆☆☆☆☆	☆☆☆☆☆
	2. 会用多种方法搜集处理信息	☆☆☆☆☆	☆☆☆☆☆
	3. 认真倾听同学的观点和意见	☆☆☆☆☆	☆☆☆☆☆
	4. 团结协作，合理分工	☆☆☆☆☆	☆☆☆☆☆
成果展示	1. 能认真细致地完成研学手册	☆☆☆☆☆	☆☆☆☆☆
	2. 成果有新意，注重科学性	☆☆☆☆☆	☆☆☆☆☆

我的研学我做主

我想去这里：

我感兴趣的主题是：

理由不容置疑：

和谁一起很重要，吹响集结号！

分工	组长	安全员	纪律员	卫生员	书记员	宣传员
成员						
职责	整体负责 协调规划	安全提醒 全程保障	纪律严明 严宽相济	检查卫生 文明出行	资料记录 汇总整理	资料整合 设计宣传

行前功课要做足，研学攻略计划好！

到此一游我拍拍拍，合影那是必须的！

最好的课堂在路上，且行且记习惯好！

听到的

悟到的

看到的

吃到的

研学微报告

研究主题	
研究背景	
研究目的	
研究方法	
研究内容	
研究结论	
参考资料	

研学评价

研学评价	评价标准	自我评价	组内评价	导师评价
过程性评价	积极参与全程活动	☆☆☆	☆☆☆	☆☆☆
	遵守组内公约，服从小组分工	☆☆☆	☆☆☆	☆☆☆
	无迟到、脱离队伍现象	☆☆☆	☆☆☆	☆☆☆
	注重个人卫生和公共卫生	☆☆☆	☆☆☆	☆☆☆
	资料收集内容翔实，上交及时	☆☆☆	☆☆☆	☆☆☆
结果性评价	研学攻略准备充分无遗漏	☆☆☆	☆☆☆	☆☆☆
	多种方法搜集处理信息恰到好处	☆☆☆	☆☆☆	☆☆☆
	认真完成研学任务和研学手册	☆☆☆	☆☆☆	☆☆☆
	研学有成果，成果有新意	☆☆☆	☆☆☆	☆☆☆

研学感悟

研学成果

编写说明

综合实践活动是国家义务教育和普通高中课程方案规定的必修课程，是从学生真实生活和发展需要出发，以走出校园、走向社会的考察探究研学活动为主要形式，在主题活动中融合了社会服务、设计制作、职业体验和劳动教育等多种体验活动，通过观察、发现、搜集、分析、探究、创作、总结、拓展等培养学生综合素质的跨学科实践性课程。

依据《教育部关于印发〈中小学综合实践活动课程指导纲要〉的通知》《教育部等 11 部门关于推进中小学生研学旅行的意见》和《中共中央　国务院关于全面加强新时代大中小学劳动教育的意见》等文件精神，我们编写了《考察探究看我来——研学郑州实用手册》，以主题形式展现郑州从古到今翻天覆地的巨大变化，全面展现郑州改革开放以来的古城新颜和卓越成就，不仅是了解郑州、认识郑州的科普通识读本，更是热爱郑州、建设郑州的爱国主义教育素材库，对学校开发特色课程、学生确定研究主题、亲子选择研学路线等都有很好的借鉴和参考价值。

全套丛书由 15 个分册构成，每个分册一个主题，构成一个学习单元，分别是：古都郑州——建城五千年，古都展新颜；天地之中——郑州的世界名片；中岳嵩山——中国唯一的“五代同堂”地质公园；文化郑州——八千年根脉代代传；非遗郑州——千古遗存焕新颜；红色郑州——缅怀先烈，薪火相传；铁路郑州——天下枢纽再谱新篇；商城郑州——因“商”而立，因“商”而荣；科技郑州——农科创新沃土，高新科技航天；水润郑州——人水从此和谐；生态郑州——古城新韵，和谐发展；大学郑州——从古书院到“双一流”；地标郑州——聆听城市发展之音；传媒郑州——

传媒之声，声达天下；美食郑州——“食”在是“中”。

每个单元由研学资源、研学路线、优秀课例和我的研学我做主等板块组成。研学资源，汇集了相应主题下主要的可行性资源，为考察探究活动自选研学项目提供参考。研学路线，是编者实地考察探路，精心挑选推荐的优质路线。优秀课例，是已实践过的优秀研学课程成果选编，包括小学一年级到高中全学段，展现了该主题考察探究活动后的收获。我的研学我做主，是留有空白的研学手册，供阅读者面对丰富多彩的主题资源套餐，自行选定感兴趣的主餐。

本册《天地之中——郑州的世界名片 》的编写人员有曹淑玲、孔珂、徐震、曹晓锋、周海飞、靳阿会、范柯楠等。

丛书编著得到了专家学者、社会各界和实践学校的大力支持，在此表示诚挚的感谢。由于编写时间和水平所限，书中难免有不足之处，恳请广大师生在使用过程中及时提出宝贵意见，以利再版勘正。

行，知之始；知，行之将成；知行合一再创新，天马行空任你来。行－知－行综合实践活动，我们一直在路上……

考察探究，看我来！

天地之中

——郑州的世界名片

登封，因武则天登嵩山封中岳而得名，是中国第一个朝代——夏朝的都城所在地。以拥有世界文化遗产——天地之中历史建筑群等众多名胜古迹而闻名于世。厚重的历史孕育出登封“天地之中”的文化精髓。

地理之“中”：登封地处中州，是古代中国封禅文化肇始地，嵩山居五岳之中。西周初期人们运用测量技术，确立了古人心中的“天地之中”宇宙观。地处登封的阳城被认定是地理上的中国核心——天下之中。

嵩山冬韵

嵩山极峰　匡丹摄影

文化之“中”：道教、佛教、儒教三教各成一派，它们借助登封居“天地之中”的核心地理位置，扩大、巩固各自的影响，文化在此碰撞交流，思想在此传播。“中”是河南方言，表达了肯定、鼓励和赞赏。“中不中”等词皆出于此。

混元三教九流图赞碑

哲学之“中”：中国人崇尚“中”的哲学思想。《混元三教九流图赞碑》是少林寺镇寺之宝，也是道教、佛教、儒教三教相互包容、和谐共存、中和思想的重要象征。三教各成一派、地位颇高，但在登封却相互包容，和谐并存，这种独特现象体现了根植中国人内心的中和思想。

研学资源

登封“天地之中”历史建筑群集悠久历史、灿烂文化、深厚思想于一体，取地理之中之优势，采各家之精髓，历经汉、魏、唐、宋、元、明、清2000余年，绵延不绝，涵养生发，延续着中华文明。

1. 天地中心——观星台

观星台位于登封市告成镇，同周公测景台、周公祠组成一座完整的院落。因建有周公测景台、郭守敬观星台成为确定古代天地之中的重要真实物证。院内建有中国古代天文观测博物馆，展示了复制的十多种古代天文测量仪器。

周公测景台　曹淑玲摄影

2. 五岳之最——中岳庙

中岳庙位于群山环绕、风景秀丽的嵩山太室山南。始建于秦，扩建于汉，重修于清。中岳庙是五岳中保存最完整、现存规模最大的道教庙宇，是古代国家祭祀建筑的典范。

3. 礼制典范——汉三阙（太室阙、启母阙、少室阙）

阙是一种装饰性建筑，分结构相同的东西两阙，是道路之门、礼仪之始，更是古代人民对山岳崇拜敬畏的历史见证。太室阙、少室阙、启母阙三阙均建于东汉，又称中岳汉三阙，是仅存的国家级祭祀建筑。

中岳庙

4. 禅宗文化——少林寺建筑群

少林寺建筑群包括常住院、塔林、初祖庵。从纪念中国禅宗开山祖达摩而建的初祖庵，到弘扬佛教文化的少林寺常住院，再到重现不同时期佛教文化的塔林，体现了佛教文化的传播、发展、巩固。少林寺通过“天地之中”的影响力，逐渐形成了中国最大的禅宗教派。

5. 功夫文化——少林功夫

少林功夫因影视作品《少林寺》而名扬海内外，它以佛教和禅宗为文化内涵，自成一派。走进少林寺，可以感受到“天下功夫出少林”的独特魅力。

6. 宗教建筑——会善寺

会善寺位于登封太室山积翠峰下。会善寺最初为北魏孝文帝离宫，唐代盛极一时，高僧辈出，后经历朝多次修复。原有的唐代琉璃戒坛是当时全国三大戒坛之一和僧人受戒中心。嵩岳寺塔是中国现存最早，世界最早的筒体结构砖塔。

会善寺

7. 古学府——嵩阳书院

嵩阳书院是宋代四大书院之一，二程、朱熹、司马光等都曾在此讲学。嵩阳书院也是理学重要发源地。院内至今还有二程在此种植的古树。

研学路线

观星台

路线一：周公测景台→观星台→古代天文测量仪

推荐理由：中国古代的天文研究始于周王朝初期，这是人类历史上第一次大规模的天文测量。周公根据日影规律确定了四时，测量出阳城为天地之中，于是中国、中州、中华等词诞生。日常用语中的“中”字都由此而来。在这里，我们将了解到古代周公测景台测量原理，学习运用日影方法测量时间的原理，体会周、唐、元三个时期天文历法的变化过程，感受郭守敬等编制的《授时历》的世界领先地位，树立中国文化自信。

线路二：中岳庙

推荐理由：中岳庙结构完整，布局严谨规范，规模宏伟壮丽，是五岳中现存规模最大、保存较完整的道教庙宇古建筑群。走进中岳庙，可以真实感受道教的历史演变过程，学习庙宇建筑形式、道教文化、书法艺术等。

中岳庙

线路三：汉三阙（太室阙、少室阙、启母阙）

推荐理由：太室阙、少室阙、启母阙又被称为汉三阙，是建在庙宇前的左右对称型建筑，也是中国仅存的最早的庙阙，是中原地区保存时间最长的中国古代国家级祭祀礼制建筑。汉三阙保留了大量精美的雕刻图案、篆书、铭文，为研究建筑史、美术史和东汉社会史提供了珍贵的资料。

汉三阙

路线四：少林寺常住院→少林寺塔林→少林寺初祖庵→《禅宗少林·音乐大典》实景演出

推荐理由：少林寺创建于北魏年间，是中国佛教禅宗祖庭，禅宗文化颇为盛行。因处于当时天地之中独特的地理位置，中国古代的儒教、佛教、道教三种流派汇聚于此。在这里，我们将了解禅宗文化的发展与传播，体会三教和谐并存、和而不同、三教一体的思想精髓，体会古人和谐包容的文化思想。

塔林

武僧表演

线路五：嵩阳书院→少林寺常住院→塔林→少林寺武术馆→少林鹅坡武术学校

推荐理由：走进嵩阳书院，感受嵩阳书院对传播中华民族优秀传统文化和培养人才发挥的重要作用。通过观看少林武僧表演，参观武僧训练场馆，到武校实地体验等活动，体会少林禅武合一的理念，了解参禅习武的基本方法，体会尚武崇德的武术精神。实地聆听少林僧众十八罗汉救唐王、参加抗倭战争的故事，传承中华民族的爱国主义精神。

嵩山少林寺武术馆

少林鹅坡武术专修院 摄影张耀峰

优秀课例

探索古人“问天”的智慧

在高中自然地理学习中，你是不是觉得天文地理很神秘？是不是觉得太阳高度的概念很抽象？是不是对太阳直射点的回归运动感到迷茫？古人是如何发现这些规律的？这些规律又有什么作用？今天我们要去的地方或许能解答你的一些疑惑！

观星台为世界上现存最早的天文观测站，也是国务院公布的首批全国重点文物保护单位，是古代天文建筑的杰作。在天文观测、农业时令发布、区域经济振兴等方面有着至关重要的作用。

研学流程

集合出发

游览观星台

测量太阳高度

探究二十四节气作用

模拟太阳回归运动

返程

研学目标

1. 游览观星台，了解圭表、正方案、仰仪等十多种天文测量仪器。

2. 了解“天地之中”的来历。

3. 通过测量太阳高度和模拟太阳回归运动，提升地理实践力等学科核心素养。

4. 探究二十四节气对农业的作用，感受古人“问天”的智慧。

研学准备

1. 准备量角器、圆规等能够测量太阳高度的简易工具。

2. 通过上网搜索、查看图书、请教家中长辈等方法收集有关观星台的资料及了解二十四节气的作用。

研学过程

任务一：小组合作，动手测量太阳高度。

圆规腿与地面保持水平

调整圆规腿，使其影子最小

多组同步测量，求平均值

合作测量，记录数据

分析数据，得出结论

研学成果

<table>
<tr><td>研学时间</td><td>年　　月　　日</td><td>研学地点</td><td colspan="2">登封市告成观星台</td></tr>
<tr><td>班　　级</td><td></td><td>研学导师</td><td colspan="2"></td></tr>
<tr><td>小组成员</td><td colspan="4"></td></tr>
<tr><td rowspan="2">时间</td><td colspan="2">小组测量太阳方位和太阳高度</td><td colspan="2">八尺圭表的影子朝向和长度</td></tr>
<tr><td>太阳方位</td><td>太阳高度</td><td>影子朝向</td><td>影子朝向</td></tr>
<tr><td>9 点</td><td></td><td></td><td></td><td></td></tr>
<tr><td>10 点</td><td></td><td></td><td></td><td></td></tr>
<tr><td>11 点</td><td></td><td></td><td></td><td></td></tr>
<tr><td>规律总结</td><td colspan="4">太阳的方向与影子的方向______（相同 / 相反）；太阳高度越高，影子的长度越______（长 / 短）；正午影子______（最长 / 最短）；在观星台，一天中，太阳高度越高，气温越______（高 / 低）</td></tr>
</table>

研学探究

谁偷走了我的光线？

小明今年上高一，他的父亲于 2018 年 6 月去郑州看了一套毛坯房，各方面都很满意。付款后，委托装修公司装修，2019 年 12 月装修结束，小明的父亲发现房子的光线被南楼挡住了。假设：南楼 33 层，每层 3 米，南楼距离北楼（小明家房子所在楼栋）40 米，请问，郑州地区（34°　N）北楼至少几楼（每层 3 米）以上，常年都不会被挡光线？

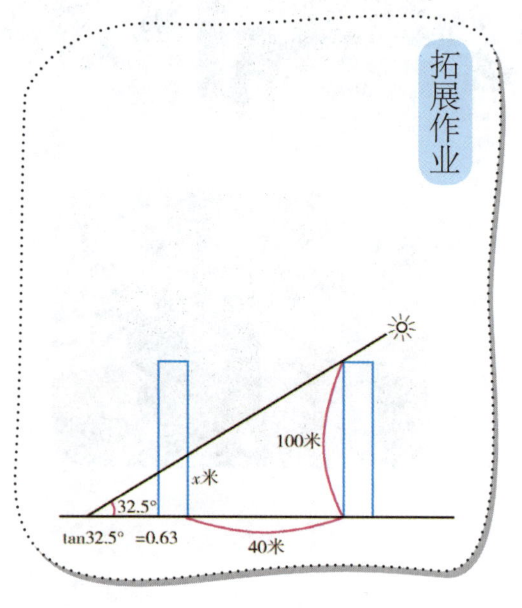

任务二：小组讨论，说出观星台二十四节气的测定过程及作用。

1. 通过查阅资料，说出二十四节气的测定过程。

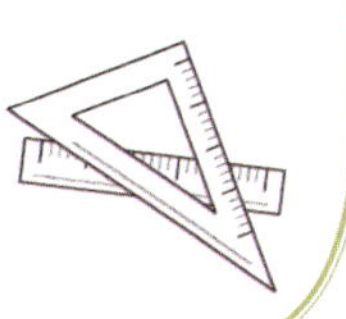

2. 列举二十四节气对我国农业的作用。

二十四节气为什么出现在中国？

推导节气测定过程

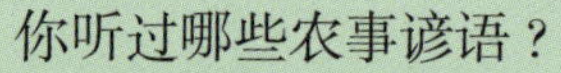
你听过哪些农事谚语？

二十四节气在我国南北方具有同样的适用性吗？

任务三：小组模拟演示太阳的日运动和回归运动，说出周公测景台上“日圭”影子的位置变化特点，并说出夏至日时被称为无影台的原因。

测景台

任务四：分小组模拟测量夏至日和冬至日观星台的影长，了解观星台观天象、计时等功能和古人为减小误差所采取的办法。

研学成果

研学记录表

研学时间	
研学地点	
研学记录	
未解决的问题	
最难忘的时刻	

研学心得

研学评价

研学活动评价表			
评价项目	具体内容	自我评价	组内评价
研学过程	1. 熟练使用太阳高度测量工具	☆☆☆☆☆	☆☆☆☆☆
	2. 认真细致，对测量结果满意	☆☆☆☆☆	☆☆☆☆☆
	3. 高效工作，准确把握时间节点	☆☆☆☆☆	☆☆☆☆☆
	4. 注重公共卫生和研学礼仪	☆☆☆☆☆	☆☆☆☆☆
	5. 二十四节气资料准备充分	☆☆☆☆☆	☆☆☆☆☆
合作学习	1. 认识了古代的天文测量仪器	☆☆☆☆☆	☆☆☆☆☆
	2. 会用多种方法搜集处理信息	☆☆☆☆☆	☆☆☆☆☆
	3. 学会了太阳高度的测量	☆☆☆☆☆	☆☆☆☆☆
成果展示	1. 能认真细致地完成研学手册	☆☆☆☆☆	☆☆☆☆☆
	2. 研学作业有创新	☆☆☆☆☆	☆☆☆☆☆

优秀课例

探嵩阳习功夫　领悟禅儒文化

嵩阳书院，中国古代四大书院之一，是独特的儒学建筑。少林功夫，是指在嵩山少林寺这一特定佛教文化环境中，以少林寺僧人修习武术为主要表现形式的传统文化体系。学生走进嵩山少林，探寻少林文化，学习少林功夫，磨炼意志品质。

“书院嵩阳景最清，石幢犹记故宫铭”“山色溪声留宿雨，菊香竹韵喜新晴。初来岂得无言别，汉柏阴中句偶成”。走进嵩阳书院，透过历史的沧桑，了解书院的文化和价值，传承民族优秀传统文化。来到少林寺，从少林功夫的精髓中领悟禅武文化，习武修禅，以禅入武，修身养性，造就乐观通达、积极向上、自强不息的生活态度，提高生存能力，这也是学校倡导的“三生教育”（生命、生存、生活）理念的有力实践。

王津瑶摄影

研学路线

嵩阳书院→少林寺常住院→塔林→少林寺武术馆→少林鹅坡武术学校

研学目标

1. 通过参观嵩阳书院，感悟传统儒家文化、了解古代教育制度。

2. 学习禅武精神，认识到习武应先习德，感悟立德修身的道理。

3. 通过观看武术表演、参与武术学习，培养武术兴趣，能够掌握一些基本的武术技能和练习方法，以达到强身健体的目的。

4. 从所见所闻中感受中华文化的源远流长，激发对民族文化的崇敬之心、敬畏之情，增强文化自信，积极弘扬传统文化。

研学小贴士

随身行李，你准备好了吗？				
物品名称	（√/×）		物品名称	（√/×）
水杯			雨伞	
纸巾			一本书	
运动鞋			一支笔	
校服			零用钱	
相机			电话本	

研学公约：

1. 注意乘车安全，上下车排队，礼让他人，系好安全带。

2. 研学途中要行动听从指挥，离队须请假。

3. 与同学友善相处，注重团队协作。

4. 爱护环境卫生，争做文明学生。

5. 积极参与，认真总结。

研学过程

一、研学准备

1. 查阅资料，了解嵩阳书院的历史文化。

2. 观看电影《少林寺》，从视频资料中初步了解少林寺。

二、走进嵩阳书院，体会尊师重教

孔子是儒家学派的代表人物，同时对教育的发展做出了重大贡献。瞻仰孔子像，带着一颗诚挚的心向圣贤学习，以此表达对圣贤的敬慕，尊崇中华礼仪文明，更加懂得感恩、知礼、尊师的道理。走过泮池桥，希望通过自己的努力，能够学业有成，服务社会。

孔子像　吴晓凡摄影

孔子传道

任务一：请写出中国古代四大书院。

四大书院			

任务二：了解体验古代祭拜礼仪。

1. 拜师有哪些礼仪？

2. 走泮池桥的寓意有哪些？

三、初识少林，了解少林历史

任务三：听老师讲解少林寺的历史。

少林寺因坐落于嵩山腹地少室山茂密丛林之中，故名“少林寺”，素有“天下功夫出少林，少林功夫甲天下”之说。老师向同学们介绍了少林寺诞生、鼎盛，以及在此过程中弘扬禅武精神的历史。

任务四：与同学讨论电影《少林寺》的故事情节。

1. 谈谈你对电影《少林寺》中的少林功夫的认识。

2. 面对生活中的是非善恶我们应该怎么做？

四、印象少林，探寻功夫文化

1. 观看少林武术表演。

观看表演

2. 参观少林鹅坡武术学校。

少林鹅坡武术学校训练　张耀峰摄影

五、参与训练，掌握功夫技能

任务五：了解、掌握武学常识——抱拳礼的含义和动作要领。

学习武术基本功　张耀峰摄影

任务六：选修健身防身技能。

选修内容	1. 三种手型五种步型	2. 少林五步拳	3. 少林擒拿术
完成情况			
我的感受			

研学评价

研学课程评价表

研学评价	研学内容	评价标准	学生自评	组内互评	评价等级
过程性评价	走进书院	完成任务一、二、三			
	初识少林	简要介绍少林寺，讲述少林故事			
	印象少林	参观时文明有序，观看演出时认真、安静			
	参与训练	学会抱拳礼，基本掌握功夫选修内容之一			
成果性评价	思考总结	书写并提交研学感悟，字数 500 字以上			
	遵守规则	研学过程中遵守公约和景点的各项规定			
	珍贵记忆	每小组精选 5 张摄影作品上交，并进行展示和评比			

备注：学生自评、组内互评、评价等级处填写优、良、及格。

研学故事

最好的课堂在路上

我很喜欢登封的风景，山清水秀，云雾缭绕，很有仙境之感。喜欢这样“日出而作，日落而息，与山作伴，与鸟相鸣”的生活方式。

登封研学结束后，我深深地怀念登封美丽的环境，期待能再次前往。

研学的第一站是嵩阳书院，它因位于嵩山之南而得名，背依嵩山主峰峻极峰，面朝清澈缓流的双溪河，东傍林泉深幽的逍遥谷，西望如凤飞舞的少室山。景色清幽、环境宜人，是一个修身读书的好地方，更是中国教育史上的一颗璀璨明珠。

进入嵩阳书院，首先看到了大唐碑。大唐碑又称大唐嵩阳观，是唐代书法家徐浩用大字隶书书写的，历史悠久。

大唐碑

聆听导师讲解　王津瑶摄影

司马光曾在这里编写《资治通鉴》，杨时在这里程门立雪，留下千古佳话。时代远去，我只能静静伫立、轻轻走过、想象这里曾经清谈盛会时的喧腾，无法体验百家争鸣的文化盛景、六艺的博大精深……

研学第二站是少林寺，令我印象最深的是参观塔林。塔的顶端有好几层，这称为“浮屠”。我们要关心身边的人和事，力所能及地帮助他人，为社会更美好尽自己的一份力。

程氏粹言挂图

中国古代学制演变表

参观塔林

接下来，来到少林鹅坡武术学校训练场，观看训练课堂。同时，辅导员老师也邀请教练为我们讲解抱拳礼，学习基本步法和拳法。同学们学得都很认真，纷纷表示等到假期要来这里学习深造，锻炼身体，弘扬武术传统文化。

一天的研学活动使我开阔了眼界，了解了很多传统文化知识，也让我明白了“读万卷书，行万里路”“学无止境，学海无涯”的道理。学习不应局限于室内，也可以在教室之外，正所谓“最好的课堂在路上”。

观摩武术训练　张耀峰摄影

我的研学我做主

我想去这里：

我感兴趣的主题是：

理由不容置疑：

和谁一起很重要，吹响集结号！

分工	组 长	安全员	纪律员	卫生员	书记员	宣传员
成员						
职责	整体负责 协调规划	安全提醒 全程保障	纪律严明 严宽相济	检查卫生 文明出行	资料记录 汇总整理	资料整合 设计宣传

行前功课要做足，研学攻略计划好！

到此一游我拍拍拍，合影那是必须的！

最好的课堂在路上，且行且记习惯好！

听到的

悟到的

看到的

吃到的

研学微报告

研究主题	
研究背景	
研究目的	
研究方法	
研究内容	
研究结论	
参考资料	

研学评价

研学评价	评价标准	自我评价	组内评价	导师评价
过程性评价	积极参与全程活动	☆☆☆	☆☆☆	☆☆☆
	遵守组内公约，服从小组分工	☆☆☆	☆☆☆	☆☆☆
	无迟到、脱离队伍现象	☆☆☆	☆☆☆	☆☆☆
	注重个人卫生和公共卫生	☆☆☆	☆☆☆	☆☆☆
	资料收集内容翔实，上交及时	☆☆☆	☆☆☆	☆☆☆
结果性评价	研学攻略准备充分无遗漏	☆☆☆	☆☆☆	☆☆☆
	多种方法搜集处理信息恰到好处	☆☆☆	☆☆☆	☆☆☆
	认真完成研学任务和研学手册	☆☆☆	☆☆☆	☆☆☆
	研学有成果，成果有新意	☆☆☆	☆☆☆	☆☆☆

研学感悟

研学成果

（可将成果写在纸上贴在此处哦）

编写说明

综合实践活动是国家义务教育和普通高中课程方案规定的必修课程，是从学生真实生活和发展需要出发，以走出校园、走向社会的考察探究研学活动为主要形式，在主题活动中融合了社会服务、设计制作、职业体验和劳动教育等多种体验活动，通过观察、发现、搜集、分析、探究、创作、总结、拓展等培养学生综合素质的跨学科实践性课程。

依据《教育部关于印发〈中小学综合实践活动课程指导纲要〉的通知》《教育部等 11 部门关于推进中小学生研学旅行的意见》和《中共中央 国务院关于全面加强新时代大中小学劳动教育的意见》等文件精神，我们编写了《考察探究看我来——研学郑州实用手册》，以主题形式展现郑州从古到今翻天覆地的巨大变化，全面展现郑州改革开放以来的古城新颜和卓越成就，不仅是了解郑州、认识郑州的科普通识读本，更是热爱郑州、建设郑州的爱国主义教育素材库，对学校开发特色课程、学生确定研究主题、亲子选择研学路线等都有很好的借鉴和参考价值。

全套丛书由 15 个分册构成，每个分册一个主题，构成一个学习单元，分别是：古都郑州——建城五千年，古都展新颜；天地之中——郑州的世界名片；中岳嵩山——中国唯一的“五代同堂”地质公园；文化郑州——八千年根脉代代传；非遗郑州——千古遗存焕新颜；红色郑州——缅怀先烈，薪火相传；铁路郑州——天下枢纽再谱新篇；商城郑州——因“商”而立，因“商”而荣；科技郑州——农科创新沃土，高新科技航天；水润郑州——人水从此和谐；生态郑州——古城新韵，和谐发展；大学郑州——从古书院到“双一流”；地标郑州——聆听城市发展之音；传媒郑州——

传媒之声，声达天下；美食郑州——“食”在是“中”。

每个单元由研学资源、研学路线、优秀课例和我的研学我做主等板块组成。研学资源，汇集了相应主题下主要的可行性资源，为考察探究活动自选研学项目提供参考。研学路线，是编者实地考察探路，精心挑选推荐的优质路线。优秀课例，是已实践过的优秀研学课程成果选编，包括小学一年级到高中全学段，展现了该主题考察探究活动后的收获。我的研学我做主，是留有空白的研学手册，供阅读者面对丰富多彩的主题资源套餐，自行选定感兴趣的主餐。

本册《文化郑州——八千年根脉代代传》的编写人员有崔晟、李兰、汪振军、姬文广、曹淑玲、郑汉波、粟红涛、刘艳、邓海伟、张孟超、孙志富、李磊、陈闯、吴改平、郑有存、陶玲华、张德庆等。

丛书编著得到了专家学者、社会各界和实践学校的大力支持，在此表示诚挚的感谢。由于编写时间和水平所限，书中难免有不足之处，恳请广大师生在使用过程中及时提出宝贵意见，以利再版勘正。

行，知之始；知，行之将成；知行合一再创新，天马行空任你来。行－知－行综合实践活动，我们一直在路上……

考察探究，看我来！

文化郑州

——八千年根脉代代传

郑州，中国八大古都之一，国家历史文化名城，国家重点支持的六大“大遗址”片区之一，是华夏文明的重要发祥地。2016 年，国家发改委出台了《关于支持郑州建设国家中心城市的指导意见》，明确指出郑州要“彰显人文特色，建设国际化现代都市”。

嵩山，神圣中岳，禅宗祖庭少林寺，儒家嵩阳书院，道教嵩岳庙，至今活跃的观星台，它们聚会相守在这里，体现着中国的道统，即传统宇宙观、社会观、家国观。2010 年 8 月，嵩山“天地之中”历史建筑群被列为世界文化遗产。

黄河，中华民族的母亲河。郑州的桃花峪为黄河中下游分界点。 在郑州黄河国家地质公园，可以看到黄河地上“悬河”的起点，这里也是黄土高原的终点。郑州黄河国家湿地公园，是国家级湿地公园，这里有典型的河流湿地生态系统。

新郑，据历史记载，这里是黄帝的故里。黄帝，五帝之首，又称轩辕黄帝，被誉为中华人文始祖。2008 年，“新郑黄帝拜祖祭典”被列为国家级非物质文化遗产。在这里出现的郑卫之音，成为春秋时期的民间音乐象征，这里也是孔子周游列国的过化之地。

郑州，中华文化根脉之地之一，是百年来中国交通的枢纽，是新中国的棉纺基地。她正在以新的面孔呈现出新文化时代的风貌，展示出神韵。

炎黄二帝像（王健拍摄）

研学资源

嵩山文化

中岳，夏文明的诞生地

中岳，古今所指，皆为嵩山，属伏牛山系。这里的启母石、汉三阙、王城岗正是大禹在嵩山治水、建都的明证，而嵩山主体太室山、少室山也因大禹的两个妻子涂山娇、涂山姚分别居住在这里而得名。

嵩山南麓万岁峰启母石（飞镖拍摄）

禹，通常尊称为大禹，与尧、舜并为传说中的古圣王，据考，公元前2070年，禹在郑州登封阳城建立起我国历史上第一个王朝——夏朝。后人曾在登封建有禹王庙。阳城遗址位于郑州登封市告城镇东，是全国重点文物保护单位。在登封市告成镇，建有古阳城陈列馆，展示阳城遗址出土的文物，主要有夏朝到东周时的石器、陶器、骨器、青铜器等。

嵩山，“五代同堂”和“三教共融”的圣山

嵩山的地质构造，以其岩龄古老，构造复杂，地层发育完整，出露良好，经过多次构

（王宁拍摄）

造运动的影响，保留着形态各异的构造形迹而闻名中外。嵩山岩石演变完整，在 400 平方公里内，连续完整地出露着太古宙、远古宙、古生代、中生代和新生代的岩浆岩、变质岩和沉积岩。五个时期的地质现象在嵩山表露齐全，地质学上称之为世界罕见的“五代同堂”。

太室山下的中岳庙，始建于秦朝，是嵩山道家的象征。太室山南麓的嵩阳书院，是嵩山儒家的象征，是中国古代四大书院之一。少室山中以少林武术闻名于天下的少林寺，是嵩山释家的象征。嵩山包含儒、释、道三教，对三教的传播都起到了极大的作用。

黄河文化

桃花峪——黄河的龙腰

桃花峪，在现在的荥阳市广武镇，因景而得名，这里是历史上的河阴县。《河阴县志》记载，桃花峪“夹岸多桃林，春三月时，游人为之目眩”，古时桃花峪可谓“桃花如流瀑，阡陌飘红云”，美景令人向往。

桃花峪位于黄河南岸，是我国地势二、三级阶梯的交界点，即山地与平原的衔接处。在《河南省志》第四卷《黄河志》中，将黄河中下游分界点确定在郑州市荥阳的桃花峪。2000 年，在此竖立起“黄河中下游分界线”界牌，这里具有得天独厚的自然地理条件，拥有森林（天然林和次生林）、草地、湿地、农田、水体和河滩等多样性生态系统类型。

郑州桃花峪大桥（卢炜绘）

花园口——正在愈合的黄河的伤口

花园口，位于河南省郑州市惠济区黄河南岸。明朝时期，这里就成了黄河南岸一个渡口。

花园口的决口纪念碑（崔晟拍摄）

知识链接

1938年6月，国民党军队难以抵抗日军机械化部队西进，蒋介石下令扒决郑州北侧花园口大堤，导致44个县市受淹，受灾人口1250万，5400平方公里黄泛区饥荒连年，当时灾区的悲惨状况可以用“百里不见炊烟起，唯有黄沙扑空城”来形容。

改革开放之后，随着对花园口历史研究的逐渐深入，人民对历史的理解更加深刻，花园口成为黄河文化的一个新窗口。尊重历史，才能继往开来。

裴李岗文化——辉耀华夏文明八千年

水，有源；树，有根；人，有脉；文化，有其自身的源头。学术研究表明，至今为止，裴李岗文化是郑州的文化之源，也是中原文明的源头。

裴李岗村，一个中原大地极其普通的村庄，在河南新郑溱洧水（双洎河）的岸边不远，因在这里考古发现一处新石器时代文化遗址，而且是目前中原地区最早的新石器遗址之一，裴李岗得以闻名。学术研究表明，裴李岗遗址的年代距今约8000年，这是中国对新石器时代考古的重大发

裴李岗出土的石磨盘

现，证明早在8000年前，汉族的先民们已开始在中原地区定居，从事以原始农业、手工业和家畜饲养业为主的氏族生产活动。裴李岗文化，是我们先民在黄河流域创造的古老而璀璨的文化，是华夏文明的重要来源。

黄帝文化

始祖山——历史传说和民族记忆

始祖山，是中岳嵩山的余脉，原名叫具茨山，位于禹州、长葛、新郑、新密一带，为古有熊氏的发祥地。近年来，始祖山中发现有远古奇异的岩画、壮观的城堡、神秘的石棺墓葬。《庄子》载黄帝曾登此山：黄帝登具茨，访大隗，命驾于襄之野，七圣皆迷，无所问途。至今，黄帝文化遗迹遍布这里山川乡野。

汉画石像　轩辕黄帝像

始祖山，又称风后顶。据传，此峰因黄帝的臣子风后的封地而得名，位于河南省新郑市辛店镇境内，面积约12平方公里，景区融山、水、泉、林为一体，山清水秀，风景如画。2001年，被命名为全国侨联爱国主义教育基地。2000年7月，河南省人民政府公布山顶的轩辕庙等景点为省级重点文物保护单位。在此兴建的具茨山黄帝文化旅游区是国家AAA级旅游区，也是国家级森林公园。

拜祖大典——昭示民族的自信

黄帝故里拜祖大典，是于每年的农历“三月三”，在河南省新郑举办的祭拜先祖黄帝

黄帝故里（[illegible]拍摄）

的仪式。自 2006 年（农历丙戌年）开始，活动升格为“黄帝故里拜祖大典”。2008 年，新郑黄帝拜祖祭典成为第一批国家级非物质文化遗产扩展项目。

据《易经》《史记》《山海经》等记载，轩辕黄帝故里在今河南省郑州市辖属的新郑市，称有熊国，轩辕之丘是轩辕黄帝出生地。后来，黄帝一统天下，定都于有熊。春秋以来，多有三月三祭拜黄帝的记载。

中国自古有“二月二，龙抬头；三月三，生轩辕”的说法。传说，轩辕黄帝诞辰是农历三月初三，即上巳节，是先民在水边进行饮宴和郊外春游的节日。自春秋以来，民间兴起了三月三拜轩辕的习俗，一直延续至今，缅怀始祖功德，弘扬中华民族传统。

商都文化

郑州，中国八大古都之一

距今 3600 多年前，商汤以“吊民伐罪”的名义攻占夏朝，灭掉夏桀，创立中国历史上第二个奴隶制王朝，建都亳（音 bó，后称南亳，今商丘），后迁都郑州，亦称亳。

公元前 1046 年，姬发灭商殷建立西周，周王将其弟管叔封于郑州，称管国。周王在郑州的封国还有郐国、东虢国、祭国和密国等。郑武公将郑国国都建在荥阳，为郑国第二代国君。郑州作为商王朝的开国之都，商城遗址是世界范围内现存同时期规模最大的王都遗址。

正在规划的郑州商都历史文化区，位于郑州市中心城区核心地带，规划面积约 6 平方

重走孔子周游列国道路
复兴中华承续传统文明

紫荆山公园研学 郑州 47 中“走孔子路，读《诗经·商颂》”

公里。通过文、旅、商元素的有机融合，集中打造三大区域：金水区商王宫遗址，管城回族区明清古城，管城回族区南部、西部及二七区一部分的 15 个组团。

郑州商都遗址博物院，位于郑州商代都城遗址范围内，北至东大街，西至塔湾路，是郑州商都历史文化区核心建筑。

《诗经》文化

郑风苑，再现《诗经·郑风》的文化大观园

《诗经》，是中国古代诗歌的开端，是最早的一部诗歌总集，收集了西周初年至春秋中叶（前 11 世纪至前 6 世纪）的诗歌，共 305 篇，又称“诗三百”，也是一部先秦社会的百科全书。

《郑风》为《诗经》国风中的内容，在十五国风中存诗最多，有二十一首。郑国的商业繁荣促进了其声乐文化的兴起和发展，以“郑卫之音”为标志，在春秋时期，这是一种新兴音乐的代称，郑国新兴音乐因此成为诸侯国中最为发达的一支，并得到广泛的传播。

1997 年，郑韩故城郑国祭祀遗址的发现，在我国周代考古中尚是首次，300 余件青铜礼乐器的发现也十分罕见，对于周代礼仪、社祭制度、郑城布局、郑国音乐、编钟发展史、科学技术等研究都具有重要的意义。此次考古发掘也因此被评为“1997 年全国十大考古新发现”之一。

郑风苑（诗意拍摄）

郑风苑景区位于新郑市区的郑韩故城河畔，2002 年 7 月，景区建成开放，是一座将郑韩文化与自然风景完美融合的城市园林。它以《诗经·郑风》为主题，镌刻 21 首《郑风》于奇石之上，是《诗经》文化的觅踪之地。

黄帝文化

1. 古枣串联古今八千年

本线路以裴李岗文化、黄帝和古枣传说、新郑古枣园、新郑枣文化及其产业发展研学为主。

推荐理由　本研学课程以枣为线索，将裴李岗文化遗址中发现的枣核、《山海经》中记载的玉树等神树文化、黄帝文化中古枣历史传说、新郑枣文化中的古枣园、现代枣生产企业等枣文化元素进行贯穿、排列、对比，了解郑州悠久的历史，灿烂的文化，鲜活的现实，变迁的时代，感受郑州的文明脉络。

裴李岗遗址，全国重点文物保护单位，遗址年代距今约8000年，证明先民们早已开始在中原地区定居，它填补了我国仰韶文化以前新石器时代早期的一段历史空白。

学习黄帝和古枣的传说，了解新郑大枣的文化内涵和产品风味。

新郑市“好想你”红枣产品

参观新郑古枣园，体验古枣文化、黄帝文化、绿色产业的融合。

（1）裴李岗遗址，位于河南省新郑市裴李岗村西。

（2）有关黄帝和古枣传说的文献有《黄帝故里文化》《黄帝故里志》《黄帝故里故都历代文献汇典》等。

（3）新郑古枣园。

（4）新郑枣文化及其产业发展。

研学小贴士

1. 裴李岗文化——小组合作，网络查阅。
2. 黄帝和古枣传说——探究性学习，查阅文献。
3. 古枣园——实地前往，提前了解现状，结合枣的生长季节。
4. 新郑枣产业发展——需要提前预约。

黄河文化

2. 黄河和济水流经的郑州

惠济区邙山→黄土高原东线终点→郑州黄河文化公园→黄河（济水故道）→炎黄二帝广场→黄河母亲雕塑→桃花峪风景区→三皇山→汉霸二王城

黄河母亲雕像（木心拍摄）

推荐理由　惠济区的邙山属于黄土高原的东部终点，这里的郑州黄河文化公园和桃花峪风景区紧邻，同时，这里也是古代著名神圣四渎（长江、黄河、淮河、济水的合称）之一的济水的故道。这一地带曾经是黄河和济水同时流经的地域，后来，这两条河流的生命和历史融合在一起，这里是极其难得的郑州两河流域历史的见证。

惠济区的邙山，在现在的黄河文化公园，是黄土高原东线终点。

郑州黄河文化公园，北望黄河，这一段黄河曾经是古代济水的故道。

炎黄二帝广场，黄河母亲雕塑，郑州黄河文化公园的经典景观。

桃花峪风景区，黄河中下游分界点。

三皇山，又称广武山，春秋时代，这里是敖山、鄗山。在鄗山附近，这一段的济水称“邲”，即济水在敖山附近的别称。

汉霸二王城，在秦末，刘邦、项羽在这里对峙、战斗。

研学小贴士

1. 思考郑州黄河文化公园的文化内涵，注重济水文化。

2. 引申话题，延伸思考，讨论研究：炎黄二帝与黄河、济水的融合有什么关系？历史和自然环境的变迁之间有什么关系？

推荐线路	
嵩山文化	（1）中岳庙→书院河→嵩阳书院→少林河→少林寺→嵩山地质博物馆。（一天） （2）中岳庙→嵩阳书院→少林寺→嵩山地质博物馆→禅宗少林·音乐大典→观星台→阳城遗址→颍河→箕山→大金店乡的南岳庙。（两天）
黄河文化	（1）惠济区邙山→黄土高原东线终点→郑州黄河文化公园→黄河（济水故道）→炎黄二帝广场→黄河母亲雕塑→桃花峪风景区→三皇山→汉霸二王城。（一天） （2）花园口→将军像和黄河祭祀→铁犀牛和黄河治理文化→决口处纪念碑→黄河漂流纪念碑→郑州黄河公路大桥→扒口处纪念雕塑→花园口事件记事广场→黄河碑林→黄河号子非物质文化展示园。（一天）
黄帝文化	（1）裴李岗文化→黄帝和古枣传说→新郑古枣园→新郑枣文化及其产业园。（一天） （2）新郑市博物馆→新郑市轩辕路黄帝故里景区→郑韩故城→郑风苑。（一天）
商都文化	紫荆山（商城的城角）和《诗经·商颂》→郑州紫荆山商场和商魂雕塑→金水河、熊耳河和商城的历史地理环境→商城遗址公园→郑州城隍庙→郑州文庙→城南路的商城遗址。（一天）
《诗经》文化	（1）《诗经·郑风》和郑韩故城：新郑博物馆→郑韩故城→黄水河、双洎河（溱洧水）→郑风苑。（一天） （2）《诗经·郐风》和郐国故城：新密市曲梁镇→郐国故城（新密曲梁乡大樊庄古城角寨子村）→响水潭（《水经注》）→交流寨→溱洧水（双洎河）。（一天）
儒家文化	（1）新郑博物馆→郑韩故城→郑韩故城东门→《史记·孔子世家》（孔子适郑）→郑卫之音。（一天） （2）郑州东大街（郑州老城）→郑州文庙（金声玉振坊、棂星门、泮池、大成殿、土地祠、启圣祠、乡贤祠、尊经阁）→代书胡同（代书：旧时请秀才们代笔书写家书、状子、呈文或者对联等）→书院街（明清两代书院、郑州现代教育的起源地）。（一天）

优秀课例

行走黄河之滨　承继黄河之魂

“我站在高山之巅，望黄河滚滚，奔向东南。”当耳畔响起《黄河颂》这熟悉的旋律，你的眼前会浮现一幅怎样的画卷呢？

是“黄河西来决昆仑，咆哮万里触龙门”的浩荡奔腾，是“九曲黄河万里沙，浪淘风簸自天涯”的阔大雄浑，还是“大漠孤烟直，长河落日圆”的悲壮苍古？

我们出发了！（张谦拍摄）

每一位华夏儿女心中，都流淌着一首关于黄河的赞歌。黄河之于中华民族，犹如恒河之于古印度，尼罗河之于古埃及。她不仅以丰腴的乳汁哺育着中华儿女，滋养着神州大地，更以劈山斩石、百折不回、一往无前的恢宏气度，铸就了我们自强不息、兼

花园口记事广场（张谦拍摄）

容并蓄、开拓创新的民族精神。

行走在黄河之滨，你可以与仓颉漫话文字演变，可以与大禹共商治河之策；可以在《黄河大合唱》里触摸民族的坚韧不屈，也可以在《炎黄赋》中感受中华文化的源远流长；黄河故道，暴戾无常的滔天洪水已杳无踪迹，取而代之的是良田万顷，花果飘香；湿地公园，迁徙的候鸟诉说着它是多么热爱这天蓝水清的“生命的摇篮”。

同学们，别再等待，背起行囊，与伙伴一起，开启愉快的黄河文化之旅吧！

研学路线

炎黄二帝像→黄河碑林→黄河中下游分界碑→大禹塑像→星海湖→邙山提灌站→郑州黄河国家湿地公园→花园口事件记事广场。

研学目标

通过实地考察黄河（郑州段）自然景观和人文景观，查阅资料，并整合相关学科知识，能够讲述黄河流域（郑州段）的历史文化，说出古今“大禹”治理黄河的有效措施，加深对黄河环境生态现状、变化原因及影响的综合理解，提高民族自豪感和保卫黄河的使命担当。

研学任务

“没有黄河就没有中华民族”，保卫黄河是中华儿女义不容辞的责任和使命。通过举行“大河行”主题研学实践活动，以弘扬黄河文化，传承民族精神。

你可以在以下三种形式中任选一种呈现研学成果：

如果你是一位小导游，可以用游记的形式，描述你所看到的优美景致或人文景观，抒发亲近母亲河时的所感所思。

如果你是一位小作家，可以用诗文的形式，选取典型意象，在起承转合的章法变化中，呈现黄河所承载的民族文化和民族精神。

如果你是一位小代表，可以用调查报告的形式，陈述黄河环境生态现状、变化原因及影响，呼吁社会多措并举保卫黄河。

研学准备

1. 根据主题任务，组建项目小组。

2. 组内成员分工，明确岗位职责 。

分工	组 长	安全员	纪律员	卫生员	书记员	宣传员
成员						
职责	整体负责 协调规划	安全提醒 全程保障	纪律严明 严宽相济	检查卫生 文明出行	资料记录 汇总整理	资料整合 设计宣传

研学过程

地点：郑州黄河文化公园、炎黄二帝像、黄河碑林

黄河，一条流动的历史之河、文明之河。它见证了岁月流转、沧海桑田，孕育了博大精深、源远流长的华夏文明。让我们一起在与炎黄、仓颉的对话中，了解农耕文明的诞生和方块文字的演变历程。

★活动一　瞻仰炎黄二帝像，齐诵《炎黄赋》

追寻文明起源，厥功在吾炎黄

炎黄二帝像（邓海伟拍摄）

诵读炎黄诗赋，秉承华夏之志

齐诵《炎黄赋》（邓海伟拍摄）

★活动二　诚邀“仓颉”识字，争当汉字英雄

“天上星宿、地上山脉、鸟兽虫鱼、草木器具”化身为符，变身为字，流淌千年，融入民族血液，传承华夏文明。走近黄河，走进碑林，诚邀文祖“仓颉”，挑战“仓颉壁书”，触摸汉字的前世今生，争当汉字英雄。

"仓颉"识字（邓海伟拍摄）

汉字英雄大赛（邓海伟拍摄）

文化链接

《远古的传说》——部编版七年级历史教材上册 第 3 课

地点：黄河中下游分界碑、大禹塑像、星海湖、邙山提灌站

黄河又被称为"地上悬河"，你知道其中的奥秘吗？

历史上黄河"三年两决口，百年一改道"的灾害主要发生在这黄河下游的悬河上。劳动人民在与滔天洪水的长期斗争中展现了惊人智慧和中华儿女坚韧不拔、一往无前的民族精神。

你知道古今"大禹"是如何治理黄河，并充分利用黄河水资源的吗？

★活动一　探秘"地上悬河"，追溯事实真相

1. 选择最佳观察点，以小组为单位估测下游黄河水的流速及黄河的宽度。

2. 探究"地上悬河"成因。

郑州黄河中下游分界碑（邓海伟拍摄）

"地上河"示意图（李普耀绘）

★活动二　探访古今“大禹”，了解治水历程

大禹治水（李普耀绘）

古代大禹是如何治水的呢？

请查阅学习《在黄河流域生态保护和高质量发展座谈会上的讲话》。

★活动三　饮水思源，参观郑州的“水上生命线”

河湖水景辉映，人文和谐共生。当你徜徉在郑州蓝天碧水的美景之中时，你是否了解这些河渠、湖泊、湿地公园等生态水系的前世今生呢？你了解星海湖美丽面纱背后的实用价值吗？你知道“邙山提灌站”被誉为郑州的“水上生命线”的原因吗？

星海湖（邓海伟拍摄）

邙山提灌站（李普耀绘）

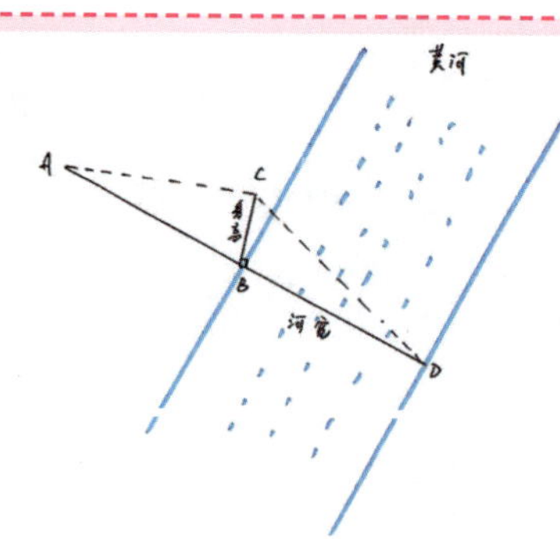

黄河测量方案一

工具：① 鸭舌帽一顶 ② 卷尺一把

步骤：1) 站在黄河岸边，面向河对岸，两眼平视前方。

2) 戴上帽子，把帽檐逐渐往下拉，视线随之下移。

3) 等到视线刚好看到河对岸 D 时，保持平稳状态。

4) 转向 180°，同样的状态看前方，记所能看到的最远端为 A

5) 用卷尺测量 AB 的距离，即为河宽 BD 的长度。

证明：在 Rt△ACB 与 Rt△DCB 中

$$\begin{cases}\angle ACB=\angle DCB \\ BC=BC \\ \angle CBA=\angle CBD\end{cases}$$

∴ △ACB ≌ △DCB (ASA)

∴ BD = AB，即 AB 的长即为河宽。

测量黄河宽度方案一

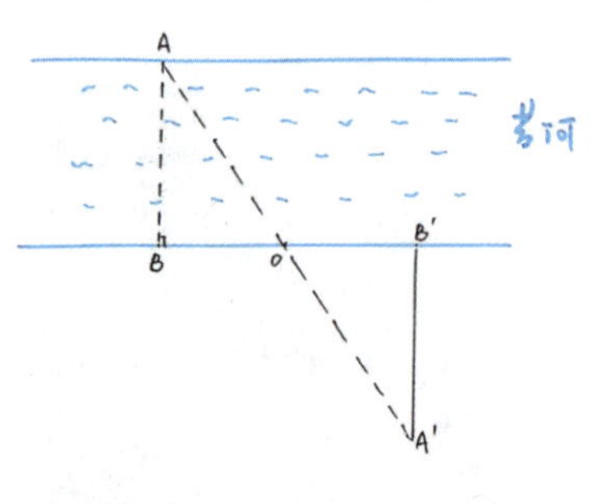

黄河测宽方案二

工具：① 指南针 ② 卷尺一把

步骤：1) 如图，从 B 点先直面河对岸，取对岸参考物 A 为参照点。

2) 转向 90°，向右走 10 步取 O 点为标记，然后再走 10 步到 B' 点。

3) 再向右转 90°，沿垂直河岸方向走，同时观察标记点 O 和参照物点 A。

4) 当点 O 与点 A 在视线上重合时，记为点 A'，此时 A、O、A' 三点共线。

5) 停止走动，记下从 B' 到 A' 的步数，乘以每步的距离，得 B'A' 的长度。

此时 AB = A'B'

从图中可知，在 △ABO 与 △A'B'O 中

$$\begin{cases}\angle ABO=\angle A'B'O \\ BO=B'O \\ \angle AOB=\angle A'OB'\end{cases}$$

∴ △ABO ≌ △A'B'O (ASA)

∴ 河宽 AB = A'B'

测量黄河宽度方案二

资源链接

1. 悬河两岸、古今大禹——《黄河》纪录片第 24 集、第 25 集。

2. 黄河的治理与开发——人教版八年级地理上册。

地点：郑州黄河国家湿地公园、花园口事件记事广场

你见过白鹳、灰鹤、天鹅等珍稀水禽吗？在郑州黄河国家湿地公园，或许你能看到它们敛起羽翼落于滩涂，或悠闲觅食，或成群翩飞，与长河落日旷野芦荻相映成趣的优美画面呢。

你了解花园口事件的来龙去脉吗？在花园口事件记事广场，一幅幅栩栩如生的浮雕仿佛在向你讲述历史的残酷和中华儿女的苦难与抗争。

★活动一：采集水样和生物标本　触摸“地球之肾”

采集黄河水样（张谦拍摄）

思考：黄河湿地的生态环境与你想象中的一致吗？为保护美丽湿地、生态黄河，我们能做些什么？

叫不上名字的植被，却那么的熟悉和亲切，黄河母亲孕育了这么多丰富多样的物种，造就了这一片广阔神奇的土地。

捕捉昆虫制作标本（张谦拍摄）

文化链接

黄河湿地

地球上有三大生态系统，森林被称为“地球之肺”，海洋被称为“地球之心”，湿地被称为“地球之肾”。

黄河湿地是水禽和迁徙候鸟觅食筑巢的栖息地，还具有降解污染物、涵养水源、调节气候、保护区域生态、补充地下水、稳定河岸、疏导洪水等功能。

与老师交流采集标本（张谦拍摄）

★活动二：讲述悲恸历史　齐唱《保卫黄河》

◆铭记历史，自强不息

“日寇侵华”“决堤扒口”“洪水泛滥”“灾民流离”“生态灾害”“堵口会谈”“复堤斗争”“黄河归故”八段历史篇章，一幕幕再现了中华儿女的苦难与抗争，通过浮雕墙，向人们诉说着那一段悲壮的历史。

铭记历史，自强不息，让悲剧不再重演。

讲解黄泛区示意图（张谦拍摄）

讲解花园口事件（张谦拍摄）

保卫黄河，报效祖国，是我们当代少年义不容辞的责任与使命！

保卫黄河的呼声（张谦拍摄）

《保卫黄河》大合唱（张谦拍摄）

研学评价

本次研学采用过程性评价和结果性评价相结合的方式，其中过程性评价以学生自评和组内互评为主，结果性评价以展示交流、教师评价为主，评价等级分为 A、B、C 三个等级。届时优秀的小组代表会在学校——“大河行”专题论坛上发表主题演讲，并向报刊、融媒体上交新闻稿，提交微议案。

研学评价	评价标准	学生自评	组内互评	评价等级
过程性评价	全程参与小组活动	☆☆☆☆☆	☆☆☆☆☆	
	遵守组内公约、纪律观念强	☆☆☆☆☆	☆☆☆☆☆	
	时间观念强，无迟到、脱离队伍现象	☆☆☆☆☆	☆☆☆☆☆	
	注重个人卫生和公共卫生	☆☆☆☆☆	☆☆☆☆☆	
	个人资料上交及时，内容充实	☆☆☆☆☆	☆☆☆☆☆	
结果性评价	游记：有游踪、风貌和观感	☆☆☆☆☆	☆☆☆☆☆	
	诗文：选择意向典型，情感真挚	☆☆☆☆☆	☆☆☆☆☆	
	调查报告：数据真实，措施可操作性强	☆☆☆☆☆	☆☆☆☆☆	

研学平台	小组______	班级______	学校______	社会______
展示方式	组内预演	班级论坛	学校论坛	新闻推送、微议案

班级交流分享（张孟超拍摄）

学校论坛展示汇报（张谦拍摄）

研学课程总结展板

优秀学生作品结集成册

研学总结

读万卷书，行万里路。曾经“课本就是学生的世界”，今日“世界也是学生的课本”。

九曲蜿蜒的黄河，见证了不屈黄河的波澜壮阔，呈现了中华儿女改造黄河的千古智慧，承载着华夏儿女的坚定豪迈，吾辈必将担负起保卫黄河母亲的伟大使命。

优秀课例

文明之源——走进黄帝故里

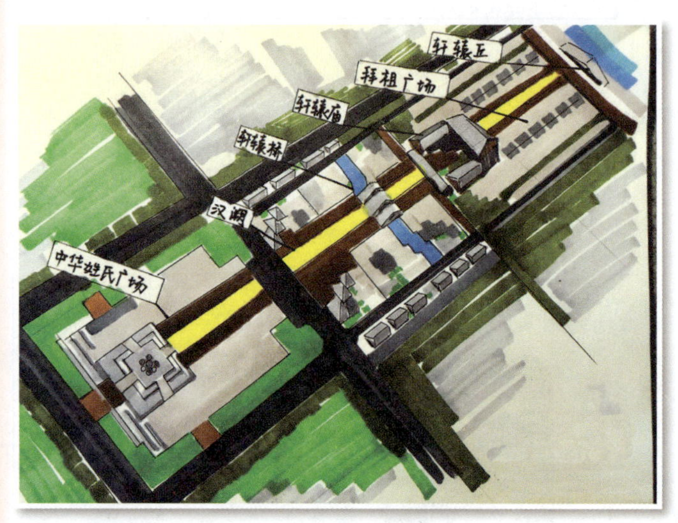

黄帝故里平面图（卢炜绘）

“黄帝者，少典之子，姓公孙，名曰轩辕。”（《史记·五帝本纪》），黄帝居于轩辕之丘，建都于有熊（今河南新郑），被尊奉为“中华始祖”。

黄帝故里景区位于新郑市轩辕路，是中华人文始祖轩辕黄帝的出生、创业、建都之地。景区整体布局突出“中华之根”主题，共分五个区域：中华姓氏广场、汉阙、轩辕庙、拜祖广场、轩辕丘与黄帝纪念馆区。现为国家4A级景区、全国重点文物保护单位、国家非物质文化遗产“黄帝故里拜祖大典”的遗产地、河南省和郑州市爱国主义教育基地。每年农历三月三，在此举行“黄帝故里拜祖大典”，弘扬中华民族优秀传统文化，缅怀始祖功德。

我们出发啦

研学路线

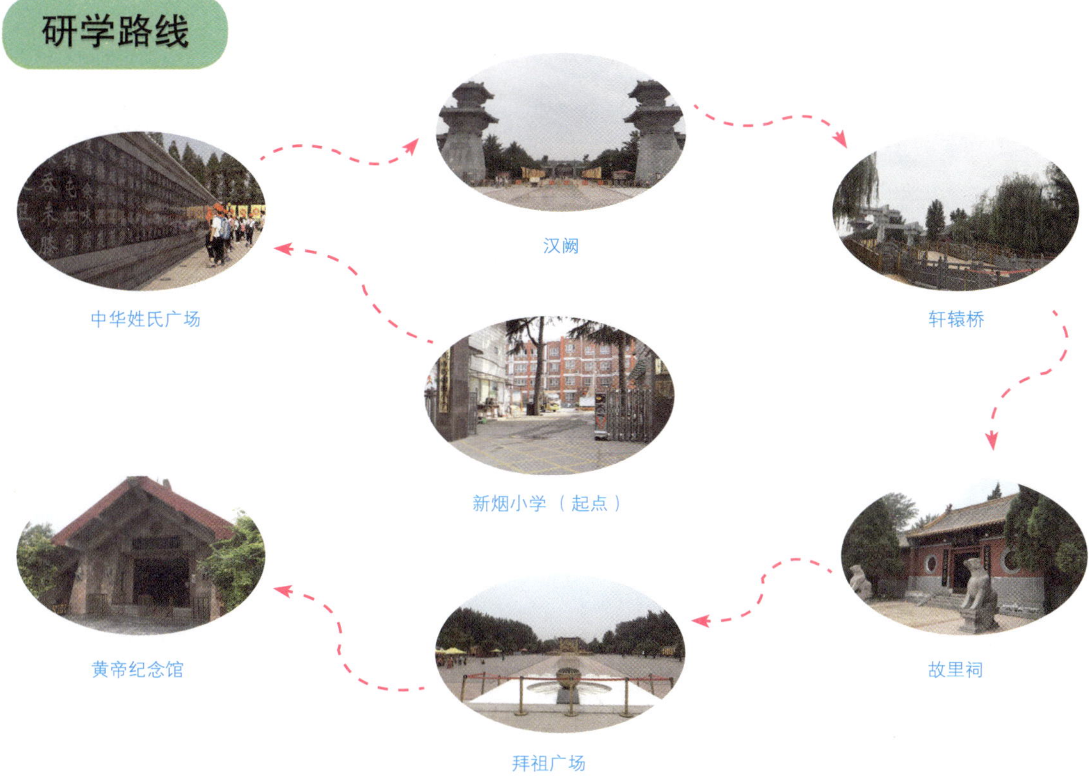

研学目标

1. 了解黄帝及黄帝功绩，缅怀始祖功德、弘扬黄帝文化、传承传统文化，激发学生对先贤的崇敬和对家乡的热爱之情。

2. 了解根亲文化，增进学生的爱国主义情感，凝聚民族力量、振奋民族精神，树立为实现中国梦而努力拼搏的信心和决心。

研学活动

寻源——探秘姓氏

姓氏墙局部

姓氏广场

1. 我的姓：＿＿＿＿＿＿＿，同姓历史名人：＿＿＿＿＿＿＿、＿＿＿＿＿＿＿。

2. 我发现的有趣的姓氏。

3. 我要查一查自己姓氏的由来。

黄帝祠

寻祖——走近黄帝

1. 我知道：下面哪些事迹是黄帝的呢？请在图片下（　　）里画“√”。

2. 我来连：黄帝祠还供奉了黄帝功绩卓著的夫人，请将人物和对应的事迹连起来。

3. 我会讲：请你给自己的小伙伴儿或者父母讲一讲黄帝的事迹。

寻物——揭秘枣树

“我为什么种植在拜祖广场？难道我跟黄帝有什么关系？”

“看！我的主干像什么？为什么我的身体是这样呢？”

拜谒——歌功颂德

诵读《黄帝赋》、高唱《黄帝颂》

黄帝颂

天地玄黄　东方曙光
文明始祖　中华炎黄
薪火相传　盛世未央
华夏各族　中原家乡
和平天下　国运兴昌
和睦百姓　社稷安康
新郑拜祖　弥之高仰
同根同源　龙族荣光
大风起兮云飞扬　吾土吾心吾欢畅
四海之内皆和谐　吾思吾梦吾向往
大风起兮云飞扬　吾土吾心吾欢畅
四海之内皆和谐　吾思吾梦吾向往
祈福九州　祥和无疆
风调雨顺　百业兴旺
护佑中华　盛世运昌
护佑子孙　永续辉煌
大风起兮云飞扬　吾土吾心吾欢畅
四海之内皆和谐　吾思吾梦吾向往
大风起兮云飞扬　吾土吾心吾欢畅
四海之内皆和谐　吾思吾梦吾向往

研学评价

<table>
<tr><th colspan="10">研学旅行评价表</th></tr>
<tr><td rowspan="2">姓名</td><td colspan="4">过程性评价</td><td colspan="2">终结性评价</td><td rowspan="2">小组评价</td><td rowspan="2">学校评价</td></tr>
<tr><td>文明礼仪</td><td>纪律意识</td><td>团队合作</td><td>学习技能</td><td>任务完成</td><td>成果展示</td></tr>
<tr><td></td><td></td><td></td><td></td><td></td><td></td><td></td><td></td><td></td></tr>
<tr><td>老师评语</td><td colspan="8"></td></tr>
</table>

评价策略：过程性评价与终结性评价相结合，描述性评价与等级评价相结合，学生评价与老师评价相结合。

研学故事

寻源——探究姓氏

寻祖——走近黄帝

手绘黄帝像（韩熙绘）

走进黄帝祠

学生讲述黄帝发明创造舟车

寻物——揭秘枣树

新郑是大枣的故乡，枣文化历史悠久。在距今8000多年前的裴李岗文化遗址中就发现了炭化枣核。据说大枣的大规模栽培，最早是从黄帝时开始的。枣树靠近底部的那段树干，格外粗壮，圆溜溜的，像“大花瓶”。“花瓶”上，还有斑斑驳驳的纹路。这是我们新郑人特有的栽培技艺，当地人称作“开甲”，是一种增产的办法。每年枣树花期的5月下旬到6月下旬，枣农都要用斧背砸伤树皮，形成斑痕，减少养分的向下输送，以集中供给果实，使果实又多又甜。

拜谒——歌功颂德

拜轩辕黄帝

诵《黄帝赋》、唱《黄帝颂》

我爱探究

相传黄帝有25子，得姓者14人，分居各封国，不断繁衍。在中华姓氏中，90%以上的姓氏都出自黄帝及其后裔。“万姓同根，根在始祖”。据史书记载，黄帝族后裔在各地先后建立了70多个国家，繁衍了600多个姓氏，并同其他部族相融合，逐渐形成了以华夏族为主体，由众多民族相结合的中华民族。炎帝族在各地先后建立了20多个国家，繁衍247个姓氏。黄炎二支发展到853个姓氏，在与其他民族融合中总计发展到8000多个姓氏。

研学掠影

行前安全文明教育

聆听、讨论、记录、分享

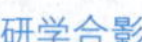

研学合影

研学表彰

研学点评

经历是最好的学习，研学是最美的相遇。此次研学筹备充分，充分利用黄帝故里资源，引导学生亲历华夏源头、感知优秀传统、探寻姓氏起源、弘扬黄帝精神、传承中华文明，培养了学生合作探究精神，提升了学校文明形象。

我的研学我做主

我想去这里：

我感兴趣的主题是：

理由不容置疑：

和谁一起很重要，吹响集结号！

分工	组长	安全员	纪律员	卫生员	书记员	宣传员
成员						
职责	整体负责 协调规划	安全提醒 全程保障	纪律严明 严宽相济	检查卫生 文明出行	资料记录 汇总整理	资料整合 设计宣传

行前功课要做足，研学攻略计划好！

到此一游我拍拍拍，合影那是必须的！

最好的课堂在路上，且行且记习惯好！

听到的

悟到的

看到的

吃到的

研学微报告

研究主题	
研究背景	
研究目的	
研究方法	
研究内容	
研究结论	
参考资料	

研学评价

研学评价	评价标准	自我评价	组内评价	导师评价
过程性评价	积极参与全程活动	☆☆☆	☆☆☆	☆☆☆
	遵守组内公约，服从小组分工	☆☆☆	☆☆☆	☆☆☆
	无迟到、脱离队伍现象	☆☆☆	☆☆☆	☆☆☆
	注重个人卫生和公共卫生	☆☆☆	☆☆☆	☆☆☆
	资料收集内容翔实，上交及时	☆☆☆	☆☆☆	☆☆☆
结果性评价	研学攻略准备充分无遗漏	☆☆☆	☆☆☆	☆☆☆
	多种方法搜集处理信息恰到好处	☆☆☆	☆☆☆	☆☆☆
	认真完成研学任务和研学手册	☆☆☆	☆☆☆	☆☆☆
	研学有成果，成果有新意	☆☆☆	☆☆☆	☆☆☆

研学感悟

研学成果